W0414682

Joan Borysenko

Feuer in der Seele

Joan Borysenko

Feuer In Der Seele

Spiritueller Optimismus
als Weg zu innerer Heilung

Deutsch von
Giovanni Bandini und Ditte König

Verlag Hermann Bauer
Freiburg im Breisgau

Die Deutsche Bibliothek – CIP-Einheitsaufnahme

Borysenko, Joan:
Feuer in der Seele : Spiritueller Optimismus als
Weg zu innerer Heilung / Joan Borysenko. Dt. von Giovanni
Bandini und Ditte König. – 2. Aufl. –
Freiburg im Breisgau : Bauer, 1995
Einheitssacht.: Fire in the soul ⟨dt.⟩
ISBN 3-7626-0489-4

Die amerikanische Originalausgabe erschien 1993 unter dem Titel
Fire in the Soul. A new Psychology of Spiritual Optimism
bei Warner Books, Inc., New York

2. Auflage 1995
ISBN 3-7626-0489-4

Umschlag: GrafikDesign Wartenberg, Staufen
Satz: CSF · ComputerSatz GmbH, Freiburg im Breisgau
Druck und Bindung: Ebner Ulm
Printed in Germany

Gedruckt auf chlorfrei gebleichtem Papier

Für unsere Kinder

Andrei, Justin und Natalia Borysenko
und zum liebevollen
Andenken an Mathew Hitchcock

Ein Wort des Danks

Von ganzem Herzen möchte ich insbesondere all jenen Menschen danken, die mir gestatteten, an ihrem Leben teilzuhaben, und die mein eigenes Leben bereicherten, indem sie mir ihre Geschichte erzählten. Während der Arbeit an diesem Buch habe ich mich jedem von euch nah gefühlt.

Meinen Kindern Andrei, Justin und Natalia und meinem Mann Myrin möchte ich dafür danken, daß ich einige ihrer Erlebnisse in diesem Buch verarbeiten durfte, sowie für ihre Unterstützung und ihre Geduld.

Mein herzlicher Dank gilt weiterhin all den ungenannt bleibenden Menschen, die mir – sei es als Patienten, sei es als Freunde – ihre Geschichte mitgeteilt haben. Wann immer im Verlauf dieses Buches ein Vorname in Anführungsstrichen auftaucht, ist die entsprechende Geschichte entweder eine Collage aus mehreren wahren Erlebnisberichten, die jedoch keine Ähnlichkeit mit der realen Erfahrung eines bestimmten einzelnen Menschen aufweist, oder aber sie ist insoweit verändert worden, daß eine Identifizierung der wirklichen Person unmöglich ist. In jedem Fall hoffe ich, daß die Würde, die Integrität und der Mut aller Beteiligten unangetastet geblieben sind.

Ich danke auch meinen Kollegen und all jenen Menschen, auf deren Arbeit ich mich in der einen oder anderen Weise gestützt habe, denn niemand von uns schafft allein aus eigener Kraft: Jedes Buch, jeder Artikel, jeder Gedanke fußt auf dem Denken, den Einsichten und den Bemühungen unzähliger anderer.

Mein besonderer Dank gilt der mystischen, magischen »Märchentante« Celia Thaxter Hubbard, deren Freundschaft, seelische Unterstützung und Liebe von unschätzbarem Wert für mich gewesen sind. Aus ihren Bildern erhielt ich auch die Anregung zu dem Umschlagsbild dieses Buches. Sowohl ihre Recherchen, die einen stetigen Zustrom von Werken der verschiedensten inspirierenden Denker lieferten, als auch ihre eigenen guten Ratschläge haben dieses Buch unglaublich bereichert und haben mich persönlich zum spirituellen Optimismus bekehrt.

INHALT

Teil I

Grundüberzeugungen – die Entscheidung für Liebe oder Angst 17

Einleitung: Das Feuer der Transformation 19
Ein Gleichnis: Sichere Heimfahrt 29

ERSTES KAPITEL

Warum geschehen schreckliche Dinge? 33

Eine Erste Geschichte 42
Es war einmal ein Mann namens Hiob 43
Psychologischer und religiöser Pessimismus 47
Ist das Universum ein freundlicher Ort oder nicht? 50
Gibt es eine Antwort für Hiob? 52
Ihre eigene Antwort auf Hiob 55

Zweites Kapitel

Die Suche nach Sinn 57

Geflüster der Ewigkeit – Beweise für eine umfassendere Wirklichkeit 59
Überzeugungen, die die Fähigkeit einschränken, an der Krise zu wachsen 66
Die Stufen des Glaubens 70
Die Höhle alter Überzeugungen verlassen 73

Drittes Kapitel

Die Krise als Initiation 77

Den Weg durch die Finsternis neu überdenken 80
Der Wohner an der Schwelle 82
Die Krise als Initiation 84
Eine spirituelle Sinnsuche – neue Geschichten 89
Dunkle Nächte der Seele 91
Das Selbst 99

Viertes Kapitel

Was wäre, wenn? Grundüberzeugungen in einen neuen Bezug setzen 106

Teil II

Die Transformation der Angst 113

Fünftes Kapitel

Angst, Trauma und Transformation 115

Wovor fürchten wir uns? 117
Persönlichen Ängsten begegnen 120
Arzneimittel – ja oder nein? 122
Das Wichtigste zuerst 124
Sucht als Ursache von Angst 125

Der Alptraum des Mißbrauchs und des Traumas 126
Die Reise durch den Bauch des Untiers 130
Die Heilung des Traumas durch die Wiedergewinnung der Seele 137
Ein Vogel namens Phoenix – Transformation eines Traumas 139

SECHSTES KAPITEL

Angst heilen – über Zeit und Raum hinweg 148

Kosmische Geheimagenten 151
Ist die Reinkarnation eine Realität? 154
Karma-Reinigung – das Heilen von Erinnerungen 162
Herkunft und Zweck der Geschichten 167
Jenseits der Dualität – die festgefahrene Seele befreien . . 170

SIEBTES KAPITEL

Vergebung und Freiheit – das Erzählen einer uralten Geschichte 173

Ein neuer Begriff vom Vergeben 176
Das Tor in die Freiheit 180
Eine sehr alte Geschichte 182
Der Kreis von Frauen 188

ACHTES KAPITEL

Nachtvision – Mut, Hoffnung und Optimismus 191

Stufe 1: Willensstarker Mut 192
Stufe 2: Psychologischer Mut 194
Stufe 3: Spiritueller Mut 199
Mut und Klarheit 204
Klar sehen: Von Angesicht zu Angesicht mit dem Licht . . 207
Hoffnung und Ergebung 210

Teil III

Praktiken zum Gewahrwerden des Heiligen 217

NEUNTES KAPITEL

Meditation und Gebet der Sammlung 219

Meditation und die Entspannungsreaktion 224
Meditation, Bewußtsein und Geist 228
Gebet der Sammlung – dem Göttlichen gegenwärtig werden 230
Eine einfache Meditationspraxis 235
1. Die Umgebung 235
2. Loslassen 237
3. Sich mit dem Höheren Selbst verbinden 237
4. Das heilige Wort 239
5. Gewöhnung ist wichtig 240

ZEHNTES KAPITEL

Wie sprechen wir zu Gott? 242

Wie beten wir? 243
Gebet als Bitte 244
Gebet als Segen – die Meditation der wohlwollenden Güte 248

ELFTES KAPITEL

Frieden und Heilung 253

Was – ich und mir Sorgen machen? 255
Anleitung zur Gehmeditation 257
Mitfühlendes Handeln 259
Leiden in Dienen umwandeln 264
Heilzirkel gründen 266

ZWÖLFTES KAPITEL

*Die Seele in der Praxis –
Zehn Tips zum Überleben* 271

DREIZEHNTES KAPITEL

Nachtlichter 278

ANHANG

Bibliographie 289
Hilfsmittel und Adressen 297

Dieses Buch handelt von der Freiheit,
vom Zerbrechen der Ketten alter Überzeugungen und Ängste,
die uns in der Täuschung gefangenhalten,
wir seien getrennt voneinander
und von Allem, Was Ist.

Freiheit ist die Bestimmung jedes Lebendigen.
Frei werden wir, indem wir aus unseren Träumen erwachen
von Angst, Mangel, Tadel und Schuld
und die Verantwortung dafür übernehmen,
nach bestem Wissen und Gewissen
mit liebender Güte zu handeln, auf daß wir
das Licht der Liebe im Inneren entfachen
und in diesem Licht unsern Heimweg sehen
und anderen Wanderern als Leuchte dienen.

Es ist zumeist Leiden, was die Liebe entzündet,
Verlust, was die Einsicht vertieft,
Schmerz, was des Herzens Augen öffnet,
was die Vergebung als eine Lebensweise sieht
und Seelenfrieden als unser angeborenes Recht.

J. Z. B.

TEIL I

Grundüberzeugungen – die Entscheidung für Liebe oder Angst

Wir sehen die Dinge nicht so, wie sie sind.
Wir sehen sie so, wie wir sind.

Talmud

EINLEITUNG

Das Feuer der Transformation

Was die Raupe das Ende des Lebens nennt,
nennt der Meister einen Schmetterling.
Richard Bach

Ich habe dieses Buch jahrelang gelebt und geatmet, während ich in einer Welt, in der negative Ereignisse oftmals zufällig – oder schlimmer noch, grausam – erscheinen, mit der Frage nach dem Sinn rang. Sowohl bei meiner Arbeit als klinische Psychologin als auch in meinem Privatleben loderte in meiner Seele stets die Frage: *Warum*? Gibt es Güte in diesem Universum? Warum leiden die Menschen? Tragen wir den Makel der Erbsünde? Leben wir unser Karma aus? Gibt es einen persönlichen Gott, der uns straft? Oder bergen unsere Wunden in sich den Keim eines individuellen oder sogar planetarischen Erwachens in einen Zustand größerer Weisheit, Barmherzigkeit, Kreativität und Liebe?

Ich hatte geglaubt, die Antwort auf diese Fragen im Studium der Philosophie, der Religionen und der Psychologie zu finden. Doch die eindringlichsten Lektionen haben mir die Leiden selbst erteilt – meine eigenen und diejenigen meiner Freunde, Verwandten und all derjenigen Menschen, mit denen ich in meiner Eigenschaft als Psychologin, Erzieherin und Workshop-Leiterin über die Jahre in

Berührung gekommen bin. Dieses Buch liegt mir nicht nur deswegen ganz besonders am Herzen, weil es eine neue, dringend benötigte Psychologie des spirituellen Optimismus vorstellt – die Anschauung, daß jede schwierige Erfahrung die Gelegenheit zu Seelenwachstum und spiritueller Heimkehr bietet –, sondern auch, weil es ein zutiefst persönliches Buch ist. Sie werden darin meinen Lehrmeistern begegnen, Menschen, mit denen ich sowohl auf der gebenden als auch auf der empfangenden Seite eines tiefen, transformativen Heilungsprozesses gestanden habe.

Mein Freund Lee beispielsweise lebte mit AIDS, während ich dieses Buch schrieb. Gerade als ich es fertiggestellt hatte, verschlechterte sich der physische Zustand meines Freundes, und ich besuchte ihn, tief bekümmert über seinen nahe bevorstehenden Tod. Ich hatte gehofft, ihn trösten, ja vielleicht sogar inspirieren zu können, doch es war Lee, der *mir* Trost spendete. Ich ging in sein Schlafzimmer und legte den Kopf auf seine Brust. Wir umarmten uns wortlos. Als ich mich wieder aufrichtete, trafen sich unsere Blicke, und wir verharrten für eine halbe Stunde oder mehr in stummer Zwiesprache. Ich habe nie so viel Liebe gespürt. Es war so, als hätte all das Leiden, das Lee erduldet hatte, die Masken, die Schleier, die Unsicherheiten weggebrannt, die uns von unserer eigenen Heiligkeit getrennt hatten. Jetzt, da die Feuersbrunst erloschen war, strahlte sein inneres Licht ungehindert. Ich habe mich nie auf heiligerem Boden befunden.

Wenn unsere Seele in Flammen steht, können alte Überzeugungen und Ansichten verbrennen, wodurch wir in innigere Berührung mit unserem eigentlichen Wesen und dem Herzen der Heilung gelangen. Diese Zeiten inneren Brennens werden auch als »dunkle Nächte der Seele« bezeichnet. Der spanische Mystiker Juan de la Cruz oder Johannes vom Kreuz prägte diesen Begriff Mitte des 16. Jahrhunderts. Er verwendete ihn zur Bezeichnung jenes Teils der spirituellen Reise, während dem wir unsere Verbindung zur inneren Quelle des Friedens einzubüßen scheinen und mit unseren tiefsten Ängsten und Leiden konfrontiert werden. Johannes vom Kreuz betrachtete das Leiden als ein »Läuterungsmittel«, welches das göttliche Licht spendet, um die Seele von allen Rückständen zu reinigen, die bewirken würden, daß sie weiterhin gesondert und allein bleibt.

Der Dichter-Philosoph Khalil Gibran gab uns eine andere Definition des Schmerzes. Er betrachtete ihn als »den bittren Trank, mit dem der Arzt in euch das kranke Ich heilt«, als eine Art Weckruf des Universums, dem »das Brechen der Schale« folgt, »die euer Verstehen umschließt«. Das vorliegende Buch handelt vom neuen Sein, das in unserer Seele hervorscheinen kann, wenn diese Schale zerbricht: von der Freiheit, wir selbst zu sein, und dem Gewahrwerden einer ganz neuen Dimension des Lebens – der Spiritualität.

Der Mythenforscher Joseph Campbell schildert diesen Prozeß des Gewahrwerdens oder Erwachens als eine erschreckende nächtliche Seefahrt – und er kann in der Tat erschreckend sein, denn in Zeiten äußersten Leidens erscheint es uns bisweilen, als seien all unsere Ankerketten und Taue gerissen und als trieben wir allein auf pfadlosen Fluten. Um den Weg zurück in die Heimat finden zu können, benötigen wir einen Lotsen, einen Führer. Andernfalls könnten wir in einem Meer der Verzweiflung, der Depression, des Zynismus, der Hilflosigkeit oder der Abhängigkeit versinken. Dieses Buch möchte ein solcher Führer sein. Aber noch mehr möchte es Ihnen helfen, Ihre eigene innere Führung zu finden.

Für mich als seine Verfasserin ist es ein sehr schwieriges, aber auch aufregendes Buch gewesen. Es ging unmittelbar aus dem Feuer in meiner eigenen Seele hervor, einer tiefen, leidenschaftlichen Sehnsucht nach Freiheit, Transformation und spiritueller Heimkehr, deren Flammen lange Zeit von meiner Erzwidersacherin und Lehrmeisterin gespeist worden sind – der Angst. Es hat Zeiten gegeben, da die Angst die Oberhand zu gewinnen schien und mich buchstäblich verbrannte und ausglühte. Doch gleich dem mythischen Phönix bin ich – wie so viele der Klienten, mit denen es mir vergönnt war, im Laufe der Jahre zusammenzuarbeiten – immer wieder auferstanden. Die mannigfaltigen Weisen, wie Ängste und Traumata in Einsicht und Mitgefühl transformiert werden, sind unglaublich faszinierend, und ebendiese Faszination war das, was mich einst veranlaßte, über die Grenzen unserer traditionellen psychologischen Systeme hinauszublicken.

In der Anfangsphase meiner Laufbahn als Psychologin war ich eine Anhängerin des Behaviorismus. Ich glaubte, unnötiges psychisches Leid könne dadurch gelindert werden, daß man die Menschen neue Verhaltensweisen und Glaubenssysteme lehrt. Und tatsächlich erbringt – wie ich in meinem ersten Buch, *Gesundheit ist lernbar,* ausgeführt habe – eine Verhaltenstherapie in bestimmten Fällen äußerst positive Resultate. Später erkannte ich, wie wichtig es ist, die Wunden der Kindheit zu heilen und die Selbstachtung wiederherzustellen – darauf bin ich in meinem zweiten Buch, *Ich bin, wie ich bin*, eingegangen. Im vorliegenden Buch werden wir noch tiefer in das Wesen der Heilung vorstoßen und eine spirituelle Psychologie kennenlernen, nach der das »Heilsein« des Individuums nicht nur dessen vergängliche Psyche, sondern auch dessen unsterbliche Seele umfaßt.

Auch wenn *Psychologie* wörtlich »Wissenschaft der Seele« bedeutet, haben die meisten psychologischen Schulen in ihrem Streben nach »Wissenschaftlichkeit« jegliches Interesse an der Seele verloren. So kam es, daß die bemerkenswerten Lehren C. G. Jungs und des italienischen Psychiaters Roberto Assagioli, die beide die Bedeutung der Seele anerkannten, vom Werk ihres Zeitgenossen Sigmund Freud überschattet wurden. Nun hatte Freud zwar viel über das persönliche Unbewußte zu sagen, doch seine Theorien vernachlässigten das von Jung postulierte *kollektive* Unbewußte: das Reich der Archetypen oder Seelenmuster wie »Heiler«, »Krieger«, »Magier« und »Heros«, die seit ältesten Zeiten unsere Mythen, Märchen, Religionen und die Welt des Traums bevölkern und bestimmen.

Die erstaunliche Begrenztheit der traditionellen Psychologie ist gerade im vergangenen Jahrzehnt durch die einschneidenden Fortschritte unseres Wissens über Formen des Traumas offenbart worden – worauf wir im zweiten Teil dieses Buches, »Die Transformation der Angst«, näher eingehen werden. Viele Menschen, die ein schweres Trauma erleiden, entwickeln sogenannte »dissoziative Störungen«. Sie rücken gleichsam von der alltäglichen Wahrnehmung ab, um sich vom Entsetzen und der Demütigung zu distanzieren, und lernen dadurch, in »alternativen Wirklichkeiten« zu leben. Sie können multiple Persönlichkeiten entwickeln, und trotz der ernsten Behinderung, die ihr ungeheiltes Leid darstellen kann, entfalten manche von ihnen auch außergewöhnliche intuitive und schöpferische Fähigkeiten.

Bei der Mehrzahl der »Multiplen« kann der Therapeut eine *Kernpersönlichkeit* identifizieren, den sogenannten »inneren Helfer«, bei dem es sich um die Seele zu handeln scheint. Ungeachtet des spezifischen religiösen Hintergrunds des Patienten – oder auch des Fehlens eines solchen – behauptet dieser innere Helfer, ein unsterblicher Bewußtseinskern zu sein, der schon da war, bevor der Mensch einen Körper besaß, und weiterhin dasein wird, wenn der Körper einmal stirbt. Er charakterisiert sich oft als »Kanal für die göttliche Liebe und Weisheit«. Und er ist weise. Diese Persönlichkeit kann dem Therapeuten bei der Transformation des Traumas, das zu solch einer folgenschweren Aufsplitterung des Ichs führte, äußerst behilflich sein.

In den Workshops, die ich sowohl für Therapeuten als auch für das allgemeine Publikum überall im Lande veranstalte, erfahre ich verblüffende Geschichten von oder über Menschen, die als Kinder sexuell mißbraucht oder mißhandelt wurden. Viele von ihnen stellen während des Heilungsprozesses eine Verbindung zum inneren Helfer her, und die Mehrzahl von ihnen ist sehr intuitiv begabt. Viele erinnern sich an außergewöhnliche spirituelle Erfahrungen, die ihr traumatisches Erlebnis begleiteten. Wenn im Verlauf ihres Heilungsprozesses lange verdrängte Erinnerungen an den erlittenen Mißbrauch wieder auftauchen, treten auch die spirituellen Erfahrungen ans Licht des Bewußtseins. Von diesen lassen sich in der Regel zwei Arten unterscheiden: außerkörperliche Erfahrungen und Begegnungen mit einem weißen Licht, ähnlich dem allwissenden, alliebenden Licht, das viele Menschen bei Nahtoderfahrungen erleben.

Die Anwältin und Therapeutin Lynne Finney, selbst ein Opfer schweren sexuellen Mißbrauchs, schildert ihre Erfahrungen sowie die vieler ihrer Klientinnen in ihrem bemerkenswerten Buch *Reach for the Rainbow: Advanced Healing for Survivors of Sexual Abuse*. Wie sie erklärt, überraschen solche Erinnerungen an das weiße

Licht oft sowohl die Klientin, die eine erklärte Atheistin sein kann, als auch den Therapeuten, sofern er noch nie mit solchen Dingen konfrontiert worden ist. Lynne schreibt:

> Die Berichte decken sich in der Regel in bestimmten allgemeinen Punkten: Das Opfer sieht ein weißes Licht, das zu wachsen und heller zu werden beginnt. Das Opfer weiß unmittelbar, daß das weiße Licht eine Kraft der Güte und Liebe ist, und versteht, was das weiße Licht sagt, obwohl es nicht eigentlich spricht. Das Licht teilt dem Opfer mit, daß es [das Opfer] geliebt wird, daß es einen Grund gibt für das, was geschieht, und daß das Opfer die Mißhandlung überleben wird. Manchmal erhalten die Opfer ausführliche Informationen über das Universum und ihr weiteres Leben. Die Opfer geben an, in Gegenwart des Lichtes ein intensives Gefühl der Liebe und des Friedens empfunden zu haben, dem nichts gleichkam, was sie bis dahin erlebt hatten. (S. 189)

Ich selbst habe Dutzende solcher Geschichten gehört – Geschichten, auf die mich meine traditionelle psychologische Ausbildung in keiner Weise vorbereitet hatte. All die Berichte, in denen Klienten vom weißen Licht, von Nahtoderfahrungen, Engelsbegegnungen, Erinnerungen an vergangene Existenzen und sogar von Entführungen durch Ufos sprechen, können nicht mehr pauschal auf Hysterie, Psychosen oder Charakterfehler zurückgeführt und abgetan werden. Diese Phänomene sind real und sehr weit verbreitet. Wie wir im zweiten Teil erörtern werden, haben Menschen, die in ihrer Kindheit schwere Traumata erlitten, interessanterweise eher Zugang zu veränderten Bewußtseinszuständen und anderen Wirklichkeiten als der Rest der Bevölkerung. Dennoch belegen wissenschaftliche Erhebungen, daß spirituelle Erfahrungen allgemein mit ausgezeichneter psychischer Gesundheit in Verbindung gebracht werden. Und in der Tat sind einige der gesündesten Menschen, die ich kenne, solche, die von den schwierigsten Situationen genesen mußten und im Zuge ihrer Heilung weit tiefere Einsicht und Weisheit erlangt haben, als ein »angenehmes« Leben normalerweise zu schenken pflegt.

Ich selbst habe, obwohl ich in einer liebevollen familiären Umgebung aufwuchs, eine Reihe von Kindheitstraumata erlitten. Im Alter von zehn Jahren erkrankte ich an einem schweren psychischen Leiden, dem Zwangssyndrom, über das Sie im dritten Kapitel – »Die Krise als Initiation« – mehr erfahren werden. An diesem Leiden zu erkranken war, wie eines Morgens in der Hölle aufzuwachen und festzustellen, daß es keinen Ausweg gibt. Doch im Laufe der Genesung – die ganz ohne Unterstützung von menschlicher Seite erfolgte, wenngleich ich überzeugt bin, daß mir vom Engelreich unschätzbare Hilfe zuteil wurde – entdeckte ich meinen inneren Helfer und das weiße Licht. Ich erwarb außerdem die Fähigkeit, mich relativ mühelos in veränderte Bewußtseinszustände zu versetzen und diese auch willentlich wieder zu verlassen.

Anfangs verfügte ich über keinerlei Bezugssystem, das mir den plötzlichen Ausbruch dieser entsetzlichen psychischen Krankheit und meine wunderbare Heilung hätte begreiflich machen können. Mittlerweile aber betrachte ich diese Erfahrung als eine Initiation in die »Schwesternschaft/Bruderschaft der Heiler«. C. G. Jung sprach vom Archetypus des »verwundeten Heilers«. Ich glaube, daß jede Wunde, die wir davontragen und von der wir zuletzt genesen, eine seelenbildende Erfahrung darstellt, die unsere Bereitschaft, an der Heilung unserer Welt mitzuwirken, zu erwecken vermag.

Wir leben in einer beispiellosen Zeit. Die Weltseele steht wahrhaft in Flammen – Flammen des Hungers, der Umweltverschmutzung und des Hasses. Viele von uns sind tief verwundet. Und es ist an jedem von uns, das Feuer seiner Wunden bewußt einzusetzen – um zu heilen, um für den Frieden zu arbeiten, um unsere Welt zu transformieren. Tun wir es nicht, wird das Feuer in unseren Seelen uns individuell und kollektiv verbrennen. Unsere Städte werden brennen, unsere Kinder werden zu Drogen greifen, unsere Natur wird einen Grad der Zerstörung erreichen, der es ihr unmöglich machen wird, uns weiter am Leben zu erhalten. Immer mehr Menschen gelangen – paradoxerweise durch Schmerz, Mißhandlung und Traumatisierung – ans Licht und verschreiben sich der persönlichen und gesellschaftlichen Heilung. Um Heiler sein zu können, müssen wir aufhören, bloße Opfer oder auch nur Überlebende unserer jeweiligen privaten Hölle zu sein, und uns weiterentwikkeln. Wir sind dazu aufgerufen, von Opfern zu Transformatoren des Bewußtseins zu werden.

Während der Auseinandersetzung mit den schweren Prüfungen dieses Lebens können sich Pforten in andere Wirklichkeiten und andere Existenzen auftun, die eine tiefere Heilung auslösen, als wir, durch unsere bisherigen religiösen oder weltanschaulichen Annahmen konditioniert, vielleicht für möglich halten würden. Meine klinische Arbeit hat mich davon überzeugt, daß dieses jetzige Leben nur einen Tropfen im Meer darstellt. Wie Donna Elsten, von deren verblüffender Nahtoderfahrung im zweiten Kapitel die Rede sein wird, es formuliert: »Unser Leben ist wie ein aufzuckender Blitz.« Ein Fingerschnipsen, und wir erwachen aus dem Traum. Aber die in unserer Seele, unserer tieferen Identität, gespeicherte Erfahrung begleitet uns in andere Reiche des Seins. Und wir wachsen und genesen auf vielen Ebenen zugleich.

Durch diese erweiterte Anschauung vom Leben können selbst die schmerzlichsten, scheinbar sinnlosen Ereignisse als »Wasser auf die Mühle« der Seelenbildung und Tiefenheilung betrachtet werden. Selbst inmitten der schwersten Prüfungen brauchen wir nur Hilfe vom Universum zu erbitten, und sie wird uns zuteil – mag sie auch nicht ganz den Vorstellungen entsprechen, die wir uns von ihr gemacht hatten. Meine Erfahrungen haben mir den unerschütterlichen Glauben geschenkt, daß wir – auch wenn die vergängliche Welt, in der wir leben, oftmals gefährlich, gewalttätig und unberechenbar ist – stets geborgen sind. Das ist »spiritueller Optimismus«. Durch seinen bestimmten inneren Aufbau wird dieses Buch Ihnen helfen, über Ihre eigenen Erfahrungen und Überzeugungen zu reflektieren, und Ihnen zugleich einen begrifflichen und gefühlsmäßigen Rahmen für eine neue Psychologie des spirituellen Optimismus liefern.

Der erste Teil stellt die Alternative vor, mit der wir in jeder Krise konfrontiert werden: an die Liebe zu glauben oder vor der Angst zu kapitulieren. Die ersten drei Kapitel geben psychologische, naturwissenschaftliche, religiöse und spirituelle Gründe dafür an, warum unserer Ansicht nach schreckliche Dinge geschehen – Begründungen, die es Ihnen, wie ich hoffe, ermöglichen werden, Ihr jeweiliges diesbezügliches Denkmuster zu identifizieren. Der zweite Teil behandelt die persönlichen und die archetypischen Ängste, die in Krisenzeiten besonders deutlich zutage treten, unter denen aber viele von uns chronisch leiden. Wann sollten wir abwägen, was besser für uns ist: Meditation oder Medikation (Einnahme von Medikamenten), traditionelle Therapie oder ein transpersonaler Ansatz wie hypnotische Rückführung in vergangene Existenzen? Was ist die umfassendste Psychologie der Liebe, des Mutes und der Freiheit, die uns sicher durch das Meer der Angst tragen kann?

Der dritte Teil stellt praktische Strategien für ein mutiges oder *beherztes* Leben vor, konkrete Möglichkeiten, unseren Alltag gelassen, freudig und frei zu erfahren. Meditation, Gebet und Achtsamkeit sind Techniken zur Öffnung der Augen unseres Herzens, durch die wir auch dann noch klar zu sehen vermögen, wenn eine dunkle Nacht der Seele unsere Sinne verfinstert. Das Buch schließt mit dem Kapitel »Nachtlichter« ab – einer Zusammenstellung von Erzählungen, Gedichten und Aussprüchen, die uns in schweren Zeiten, wenn wir zu vergessen scheinen, wie man gläubig, liebevoll und mutig lebt, helfen können, unseren spirituellen Optimismus wiederzufinden. Und dieses Vergessen und Erinnern, liebe Leserin und lieber Leser, sind der Puls des Lebens hier auf Erden.

Wie ich mittlerweile in allen meinen Büchern sage:

Kommt, wir wollen uns zusammen erinnern!

Joan Borysenko
27. Mai 1992
Scituate, Massachusetts

Ein Gleichnis: Sichere Heimfahrt

Vor langer, langer, langer Zeit,
selbst noch bevor
Großvater Himmel die Sterne gebar,
gab es nur Ein Wesen.
Ein reines Bewußtsein von Liebe, in der Vollständigkeit
ruhend
seiner unausgesprochenen Geschichten
und ungesungenen stummen Gesänge.

Eines Tages aber, aus Gründen, die niemand mehr weiß,
ja niemand je wußte,
wurde das Eine rastlos.
Manche sagen, es beschloß, ein kosmisches Versteckspiel
zu spielen, und splitterte sein Licht auf
in winzige Funken, ein jeglicher begabt
mit dem vollständigen Potential des Ganzen.
Auf diese Weise konnte das Eine
sich erkennen und sich mehren.

So wurde jeder Funke in ein Gewand von Fleisch gehüllt
und sein Licht und Wissen tief in seinem Herzen verborgen.
Der Sinn des Spiels war, daß alle Teile des Ganzen

ihren Weg zurück entdeckten,
nachdem sie alle Geschichten gelebt, alle Gesänge gesungen,
die sie zu weisen, barmherzigen Mitschöpfern
und Gefährten des Einen machen würden.

Die jungen Seelen schlugen viele Wege ein.
Jeder Heimweg hatte seine Geschichte, und jede Seele
reagierte auf die Geschichte, wie sie wollte: frei,
und wob neue Geschichten ein ins Traumgespinst
des Einen Großen Träumers.
Und die Sonne ging auf, und die Sonne ging unter.
Die Gezeiten kamen und gingen.
Neues Fleisch entstand, und altes Fleisch
kehrte zur Erde zurück.
Und das Eine sah neue Geschichten wachsen
im Theater der Vielen.

Manche dieser Geschichten führten näher an die Heimat heran.
Es waren jene, in denen die Liebe die Angst überwand.
Manche dieser Geschichten führten in Sackgassen.
Es waren jene, in denen die Angst die Liebe verschleierte.
Die Dramen waren lang und die Zerstreuungen zahlreich.
Eine nach der anderen
vergaßen die meisten Seelen, daß sie sich überhaupt
auf einer Reise befanden.
Sie verschliefen die Ersten Geschichten,
die das Eine zurückgelassen als ewige Wegweiser und Führer,
auf daß jede Seele ihren Weg zurückfinden konnte
in die Heimat.

Im Glauben, allein und gesondert zu sein,
gelangten die verirrten Seelen in ein fremdes Land,
darin der Anschein herrschte, der Tod sei wirklich
und die Liebe flüchtig wie ein Schatten.
Manche suchten Trost im Reichtum, andre in der Macht.
Manche fanden ihn in Speisen, Drogen, Alkohol, Zorn,

Fernsehen oder Besitz,
in Klatsch, Kritiksucht oder einem Gott,
der eifersüchtig log: »Du bist erwählt, du bist errettet,
nur einen Heimweg gibt's, und das ist dieser!«

Berührt vom Los seiner verirrten Teile,
sandte das Eine, liebend, Rufer aus ins All,
die seine Funken aus dem Angst-Traum wecken
sollten und sie zurück zur Liebe führen und zur Sehnsucht
nach Wiedereinssein mit dem Großen All-Geliebten.
Diese Weckrufe des Schmerzes rissen
die Seelen aus ihrem Schlaf des Vergessens.

Und ihre Brüder und Schwestern überall im Kosmos
vernahmen ihre Hilfeschreie.
Sichtbare und ungesehene Helfer kamen,
wann immer sie die Absicht zog,
der starke Sog des Willens
einer Seele, die zum Ursprung flehte
mit echter Sehnsucht nach Vergebung, Einssein, Liebe.
Und sie halfen diesen Seelen, sich der Fesseln
schmälernden Glaubens, liebloser Taten
der Ahnungslosigkeit zu entledigen,
damit sie ihren sicheren Heimweg fänden.

Sie werden auch dir zur Heimfahrt verhelfen,
so du bittest und Glauben hast,
auch nur wie ein Senfkorn,
und so du geduldig bist und bereit,
den Weisungen des Weltalls zu gehorchen,
selbst wenn sie nicht das sind,
was du zu hören hofftest.
Nicht mein, sondern Dein Wille geschehe –
dies ist das Bewußtsein,
das dich zurückführen wird,
in die Heimat.

ERSTES KAPITEL

Warum geschehen schreckliche Dinge?

Das einzige, was wir wissen können, ist,
daß wir nichts wissen,
und dies ist die höchste Erkenntnis,
zu der sich der menschliche Geist
aufschwingen kann.

Leo Tolstoi

Ende Juni 1990 hatte ich gerade die Rohfassung dieses Kapitels abgeschlossen, als eine Tragödie unsere Familie zwang, sich wieder einmal die uralte Frage zu stellen: »Warum? Wenn es auch nur einen Funken Liebe gibt in diesem Universum, warum passieren dann so schreckliche Dinge?«

Mein Mann Myrin und ich hatten tief und fest geschlafen, als wir um halb sechs in der Frühe plötzlich hochschreckten – wie eine Mutter, wenn ihr Baby anfängt zu weinen. Unser »Baby«, Andrei, war zwar schon ein 17jähriger Junge, aber als wir seine verzweifelten Schreie hörten, waren wir augenblicklich hellwach. Wir rannten den Korridor entlang und stürzten zusammen mit unserem älteren Sohn Justin in sein Zimmer. Andrei preßte die Hände gegen seine Brust, als sei ihm das Herz herausgerissen worden. Er schrie unentwegt: »Warum? Warum? Nein! Nein!«, während sich Bäche von Tränen aus seinen verschlafenen blauen Augen ergossen und über braungebrannte Wangen strömten, die mit einemmal kreidebleich geworden waren. Andreis Qual war so unermeßlich, daß sie wie eine Anklage gegen das Leben selbst erschien, ja wie ein Aufbegehren gegen Gott.

Andrei hatte gerade die Art von Anruf erhalten, die ich von jeher am meisten gefürchtet habe. Den Anruf, der mir mitteilen würde, daß ein geliebter Mensch unerwartet gestorben ist. Sein bester Freund, Mat, hatte wenige Stunden zuvor in einer gefährlichen, dunklen, regennassen Kurve die Kontrolle über sein Auto verloren und war tödlich verunglückt. Obwohl ein Rettungshubschrauber mit erfahrenen Notärzten und Sanitätern rasch zur Stelle gewesen war, hatte Mat das Unfallkrankenhaus nicht mehr lebend erreicht. Die meisten jungen Leute, die sich in den ersten Tagen nach der Tragödie bei uns einfanden, um gemeinsam zu trauern, wiederholten Andreis qualvolle Frage: »Warum?« Warum Mat? Warum er, der nie ein böses Wort für irgend jemanden gehabt hatte, der immer so dankbar für das Leben und so verständnisvoll für die Eigenarten, für das Einzigartige jedes Menschen gewesen war? »Warum gerade der Beste von uns?« fragten sie.

Ungehalten über Andrei und die anderen mahnte plötzlich eine junge Frau: »Ihr dürft diese Frage nicht einmal *stellen*! Es gibt keine Antwort darauf, die wir verstehen könnten.« Dieser Teenager in weißen Turnschuhen und roten Socken hatte den Finger direkt auf das heilige Mysterium gelegt. *Wir können nicht wissen.* Aber für uns Menschen geht das Bedürfnis zu wissen Hand in Hand mit der Neuordnung unserer Welt, die nach jeder Tragödie erforderlich wird.

Jede Tragödie erzeugt das Bedürfnis nach Sinngebung – danach, neue Geschichten zu erzählen, die die zerrissenen Fäden des Lebens wieder zu einem zusammenhängenden Ganzen verweben können. Unsere Fähigkeit, solche Geschichten zu erzählen, wirkt sich, wie eine Untersuchung der Psychologin Shelley Taylor ergeben hat, unmittelbar auf den Heilungsprozeß aus. Bei Studien mit Menschen, deren Leben durch einschneidende negative Ereignisse – von Vergewaltigungen bis hin zu lebensgefährlichen Krankheiten –

einen »Riß« bekommen hatte, stellte Dr. Taylor fest, daß diejenigen Patienten, die sich gut erholten, drei bestimmte Bewältigungsstrategien in ihren Genesungsprozeß integrierten: die Suche nach dem »Sinn« der negativen Erfahrung, den Versuch, das Ereignis im besonderen und das Leben im allgemeinen in den Griff zu bekommen, und die Wiederherstellung der durch die Erfahrung zum Teil schwer beschädigten Selbstachtung.

Die unglaubliche Zähigkeit der menschlichen Natur und die gewaltigen Kraftreserven, die Schicksalsschläge zu erschließen scheinen, verblüfften Dr. Taylor zutiefst. Die Psychologin beobachtete, daß die meisten Menschen an Krisen nicht zerbrechen, sondern eine angeborene Fähigkeit beweisen, sich von den unvorstellbarsten Leiden zu erholen und sich dem Leben sogar noch besser als vor der Tragödie anzupassen. Und die Bedeutung, die wir diesen dunklen Nächten der Seele zuschreiben, entscheidet darüber, *wie* wir aus ihnen wieder herauskommen.

Was bedeutet es – was hat es für einen »Sinn« –, einen geliebten Menschen zu verlieren, an Krebs zu erkranken, vergewaltigt oder als Kind mißbraucht zu werden? Wenn unsere Antworten negative Geschichten hervorbringen, wird die Heilung des Traumas erschwert. Untersuchungen zeigen, daß Menschen, die sich als hilflose Opfer empfinden, weit eher in Angst, Depression und ohnmächtiger Wut verharren als solche, die ein Gefühl der Eigenmacht zurückbehalten. Eine hilflos schuldzuweisende Einstellung geht außerdem mit Immunschwäche, erhöhter Anfälligkeit für Herzleiden und einer Fülle streßspezifischer Krankheiten einher.

Nicht minder lähmend wirkt die *Selbstanklage* – die pessimistische Triade von Gefühlen, die der an der University of Pennsylvania tätige Psychologe Dr. Martin E. P. Seligman folgendermaßen zusammenfaßt: »Es ist alles meine Schuld, ich mache alles falsch, und das ist die Geschichte meines Lebens.« Pessimismus beeinträchtigt die Funktion unseres Immunsystems, erschwert es uns, aus unseren Erfahrungen zu lernen, und stößt uns in einen Zustand depressiver Ohnmacht. Wenn die Geschichten, die wir aus unseren Tragödien weben, eine optimistische Tendenz haben (»Ich weiß nicht, warum das geschehen ist, aber ich werde damit fertig«,

»Eines Tages werde ich schon erkennen, wozu das alles gut war« oder: »Ich lerne bereits aus dieser Erfahrung«), dann wirken sie sich auch positiv auf unser physisches und psychisches Gesamtbefinden aus.

Während meiner siebenjährigen Tätigkeit als Leiterin eines klinischen »Geist-Körper-Programms« an zwei Bostoner Krankenhäusern, dem Beth Israel und dem New England Deaconess Hospital, hatte ich Gelegenheit, Hunderte von »Warum-ich?«-Geschichten zu hören. Die meisten Patienten, die in die Klinik kamen, befanden sich infolge einer Krankheit an einem kritischen Wendepunkt in ihrem Leben. Vielfach waren ihre bis dahin nie hinterfragten Grundüberzeugungen und Ansichten über das Leben durch die Diagnose einer unheilbaren Krankheit, die Realität einer multiplen Sklerose oder einer Gehirnverletzung, durch die scheinbare Endlosigkeit der Angst oder Depression zerschmettert worden. Die Behandlung, die wir anboten, bestand in einer zehnwöchigen Gruppentherapie mit einer zweistündigen Sitzung pro Woche.

Die Patienten lernten, bestimmte Mentaltechniken – wie Meditation und konzentrierte Imagination – anzuwenden, die positive physiologische Veränderungen herbeiführen können. Zusätzlich wurden sie in das Programm eingeführt, das ich in *Gesundheit ist lernbar* vorgestellt habe und das Stretching, Entspannung, Achtsamkeit, das Durchbrechen des Kreislaufs der Angst, die Umdeutung (»Reframing«) der negativen Erfahrung, körperliche Übungen und eine bestimmte Diät umfaßt.

Namentlich eine Gruppe von Patienten ist mir unvergeßlich geblieben. Es war die erste Sitzung des zehnwöchigen Programms, und die Teilnehmer erklärten, warum sie gekommen waren. Eine Frau litt unter einer so schweren Migräne, daß sie befürchtete, aufgrund ihrer häufigen Krankmeldungen ihren Arbeitsplatz zu verlieren. Eine andere Frau litt an einer neurologischen Störung, die nicht genauer diagnostiziert werden konnte: Jedesmal, wenn sich bei ihr die Symptome einer leichten Desorientierung oder Verwirrtheit einstellten, geriet sie in Panik. War es ein unentdeckt gebliebener Gehirntumor? Würden die Symptome sich verschlimmern und sie vollkommen handlungsunfähig machen? Weiter gab es einen

Mann mit chronischen Rückenschmerzen und eine Frau, die als Kind von ihrem Vater mißbraucht worden war und damit zusammenhängend an einer Vielzahl streßbedingter Beschwerden litt. Zwei andere hatten Durchfall und Leibschmerzen infolge von Colon irritabile (»Reizkolon«), und etliche andere litten unter Anfällen von Panik, die von körperlichen Problemen wie Bluthochdruck oder Herzrhythmusstörungen begleitet wurden.

Als letzte ergriff »Leslie« das Wort. Leslie, eine attraktive, gepflegte Brünette Anfang 40, war eine alleinstehende Mutter von zwei Töchtern und arbeitete in einer Bank. Sie ließ ihren Blick ruhig über den Kreis der Mitpatienten wandern, während sie mit einer sanften, aber kräftigen Stimme die Gründe für ihr Kommen zusammenfaßte. »Mein Mann starb vor drei Jahren. Er war erst 39, aber er bekam einen Schlaganfall. Er war mehrere Monate lang in Spaulding [einer Rehabilitationsklinik bei Boston], und dann kam er wieder nach Hause. Er war halbseitig gelähmt und konnte nicht mehr arbeiten. Aber wissen Sie, er hatte eine großartige Einstellung. Er war glücklich, am Leben zu sein.« Leslie hielt inne. Sie blinzelte mit tränennassen Augen, räusperte sich und fuhr dann fort. »Eines Abends, direkt nach dem Essen, hatte er einen zweiten Schlaganfall und starb. Friedlich. In meinen Armen.«

Leslie schwieg für einen Augenblick, um sich zu fassen. »Seit der Geburt unserer zwei Mädchen, Cindy und Ellen, hatte ich nicht mehr gearbeitet, aber nach Bobs Tod mußte ich mir einen Job suchen und kam bei einer Bank unter. Es war eine schwere Umstellung, aber wir kamen schon zurecht. Dann, ungefähr ein Jahr später, entdeckte ich einen Knoten in meiner rechten Brust. Er war bösartig, und es fanden sich auch drei positive Lymphknoten – nicht so viele, daß ich keine Hoffnung auf Genesung hätte, aber ich weiß immerhin, daß ich noch nicht über den Berg bin. Ich bin operiert worden, habe eine Strahlenbehandlung und Chemotherapie hinter mir, und jetzt möchte ich sicherstellen, daß ich wirklich alles tue, was in meiner Möglichkeit steht, um wieder gesund zu werden. Ich will es noch erleben, daß meine Töchter erwachsen werden.«

Als Leslie ihre Geschichte beendet hatte, herrschte eine Zeitlang verblüfftes Schweigen im Raum. »Janet«, die Frau, die an schwerer

Migräne litt, ergriff als erste das Wort. Tränen glitzerten in ihren Augen, als sie Leslie zunickte. »Meine Kopfschmerzen sind schlimm, und durch sie ist mein Leben zu einer ziemlich unberechenbaren Angelegenheit geworden, aber während ich Ihnen zuhörte, begriff ich, wieviel ich habe, wofür ich dankbar sein muß. Ich bewundere Sie zutiefst wegen Ihres Mutes.«

Auch ich bewunderte Leslies Mut zutiefst. Als ich mich zum erstenmal mit ihr unterhalten hatte, um herauszufinden, ob ein Geist-Körper-Programm das Richtige für sie sein würde, hatte ich ihr die Frage gestellt, die ich an alle Patienten mit potentiell schweren Krankheiten richte: »Auch wenn wir uns in den meisten Fällen nicht erklären können, warum wir krank werden, haben die meisten Menschen diesbezüglich doch irgendeine Theorie. Wie steht es mit Ihnen?«

Leslie lächelte. »Meinen Sie damit, ob ich mich frage: Warum ausgerechnet ich?« Ich nickte, und sie fuhr fort. »Anfangs habe ich das wirklich getan, aber dann sagte ich mir: Warum *nicht* ich? Wie können wir überhaupt wissen, warum irgend etwas geschieht? Warum wird ein alkoholsüchtiger Kinderschänder 85, während Babys sterben? Meine Mutter sagte mir immer, Leiden und Schicksalsschläge seien Strafen für begangene Sünden, aber man braucht sich nur einmal umzuschauen, um zu erkennen, was für eine blödsinnige Theorie das ist! Die Wahrheit, Joan, ist, daß ich nicht weiß, warum Bob gestorben ist und ich Krebs bekommen habe. Das einzige, was ich tief in meinem Herzen mit Sicherheit weiß, ist, daß es irgendwie, aus Gründen, die ich in diesem Leben vielleicht niemals begreifen werde, doch zum Guten ist.« Ich hörte die Aufrichtigkeit in Leslies Stimme, die mir verriet, daß sie aus tiefster Überzeugung sprach und keiner ängstlichen Rationalisierung Ausdruck gab. Ich sagte es ihr.

»Ich bin bestimmt keine blauäugige Überoptimistin«, fuhr sie fort. »Ich habe Angst. An manchen Tagen schüttele ich mich, wenn ich aufwache, weil ich denke, ich bin noch in einem fürchterlichen Alptraum gefangen.« Leslie hielt inne und seufzte. »Sobald mir dann klar wird, daß ich wach bin, muß ich mich wieder mit diesem verdammten Krebs abfinden, mit meiner Einsamkeit, jedesmal wieder von vorn. Ich frage mich dann, ob ich ein ›normales‹ Alter erreichen oder jung sterben werde. Und wenn ich lebe, frage ich mich, was für ein Leben das sein wird, ob ich mich je wieder verlieben werde, ob ein Mann mich jetzt noch heiraten würde. Und ich frage mich, wie es für die Kinder sein wird, wenn ich ernsthaft krank werde, wenn ich sterbe. Dann aber sage ich mir: ›Na gut, das ist, was gerade passiert. Das ist die Rolle, die ich zu spielen habe. Ich werde sie so bewußt und so gut wie möglich spielen.‹«

»Jay«, ein Patient, den ich etwa um dieselbe Zeit kennenlernte wie Leslie, hatte eine diametral entgegengesetzte Einstellung. Jay, Mitte 30, war ein äußerst erfolgreicher homosexueller Künstler aus New York. Als wir uns zum erstenmal trafen, wußte er seit sechs Monaten, daß er HIV positiv war. Er hatte seitdem etwas abgenommen, arbeitete aber weiter und fühlte sich noch relativ gut. Er hatte einen großen Freundeskreis, der ihm starken seelischen Rückhalt bot, aber dennoch war sein emotionaler Zustand äußerst labil. Der Grund dafür war seine »Theorie«, warum er sich AIDS zugezogen hatte.

Als Jay sich fragte: »Warum ich?«, gründete sich seine Antwort auf alte, nie hinterfragte religiöse Vorstellungen, die von seiner Kindheit übriggeblieben waren. Jay war in einem streng christlichen Elternhaus aufgewachsen. Auch wenn er als Erwachsener eigentlich kein religiöser Mensch gewesen war, ließen ihn die Verzweiflung über seine eigene Krankheit und die Trauer um Freunde, die gleichfalls an AIDS litten oder bereits daran gestorben waren, in einen Zustand kindlicher Hilflosigkeit regredieren. Seine alten religiösen Überzeugungen drangen mit frischer Kraft an die Oberfläche. Er gelangte zu dem Schluß, die Bibel habe mit ihrer Verurteilung der Homosexualität offensichtlich doch recht, und wenn sie in dem Punkt recht hatte, dann war es auch durchaus möglich, daß er zur Strafe für seine sexuellen Neigungen in die Hölle kommen würde.

Schuldgefühle plagten Jay Tag und Nacht. Sein Verhalten war wie die Parodie eines fundamentalistischen Wanderpredigers, der sich mit Selbstvorwürfen geißelt und Jehovas Zorn, Pech und Schwefel auf sein sündiges Haupt ruft. Ich schlug Jay vor, die Hilfe eines in Pastoralpsychologie geschulten Geistlichen in Anspruch zu nehmen und auf diese Weise zumindest etwas von seiner essentiellen Angst und seinem Pessimismus – die Folgen einer extrem repressiven Erziehung – von seiner echten Gottesfurcht zu scheiden. Wie ich in *Ich bin, wie ich bin* dargelegt habe, hängt das bestimmte Bild, das wir von Gott haben – als einem liebevollen und barmherzigen Vater oder einem strengen Richter und Rächer –, aufs engste mit unserem Selbstwertgefühl zusammen. Unser Selbstwertgefühl wiederum hängt davon ab, wie wir als Kinder von unseren Eltern behandelt wurden. Wenn unsere Eltern liebevoll waren und wir im ruhigen Bewußtsein unseres Wertes aufwachsen konnten, dann glauben wir, daß auch Gott gut ist. Wenn unsere Eltern streng und autoritär waren und wir mit einer schlechten Meinung von uns selbst aufwuchsen, dann ist die Wahrscheinlichkeit auch entsprechend groß, daß wir an einen strafenden, unbarmherzigen Gott glauben.

Da Jay in New York wohnte, sahen wir uns nur in unregelmäßigen Abständen, wenn er Freunde in Boston besuchte. Eines Tages, nach einer Unterbrechung von mehreren Monaten, erschien er zu unserer Sitzung mit einem ganzen Stapel Bücher zum Thema Selbstheilung. Jays hilflose, pessimistische Einstellung war verschwunden, und er wirkte mit einemmal stark und energiegeladen. Er sagte mir, er sei jetzt davon überzeugt, nur sein Selbsthaß habe die Bedingungen geschaffen, die ihn für AIDS anfällig machten, und indem er sich selbst liebte, müßte es ihm eigentlich gelingen, diese Bedingungen wieder aufzuheben. Er hatte überall in seiner Wohnung positive Affirmationen angebracht und befolgte sehr gewissenhaft ein Programm zur Selbstheilung durch die Kraft der Imagination.

Offen gesagt, machte ich mir ernsthafte Sorgen um ihn. Sein plötzlicher Gesinnungswandel wirkte auf mich wie ein Pflaster, das sich jemand hastig auf eine große offene Wunde geklebt hat. In seiner jammervollen körperlichen und psychischen Verfassung hatte sich Jay allzu bereitwillig auf die simplifizierende Vorstellung gestürzt, jeder Mensch sei 100prozentig für die Erschaffung seiner eigenen Realität verantwortlich. Dies schenkte ihm ein vorübergehendes Gefühl der Sicherheit. Die Idee, wir könnten alles, was wir selbst erschaffen, auch wieder *ab*schaffen, ist eine dieser Halbwahrheiten, die den größten Schaden anrichten können. In letzter Konsequenz gilt eine Krankheit nach einer solchen Anschauung als Zeichen persönlichen Versagens, und durch die These, das, was wir selbst verursacht haben, könnten wir auch selbst heilen, wird eine vorübergehende Illusion von Macht aufgebaut.

Ich ermutigte Jay, doch einmal über das große Spektrum an weiteren möglichen Antworten auf die Frage »Warum?« nachzudenken, die zwischen seinen bisherigen zwei Extremen lagen. Seine alten Überzeugungen schrieben Gott alle Macht zu. Sein neuer Glaube schrieb alle Macht ihm zu. Schließlich verabschiedete sich Jay, aufgebracht über meine skeptische Reaktion. Da mein Hauptinteresse die Verbindung von Psychologie, Medizin und Spiritualität ist und da ich die konstruktive Anwendung von Meditation, Affirmationen und die verantwortliche Teilhabe an unserer eigenen Heilung empfehle, hatte Jay angenommen, ich würde auch seine »New-Age«-Philosophie gutheißen – ein Terminus, den ich verabscheue, da er so ungenau verwendet wird, daß er praktisch nichts bedeutet.

Wenn es auch mit Sicherheit zutrifft, daß wir an der Verursachung der Ereignisse in unserem Leben beteiligt sind, ist die These, wir seien *100prozentig* für die Erschaffung unserer Wirklichkeit verantwortlich, eine psychologisch und spirituell äußerst dürftige Vorstellung. Ich habe immer wieder die Erfahrung gemacht, daß Patienten, die diesem Glauben anhängen, dazu neigen, sich als Versager zu empfinden, oder aber in eine schwere Glaubenskrise stürzen, wenn sie es nicht schaffen, sich aus eigener Kraft zu heilen. Zwar können solche Krisen – vorausgesetzt, man hat die Zeit, all ihren Konsequenzen nachzuspüren – wertvolle Gelegenheiten zu einer tieferen Heilung darstellen. Für Menschen aber, die mit lebensgefährlichen Krankheiten ringen, die ihnen weder die Zeit noch die Energie lassen, die Fragmente eines zerschlagenen Glaubens wieder aufzusammeln, können sie einen schweren, ja vernichtenden Schlag bedeuten.

Von Zeit zu Zeit rief Jay aus New York an und gab mir einen aktuellen Zustandsbericht. Die Symptome seines AIDS-Leidens verschlimmerten sich nach und nach, und trotz der Hilfe eines Therapeuten verschlechterte sich auch sein psychischer Zustand. Jay fühlte sich ohnmächtig und wertlos, weil es ihm weder gelungen war, sich physisch zu heilen noch emotional Frieden zu finden. Als Jay schließlich so schwach wurde, daß er die Tatsache seines bevorstehenden Todes nicht mehr leugnen konnte, stürzte sein Glaube an seine Fähigkeit, sich seine eigene Wirklichkeit zu erschaffen, wie ein Kartenhaus in sich zusammen, und er fiel wieder zu seiner ursprünglichen Überzeugung zurück, AIDS sei eine Strafe für seine Sünden.

Wie Leslie und Jay haben die meisten von uns schon Lebenskrisen durchgemacht – oder werden sie irgendwann noch durchmachen. In solchen Zeiten entscheidet das, was wir in bezug auf uns selbst und das Universum glauben – das bisweilen nur halbbewußte »Drehbuch«, nach dem wir jeweils leben –, darüber, wie wir unsere dunklen Nächte der Seele erfahren. Werden sie uns der Heimat näher bringen, oder werden sie uns in die Wildnis der Angst und Isolation treiben? Keine andere Frage konfrontiert uns so unmittelbar mit dem, woran wir wirklich glauben, als: »Warum ich?«

Eine Erste Geschichte

So wie ich den Begriff im einleitenden Gleichnis verwendet habe, ist eine Erste Geschichte ein Archetypus – eine »Mustergeschichte«, die jeder Mensch im Verlaufe seines Seelenwachstums, während seiner Suche nach dem Weg zurück zu Gott, durchleben muß. Für jeden, der je das Alte Testament gelesen hat, dürfte die Geschichte Hiobs mit Sicherheit den archetypischen Inbegriff des »Warum ich?« darstellen. Sie wirft die Frage auf, warum guten Menschen schreckliche Dinge widerfahren, wenn es so etwas wie Gerechtigkeit im Universum gibt. Die Geschichte Hiobs ist eine der ältesten erhaltenen Erzählungen der Menschheit. Die Forscher gehen davon aus, daß sie zwischen 800 und 300 vor Christus niedergeschrieben wurde, aber auf einer viel älteren sumerischen Version aus dem Anfang des 2. vorchristlichen Jahrtausends basiert.

Die Geschichte handelt von einem rechtschaffenen Mann – nach Auskunft der Bibel dem gottgefälligsten Menschen auf Erden. Als Satan Gott bittet, die Treue »seines Knechtes« auf die Probe zu stellen, wird Hiob plötzlich von schrecklichem Leid heimgesucht. An einem einzigen Tag sterben alle seine zehn Kinder, werden seine riesigen Viehherden vernichtet und wird zuletzt er selbst mit bösartigen Geschwüren geschlagen. Danach sitzt Hiob eine Woche lang mit drei Freunden zusammen und erörtert mit ihnen ergebnislos die Frage, warum gute Menschen leiden müssen. Wie im Falle vieler biblischer Geschichten ist die Antwort nicht unmittelbar einsichtig. Es bleibt dem Leser überlassen, die »Lehre« aufzuspüren – ein äußerst wertvoller Prozeß, weil er uns zum Denken zwingt.

Nach jahrelangem Nachdenken über die Geschichte Hiobs glaube ich, daß das Gleichnis am ehesten dann verständlich wird, wenn die Frage nicht »Warum widerfahren guten Menschen schreckliche Dinge?« lautet, sondern: »Vertiefen die Leiden, die Hiob widerfahren, sein Verständnis von der Natur Gottes?« Nach allen gängigen Bibelübersetzungen (die im folgenden zitierten Passagen entstammen der revidierten »Lutherbibel«) zieht Hiob aus seinen Leiden keine andere Lehre als die, daß es sogar verwerflich sei, über sein Unglück auch nur zu klagen. Dieser nachdenkliche, rechtschaffene Mann kriecht am Ende vor der grauenerregenden Macht eines tyrannischen Gottes zerknirscht zu Kreuze. Nach der sorgfältigeren Übersetzung des Hebraisten und Dichters Stephen Mitchell aber wird Hiob eine wunderbare, befreiende Offenbarung der wahren Natur des Göttlichen zuteil.

Es war einmal ein Mann namens Hiob

> Es war ein Mann im Lande Uz, der hieß Hiob. Der war fromm und rechtschaffen, gottesfürchtig und mied das Böse. Und er zeugte sieben Söhne und drei Töchter, und er besaß 7000 Schafe, 3000 Kamele, 500 Joch Rinder und 5000

Eselinnen und sehr viel Gesinde, und er war reicher als alle, die im Osten wohnten.

Nun findet ein Szenenwechsel statt, und der alttestamentarische Erzähler schildert Gottes jährliches Treffen mit den Engeln – eine Versammlung, an der auch Satan teilnimmt. Im Alten Testament wird »Satan« nur selten (viermal, um genau zu sein) zur Bezeichnung eines göttlichen Wesens, das »stets das Böse will«, verwendet. Der episkopalistische Geistliche und jungianische Analytiker John Sanford diskutiert in seinem ausgezeichneten Buch *Evil: The Shadow Side of Reality* die weitaus gebräuchlichere Verwendung des hebräischen Wortes *satan*: Als Substantiv bedeutet es »Widersacher« oder »Ankläger«, als Verb »durch Behinderung der freien Vorwärtsbewegung peinigen«. Im weltlichen Sinne ist jede Art von Schmerz, Krankheit oder Verlust ein Satan, mit dem wir ringen müssen, um unsere Ganzheit, unsere Wahrheit als schöpferische, bewußte Menschen entdecken zu können.

Sanford weist darauf hin, daß im Alten Testament Gott selbst mitunter als ein Satan fungiert, indem er die notwendige Aufgabe der Behinderung leistet, auf daß wir innehalten und unser Leben aus einer neuen Perspektive überdenken. In der Geschichte Hiobs sind Satan und Gott zwei einander respektierende Wesenheiten, die in beidseitigem Einverständnis handeln. Der »anklagende Engel«, wie Stephen Mitchell den hebräischen Terminus *satan* übersetzt, teilt Gott mit, er habe »die Erde hin und her durchzogen« und beobachtet, was sich auf ihr ereignet. Sofort will Gott wissen, ob der Ankläger seinen bewunderungswürdigen Knecht Hiob gesehen habe, *»denn es ist seinesgleichen nicht auf Erden, fromm und rechtschaffen, gottesfürchtig und meidet das Böse«.*

Dies gibt Satan Gelegenheit zu beweisen, daß er seinen Namen durchaus zu Recht trägt. Er spricht eine wichtige psychospirituelle Frage an – tatsächlich die wichtigste Frage überhaupt, die man über einen Menschen stellen kann: Ist Hiob wirklich ein frommer Mann, einer, der um seine Ganzheit weiß und daher Gott kennt? Oder ist er nur ein Tugendbold, ein Frömmler, der nur deswegen Gottes Lob singt, weil sein Leben so glatt und erfreulich verläuft? Satan unterstellt zwar nicht, daß Hiob böse ist, aber daß er unbewußt sein könnte.

Satan stellt genau die Frage, die ein Tiefenpsychologe stellen würde. Nutzt Hiob seine Gaben, bringt er seine wahren Empfindungen zum Ausdruck und lebt er sein Leben *authentisch* – oder identifiziert er sich lediglich mit der idealisierten Vorstellung dessen, was seiner Ansicht nach ein »guter Mensch« sei? Durch den unreflektierten Wunsch, »gut« zu sein, riskieren wir, all die Teile unserer selbst – einschließlich gesunder Emotionen und Gaben –, die uns je von Eltern, Lehrern, Geistlichkeit oder Gesellschaft schlechtgemacht worden sind, zu verleugnen. Unsere Einmaligkeit wird nach und nach in das Unbewußte abgedrängt, in das, was C. G. Jung den »Schatten« nannte, und im Zuge unseres Heranwachsens identifizieren wir uns mehr und mehr mit der Maske, dem »falschen Selbst«, das wir zur Schau tragen, um die Anerkennung der anderen zu gewinnen. (Dieser Prozeß des Selbstverlusts wird in meinem zweiten Buch, *Ich bin, wie ich bin*, eingehend erörtert.)

Damit stellt Satans Klagerede gegen Hiob dessen Authentizität – dessen Ganzheit – auf die Probe, so wie es das Leben von Zeit zu Zeit bei jedem von uns tut. Satan fragt Gott, ob Hiob nicht allen Grund habe, ihn zu lobpreisen:

> Hast du doch ihn, sein Haus und alles, was er hat, ringsumher beschützt. Du hast das Werk seiner Hände gesegnet, und sein Besitz hat sich ausgebreitet im Lande. Aber strecke deine Hand aus und taste alles an, was er hat: was gilt's, er wird dir im Angesicht absagen!

Gott antwortet Satan: »Siehe, alles, was er hat, sei in deiner Hand; nur an ihn selbst lege deine Hand nicht.« Noch am selben Tag richtet es Satan ein, daß Hiobs Herden gestohlen und durch »Feuer vom Himmel« verbrannt, viele seiner Knechte niedergemetzelt werden und alle seine Kinder durch einen Sturm ums Leben kommen. Angesichts seines ungeheuren Leids erweist sich Hiob als ein Muster an Geduld und Ergebung. Sein einziger Kommentar ist: *»Ich bin nackt von meiner Mutter Leibe gekommen, nackt werde ich* *wieder dahinfahren. Der Herr hat's gegeben, der Herr hat's genommen; der Name des Herrn sei gelobt!«* Diese anfängliche vollkommene Ergebung in den Willen Gottes ist die Haltung, die man gemeinhin mit Hiob assoziiert: So gibt es im Englischen die Redensart »so geduldig wie Hiob sein« (im Sinne von »eine Engelsgeduld haben«). Doch wie der weitere Verlauf der Geschichte zeigen wird, trügt der erste Eindruck.

Hiobs demütige Reaktion erfüllt Gott mit stolzer Befriedigung. Er sagt zu Satan: »[Er] hält noch fest an seiner Frömmigkeit [Mitchell gibt das entsprechende Wort mit *innocence*, »Unschuld«, wieder]; du aber hast mich bewogen, ihn ohne Grund zu verderben.«

Satan indes läßt sich von Hiobs anfänglicher Demonstration von Gläubigkeit nicht beeindrucken. Wie ein erfahrener Psychologe es tun würde, fragt er sich, ob Hiob tatsächlich aus echter Frömmigkeit oder aber aus einer »Maske der Güte« heraus so handelt. Er artikuliert seine Zweifel und sagt zu Gott:

»Haut für Haut! Und alles, was ein Mann hat, läßt er für sein Leben. Aber strecke deine Hand aus und taste sein Gebein und Fleisch an: was gilt's, er wird dir ins Angesicht absagen!« Und Gott spricht zum Satan: *»Siehe da, er sei in deiner Hand, aber schone sein Leben!«*

Da bedeckt Satan den armen Hiob von Kopf bis Fuß mit Geschwüren. Hiob, noch immer ein Muster an Duldsamkeit, sitzt einfach in der Asche und kratzt sich mit einer Tonscherbe. Seine Frau ist schon weniger ergeben: *»Hältst du noch fest an deiner Frömmigkeit [Unschuld]? Sage Gott ab und stirb!«*

Doch an diese seine Unschuld klammert sich Hiob noch sieben Tage und sieben Nächte lang, während drei Freunde schweigend bei ihm sitzen, um ihm durch ihre Nähe Trost zu spenden. Endlich aber schreit Hiob verzweifelt auf:

> Ausgelöscht sei der Tag, an dem ich geboren bin, und die Nacht, da man sprach: Ein Knabe kam zur Welt ... Siehe, jene Nacht sei unfruchtbar und kein Jauchzen darin! ... Ihre Sterne sollen finster sein in ihrer Dämmerung ... weil sie

> nicht verschlossen hat den Leib meiner Mutter und nicht verborgen das Unglück vor meinen Augen! ... Warum bin ich nicht gestorben bei meiner Geburt? ... Warum hat man mich auf den Schoß genommen? Warum bin ich an den Brüsten gesäugt? ... Denn was ich gefürchtet habe, ist über mich gekommen, und wovor mir graute, hat mich getroffen.

Halten Sie einen Augenblick inne, und lassen Sie die Wucht dieser Worte auf sich wirken. Haben *Sie* sich je so gefühlt? Wenn Hiobs poetische Klage in Ihnen die Erinnerung an eine eigene dunkle Nacht der Seele wachgerufen haben sollte – woher, glauben Sie, kamen *Ihre* Leiden? Haben Sie sich seinerzeit die Frage »Warum ich?« gestellt und beantwortet? Vielleicht möchten Sie sich an dieser Stelle ein paar Minuten Zeit nehmen, um in schriftlicher Form über Ihre Erfahrung zu reflektieren. Zum Gleichnis von Hiob werden wir gegen Ende dieses Kapitels zurückkehren, nachdem wir Gelegenheit hatten, die Frage, warum guten Menschen schreckliche Dinge widerfahren, in einem psychologischen und in einem religiösen Kontext zu betrachten.

Psychologischer und religiöser Pessimismus

Einmal schickte ich einem Freund eine schmalzkringelförmige Grußkarte, auf der eine bündige Definition des Optimismus und des Pessimismus zu lesen stand. Sie lautete: »Wer ist ein Opti-, wer ein Pessimist? Du weißt es doch: Ersterer sieht den Kringel, letzterer nur das Loch.« An unseren Überzeugungen bezüglich der Frage, warum schreckliche Dinge geschehen, zeigt sich besonders deutlich, daß Optimisten und Pessimisten den Schmalzkringel in der Tat sehr unterschiedlich sehen.

Die Psychologen stufen Menschen als Optimisten oder Pessimisten in Abhängigkeit davon ein, wie sie die Frage »Warum gerade ich?« beantworten. Der Pessimist ist ein hilfloses Geschöpf, das sein Los mit drei charakteristischen Arten von Argumenten erklärt: »innerlich«, »unveränderlich« und »pauschal«. Der Pessimist glaubt: »Es ist alles meine Schuld (innerlich), das ist eben mein Leben (unveränderlich), und ich verpfusche alles, was ich tue (pauschal).«* Jay, der AIDS-Patient, den Sie weiter oben in diesem Kapitel kennengelernt haben, war ein solcher Pessimist. Wie alle Pessimisten neigte er zu chronischen Ängsten, Depressionen und – da er sich außerstande fühlte, negative Ereignisse zu verhindern – zu beständigen Schuldgefühlen.

Wenn ein »psychologischer Pessimist« wie Jay sich an die Brust schlägt und jammert: »Ich bin nichts wert, das Leben ist hoffnungslos, und es ist alles meine Schuld«, dann führt sein *religiöser* Pessimismus den Gedankengang noch einen Schritt weiter: » ... und Gott wird mich dafür bestrafen. Ich bin verdammt.«**

Religionen, die uns zur Erfahrung wechselseitiger Verbundenheit *mit*- und Teilhabe *an*einander und am Göttlichen führen, sind Brücken zum Spirituellen. Sie richten uns nach jenem innewohnen-

---

* Unser »Erklärungsstil« – das heißt, die spezifische Weise, wie wir uns unsere Mißerfolge oder Schicksalsschläge erklären – wird in *Pessimisten küßt man nicht* (Droemer Knaur, München 1991) von Martin E. P. Seligman, Ph. D., erörtert, einem Psychologen der University of Pennsylvania, auf dessen Forschungsergebnisse ich mich im folgenden stütze.

** In *Ich bin, wie ich bin* habe ich diese Denkweise als »spirituellen Pessimismus« bezeichnet. Es tut mir leid, daß ich das getan habe. Richtiger wäre es gewesen, sie »religiöser Pessimismus« zu nennen. Während nämlich dieses »Schuld-und-Sühne-Denken« in vielen religiösen Kontexten festzustellen ist, kommt es in einem spirituellen Kontext *per definitionem* nicht vor. Warum dies so ist, können wir anhand der klugen Unterscheidung verstehen, welche die Psychotherapeutin Rachel Naomi Remen, M. D., zwischen Religion und Spiritualität trifft: »Das Spirituelle ist nicht gleich dem Religiösen. Eine Religion ist ein Dogma, ein System von Glaubenssätzen und ein System von Praktiken, die aus diesen Glaubenssätzen hervorgehen. Es gibt viele verschiedene Religionen, und sie neigen meist dazu, einander auszuschließen. Das heißt, jede Religion hat die Tendenz zu glauben, sie habe ein Monopol auf das Spirituelle – sie sei ›der Weg‹. Das Spirituelle aber ist seinem Wesen nach ›einschließend‹. Es ist das tiefstempfundene Gefühl der Zugehörigkeit und Teilhabe ... Man könnte sagen, das Spirituelle sei jener Bereich der menschlichen Erfahrung, mit dem uns die Religion durch Dogma und Ritual in Verbindung zu setzen versucht. Manchmal gelingt es ihr, manchmal nicht. *Die Religion ist eine Brücke zum Spirituellen, aber das Spirituelle liegt jenseits der Religion.«* [Hervorhebung von mir]

den Zentrum aus – dem Selbst –, in dem Geborgenheit, Gemeinschaft, Ehrfurcht, Dankbarkeit, Mitleiden, Freude und Weisheit keine bloßen Dogmen sind, sondern *Erfahrungstatsachen.* In ihrem Kern streben alle großen religiösen Überlieferungen im wesentlichen dasselbe an: die Herstellung einer tiefen, dankbaren Verbundenheit mit allem Leben durch Selbstliebe, Nächstenliebe und Gottesliebe. Gefragt, was das höchste Gebot im mosaischen Gesetz sei, faßte Jesus die Forderungen zusammen, die zugleich auch das Wesen des Christentums ausmachen: »Du sollst lieben Gott, deinen Herrn, von ganzem Herzen, von ganzer Seele und von ganzem Gemüte. [Und] du sollst deinen Nächsten lieben wie dich selbst.«

Problematisch wird es allerdings, wenn Religionen sich der Angst bedienen, um die Liebe zu *erzwingen.* Diese Taktik birgt eine offensichtliche Unmöglichkeit in sich, die den gesunden Menschenverstand beleidigt und dasjenige beschmutzt, was geliebt werden soll. Um wieder auf unsere Erörterung des »Gott-Vaters« zurückzukommen: Ein Vater, der seinem Kind durch Schelte und Drohungen Höflichkeit, Liebe und Respekt einzuhämmern versucht, handelt sich in der Regel nur einen hilflosen, beschämten und zornigen Sprößling ein. Das Kind mag sich eine Maske der Nettigkeit, Wohlerzogenheit und Achtung vor den Eltern aufsetzen, aber darunter brodelt ein Vulkan des Grolls und – dadurch bedingt – der Schuldgefühle. Wenn sogar unsere weltliche Psychologie es geschafft hat, dies zu begreifen, dann kann man gefahrlos davon ausgehen, daß *Gott* es schon von Anfang an klar war.

Wenn Sie sich Ihre eigene Antwort auf die Frage »Warum gerade ich?« ins Gedächtnis zurückrufen, was würden Sie sagen? Sind Sie, wie Jay, ein »psychologischer Pessimist«, der sich die Schuld an allen Problemen in seinem Leben gibt, oder sind Sie, wie Leslie, ein Optimist, der davon überzeugt ist, daß die Prüfungen, mit denen ihn das Leben konfrontiert, einen Teil seines psychologischen und spirituellen Wachstums darstellen? Sind Sie ein religiöser Pessimist oder ein spiritueller Optimist? Jays pessimistische Theorie besagte, seine Krankheit sei der Beweis dafür, daß er ein Sünder war und zur ewigen Verdammnis verurteilt. Leslies Theorie über ihre Krankheit ist weit hoffnungsvoller. Leslies Kraft liegt in ihrem Eingeständnis

»Ich weiß nicht, warum all diese schrecklichen Dinge geschehen sind«, gepaart mit der Überzeugung, daß das Leid, das sie erfährt, sich eines Tages als Teil einer größeren Ganzheit erweisen wird.

Ist das Universum ein freundlicher Ort oder nicht?

Albert Einsteins Anschauung vom Leben ähnelte derjenigen Leslies. In Einsteins Augen war das Universum geheimnisvoll und herrlich, ehrfurchtgebietend und heilig – ein »großes, ewiges Rätsel«, das nur zum Teil entschlüsselt werden kann. Die quantenmechanische Beschreibung des Universums, die Einstein im Jahre 1905 vorstellte, erschütterte die Naturwissenschaft in ihren Grundfesten. An die Stelle eines uhrwerkartigen Weltalls, in dem gesonderte Faktoren nach dem schlichten Gesetz von Ursache und Wirkung funktionieren, setzte die quantenmechanische Revolution das Bild eines Universums, in dem alle Phänomene in einem einzigen gewaltigen Energiefeld miteinander in Wechselbeziehung und Wechselwirkung stehen. Auf irgendeiner Ebene ist alles tatsächlich Teil eines in sich allseitig vernetzten Ganzen.

Dank seiner genialen Fähigkeit, die Schöpfung durch die Mathematik zu begreifen, gelangte Einstein zu der physikalisch-mystischen Einsicht, daß die Vorstellung, wir seien gesonderte Wesenheiten, lediglich »eine optische Täuschung unseres Bewußtseins« darstellt. Was also hätte Einstein auf die Frage »Warum ich?« geantwortet? In seinem glänzenden Werk *Recovering the Soul* berichtet der Arzt Larry Dossey, Einstein sei während einer schweren Krankheit einmal gefragt worden, ob er sich vor dem Tod fürchte. Er entgegnete: »Ich empfinde ein solches Gefühl der Solidarität mit allem Lebendigen, daß es für mich keine Rolle spielt, wo das Individuum anfängt und wo es endet.« Dossey fährt fort:

> Wo begann und wo endete das Individuum für Einstein? Die Grenzen der Person waren in seinen Augen anscheinend weit gesteckt. Eine Ahnung von dieser Anschauung gewinnen wir aus seiner Einstellung zur Frage der Willensfreiheit: Er war

> davon überzeugt, daß wir so untrennbar mit allen Dingen und Ereignissen im Universum zusammenhängen, eine so innige allgemeine Affinität besteht, daß die ganze Frage nach der Freiheit des Individuums jeden Sinns entbehrt. Unser Begriff von der Willensfreiheit ist äußerst eng, impliziert er doch die Vorstellung eines im Hier und Jetzt befindlichen isolierten Individuums, das diese Freiheit auszuüben vermag. Einstein teilte diese »lokalisierte« Anschauung nicht. Für ihn war die Willensfreiheit eingebunden in eine endlose Kette von Ereignissen, die sich unendlich weit in die Vergangenheit zurück erstreckt. (S. 147)

Einstein wäre Jays Vorstellung, wir seien 100prozentig für die Erschaffung unserer eigenen Wirklichkeit verantwortlich, extrem einfältig erschienen. Wer ist das vom »Wir« unterschiedene »Ich«, das sich anmaßt zu glauben, es handle in völliger Unabhängigkeit? Menschen aus aller Welt schrieben Einstein von ihren Hoffnungen und Träumen, ihren Leiden und Ängsten. Einmal wurde Einstein gefragt, welche seiner Meinung nach die wichtigste Frage sei, die der Mensch beantworten müsse. Seine Antwort lautete: »Ist das Universum ein freundlicher Ort oder nicht?« Und tatsächlich ist unsere Antwort auf diese Frage der Grundstein, auf dem viele unserer Wertvorstellungen und Überzeugungen ruhen. Wenn wir glauben, das Universum sei unfreundlich und selbst unsere Seelen schwebten in Lebensgefahr, wird Frieden bestenfalls ein Traum bleiben.

Wie lautet *Ihre* Antwort auf die Frage: »Ist das Universum ein freundlicher Ort oder nicht?« Vielleicht können Sie jetzt, da wir unsere Aufmerksamkeit wieder Hiobs Elend zuwenden, über Ihre Erwiderung auf diese zentrale Frage nachdenken und möglicherweise einige neue Erkenntnisse bezüglich Ihrer grundlegendsten Überzeugungen gewinnen.

Gibt es eine Antwort für Hiob?

Das Buch Hiob gewährt in seinem weiteren Verlauf wertvolle Einsichten darin, wie die Menschen über die Frage denken, ob das Universum ein freundlicher Ort sei. Nach Hiobs erschütterndem Monolog des Leidens und des Elends, den wir einige Seiten zuvor gelesen haben, brechen die drei Freunde, die eine Woche lang bei ihm gesessen hatten, gleichfalls das Schweigen. Aus dem sich entspinnenden Gespräch wird ersichtlich, daß Hiobs Freunde vollkommen entsetzt sind. Schließlich gilt Hiob als ein gerechter und gottesfürchtiger Mann und ist dennoch furchtbar heimgesucht worden. Warum? Was sind die Implikationen seines Leidens für ihr Glaubensgebäude?

Im Kommentar zu seiner Übersetzung des Buches Hiob weist Stephen Mitchell darauf hin, daß, wenn Hiob leidet, obwohl er ein gerechter Mann ist, seinen Freunden nur zwei Schlußfolgerungen offenbleiben. Entweder ist Gott ungerecht (und das Universum daher ein *sehr* unfreundlicher Ort), oder aber Leiden hat nichts damit zu tun, ob ein Mensch gesündigt hat (das Universum ist also ein *potentiell* unfreundlicher Ort, da grundsätzlich jedem alles widerfahren kann). Die den Freunden angenehmste Erklärung – und die einzige, bei der ihr begrenzter Verstand Beruhigung findet – besagt, daß Hiob offensichtlich doch ein Sünder ist und folglich nicht schuldlos leidet, sondern bestraft wird. Wie die Theologin Elaine Pagel in ihrem Buch *Adam, Eva und die Schlange* erklärt – und wie Jay durch seine Reaktion auf AIDS bewiesen hat –, ziehen die meisten Menschen Schuldigsein insofern der Hilflosigkeit vor, als es ihnen ein gewisses Gefühl der Eigenmacht vermittelt: »Wenn mich schon ein Unheil trifft, so habe ich es wenigstens selbst verschuldet. Und wenn ich von nun an wirklich, wirklich gut bin«, so die logische Fortsetzung dieses Gedankengangs, »dann wird mir künftig auch nichts Böses mehr widerfahren.«

Da der Glaube, Gott sei gerecht und der Mensch leide nur, wenn er gesündigt hat, diejenige Erklärung ist, welche die Hilflosigkeit – oberflächlich betrachtet – auf das geringstmögliche Maß reduziert, reden die drei Freunde reihum auf Hiob ein und versuchen, ihn dazu zu bringen, seine Sünden zu bekennen. Eliphas von Teman erinnert Hiob an Gottes Strenge, die Unvermeidlichkeit der Sünde und die innere Wertlosigkeit der menschlichen Natur: *»Wie kann ein Mensch gerecht sein vor Gott oder ein Mann rein sein vor dem, der ihn gemacht hat? Siehe, seinen Dienern traut er nicht, und seinen Boten wirft er Torheit vor.«* Bildad von Schuach führt die Rede über die Unausweichlichkeit der göttlichen Strafe weiter: *»[Daher] wird das Licht des Gottlosen verlöschen, und der Funke seines Feuers wird nicht leuchten ... Unheil lungert nach ihm, und Unglück steht bereit zu seinem Sturze ... Unten verdorren seine Wurzeln, und oben verwelken seine Zweige.«*

Hiob jedoch will nichts von alledem hören. Er weiß, daß er nicht gesündigt hat, und so sieht er sich mit der unersprießlichen Möglichkeit konfrontiert, daß es keine Gerechtigkeit und keinen Lohn der Tugend gibt: *»Wäre ich unschuldig, so würde er mich doch schuldig sprechen ... darum sage ich: Er bringt den Frommen um wie den Gottlosen. Wenn seine Geißel plötzlich tötet, so spottet er über die Verzweiflung der Unschuldigen.«*

Dann aber spricht Gott zu Hiobs großem Erstaunen aus einem Sturmwind: *»Wer ist's, der den Ratschluß verdunkelt mit Worten ohne Verstand? ... Wo warst du, als ich die Erde gründete?«* Hiobs Selbstbewußtsein wird eine Abfuhr erteilt. Welch eine Überhebung zu glauben, wir könnten den göttlichen Plan erkennen und mit unserem begrenzten Fassungsvermögen, das – wie der Apostel Paulus es formulierte – nur »dunkel, wie durch einen Spiegel rätselhaft« sieht, Regeln aufstellen, denen Gott gehorchen sollte!

Gott spricht weiter von seinen unzähligen Kräften und hält eine lange Rede über die Herrlichkeit und Schrecklichkeit der von ihm beherrschten Natur. Hiob ist praktisch sprachlos, und es bleibt uns überlassen, uns anhand der wenigen Sätze, mit denen er Gott zuletzt antwortet, vorzustellen, wie diese überwältigende Begegnung auf ihn wirkte. Seine schlichten Worte *»Darum habe ich unweise geredet, was mir zu hoch ist und ich nicht verstehe«*, sprechen Bände: Hiob erkennt die Unmöglichkeit an, mit einem endlichen Verstand das Unendliche zu begreifen.

Hiobs letzte Worte an Gott lauten: »Ich hatte von dir nur vom Hörensagen vernommen; aber nun hat mein Auge dich gesehen. Darum spreche ich mich schuldig und tue Buße in Staub und Asche.« Mitchell aber erklärt, das Verb, das hier mit »schuldig sprechen« übersetzt wurde, bedeute in Wirklichkeit »verwerfen« oder »geringachten«. Außerdem sei das Objekt des Verbs nicht »mich«. Mitchell schlägt daher als eine zuverlässigere Interpretation – die zudem von einer alten syrischen Übersetzung des Textes bestätigt wird – folgenden Wortlaut vor: »Darum nehme ich (alles, was ich gesagt habe,) zurück.« Aber auch das Ende des Satzes versteht Mitchell anders, nämlich als Ausdruck von Hiobs gelassener Einsicht in seine Sterblichkeit:

»Ich hatte von dir nur vom Hörensagen vernommen; aber nun hat mein Auge dich gesehen. Darum nehme ich alles zurück, was ich gesagt habe, beruhigt, daß ich Staub bin.« An *diesen* Worten zeigt sich tatsächlich, daß die wunderbare Einsicht in das, »was zu hoch ist«, von der Hiob weiter oben sprach, seine bisherige Anschauung von Gott grundlegend geändert hat. Die kanonischen Bibelübersetzungen jedoch tun lieber dem hebräischen Text Gewalt an, um Hiob Worte in den Mund legen zu können, die mit dem grundsätzlichen religiösen Pessimismus des orthodoxen Christentums in Einklang stehen. Dieser Anschauung zufolge sind Selbstherabsetzung, Schuldbewußtsein und Scham die angemessenen Reaktionen, um den Zorn des selbstgerechten, übellaunigen Jehova zu beschwichtigen.

Ein unterwürfiges Kriechen vor der grauenerregenden Gewalt des Allmächtigen, ein winselndes »Ja, Boß, ich tue alles, was du willst – nur hör auf zu prügeln!« wäre ein kläglicher Abschluß für die poetische Wucht dieser Ersten Geschichte. Mitchell legt uns eine anderslautende Interpretation vor:

> Als Hiob sagt: »Ich hatte von dir nur vom Hörensagen vernommen; aber nun hat mein Auge dich gesehen«, ist er nicht länger ein Knecht, der Gott fürchtet und das Böse meidet. Er ist dem Bösen begegnet, hat ihm ins Angesicht geschaut und durch dieses hindurch in ein unermeßliches Wunder der Liebe ...

> Trost findet Hiob zuletzt in seiner Sterblichkeit. Der physische Leib wird als Staub erkannt, das individuelle Drama als bloße Täuschung. Es ist so, als sei die Welt, die wir durch unsere Sinne wahrnehmen, dieses ganze prächtige und grauenvolle Historienspiel, lediglich die hauchdünne Oberfläche einer Seifenblase und alles übrige, innen wie außen, reiner Glanz. Leiden wie Freuden sind dann nur eine flüchtige Spiegelung, der Tod nichts als ein Nadelstich. (S. XXVII f.)

Ihre eigene Antwort auf Hiob

Im Laufe der Jahre habe ich Gelegenheit gehabt, mit Dutzenden von Menschen zu sprechen, die eine Nahtoderfahrung durchgemacht haben und, wie Hiob, Trost in ihrer Sterblichkeit fanden. Nach ihrer Rückkehr aus dem klinischen Tod haben diese Menschen – mochten sie nun Juden, Christen, Atheisten oder Agnostiker sein – die Erfahrung des Sterbens übereinstimmend positiv geschildert: »Als zöge man einen schweren Mantel aus«, »wie aus einem Traum aufwachen«, »eine plötzliche unbeschreibliche Helligkeit und Seligkeit«, »ein Verbundensein mit allen Dingen«, »totales Wissen«, »die Erkenntnis, daß jedes Ereignis in meinem Leben absolut sinnvoll und richtig war«.

Ich bin davon überzeugt, daß die Erste Geschichte von Hiob eine Aufforderung darstellt, unsere persönlichen Vorstellungen über Leiden und Tod kritisch zu überdenken und, wie Hiob, zu einer von Grund auf neuen Anschauung Gottes zu gelangen. Leiden wir, obwohl Gott uns liebt, weil – wie Rabbi Harold Kushner vorschlägt – das Universum noch »unfertig« ist und in ihm Bereiche des Chaos verbleiben, in denen guten Menschen Schlimmes widerfährt? Oder ist das Universum ein vollkommen geordnetes Spiel der Freiheit, in dem sich keinerlei Zufälle ereignen? Leiden wir, weil ein autoritärer Vatergott uns für unsere Sünden bestraft oder weil wir unseres Glückes hilflos-glücklose Schmiede sind?

Wenn wir, wie Hiob, die Tiefen unserer dunklen Nächte der Seele ausloten und ein flüchtiges Aufblitzen des Göttlichen erhaschen, werden wir vielleicht wirklich Trost in der Tatsache finden, daß wir nichts als Staub sind. Das Drama dieses uns so teuren Leibes könnte sich dann tatsächlich als ein einzelner Auftritt in einem kosmischen Schauspiel wahrhaft epischen Ausmaßes erweisen. Durch den ewigen Glanz transformiert, in dessen Geschichten wir wachsen und reifen, könnten wir dann vielleicht unsere Leiden als die Samen eines allumfassenden Erwachens akzeptieren.

Ich hoffe, daß in den folgenden Kapiteln offenbar werden wird, auf welche Weise Sie Ihre eigenen Leidensgeschichten denen Gottes hinzugefügt und ob Sie sich dadurch jenem Glanz weiter angenähert oder sich von ihm entfernt haben, denn wenn wir willens sind, unsere Angst-Geschichten aufzugeben und mit neuen Augen in das Antlitz der Liebe zu blicken, werden wir eines Tages vielleicht einen neuen Sinn in unseren Leiden entdecken und, wie Khalil Gibran in *Der Prophet* uns verspricht, »die Dunkelheit ebenso segnen, wie wir das Licht gesegnet«.

ZWEITES KAPITEL

Die Suche nach Sinn

Das Hauptbestreben des Menschen ist nicht,
Lust zu gewinnen oder Schmerz zu vermeiden,
sondern vielmehr, einen Sinn in seinem Leben zu erkennen.
Dies erklärt, warum der Mensch sogar bereit ist
zu leiden, vorausgesetzt natürlich,
daß sein Leiden einen Sinn hat.

Viktor Frankl

Mehrere Wochen nach Mat Hitchcocks Tod, des Freundes meines Sohnes, saß ich einmal im Eßzimmer und sah durch die breite Fensterfront hinaus. Petunien und Kosmeen, die in so kurzer Frist blühen und Samen tragen, erfüllten unseren stillen Garten mit rosafarbener und violetter Pracht. Der süße Duft von Geißblatt zog durch das Fliegengitter herein, und ich saß verträumt da und dachte darüber nach, wie sehr sich das Leben seit Mats Tod verändert hatte.

Mats Mutter Yvonne Drew und ich waren uns durch die Tragödie nähergekommen, und unsere Freundschaft wuchs. Ebenso hatten mein Mann Myrin und ich jetzt engeren Kontakt mit mehreren von Andreis Freunden, die vor der Tragödie relativ anonym durch unser Haus gezogen und nur gelegentlich stehengeblieben waren, um mit uns ein paar »unverfängliche«, unpersönliche Worte über das Wetter oder die Farbe ihrer neuen Turnschuhe zu wechseln. Ich dachte an etwas, was einer dieser jungen Leute gesagt hatte: »Es ist wirklich schlimm, daß sich erst eine Tragödie ereignen muß, damit die Menschen von ihrer Hektik ablassen und einander ihr wahres Ich zeigen.«

Das Leben erschien seit Mats Tod wirklich auf eine seltsame Weise ausgefüllter. Ich dachte darüber nach, daß sein Verlust Lebenswege auf eine Weise ineinander verwoben hatte, wie es anders nie geschehen wäre, und wie sehr Mat sich darüber gefreut hätte. Auch ich vermißte ihn, und die Tränen schossen mir in die Augen, als ich an den Verlust für seine Angehörigen dachte, an den Verlust für unsere Familie und bis zu einem gewissen Grad auch an alle Verluste, die wir überhaupt im Leben erleiden. Die Türklingel unterbrach meine Träumereien. Es war der Abgesandte der Vorsehung, die anonyme Hand des Zufalls, verkleidet als Paketzusteller von UPS.

Er lieferte zwei Kartons ab. Andrei wußte sofort, was sich darin befand: druckfrische Exemplare des »Mat-Buches«, zusammengestellt aus einzelnen Seiten, die seine Freunde und Angehörigen in den Tagen nach seinem Tod geschrieben hatten. Andrei war zu gespannt, um in die Küche zu laufen und ein Messer zu holen: Er riß die Verpackung mit bloßen Händen auf. Der bunte Umschlag des obersten Exemplars sprang sofort ins Auge. Er zeigte ein flammendes Herz, gezeichnet von einem von Mats Freunden. Für diesen Umschlag hatten sich die jungen Leute zwei Tage nach Mats Unfall entschieden, in der Nacht, in der sich fast 50 von ihnen in unserem Haus versammelt hatten, um jeweils eine Seite für das Buch zu schreiben.

Nachdem Mats Angehörige die Texte bekommen und ihnen eigene Gedanken hinzugefügt hatten, wollten wir das fertige Manuskript eigentlich zu einer Druckerei bringen und vervielfältigen lassen, damit jeder, der eine Seite beigesteuert hatte, ein Exemplar des vollständigen Buches bekommen könnte. Mats Vater aber ist Künstler, und er erbot sich, das Buch professionell setzen, drucken und binden zu lassen. Ich fragte mich, ob er dem Buch einen Titel geben würde. Er tat es. Und er hat damit die Frage, warum schreckliche Dinge geschehen, auf eine sehr schlichte Weise beantwortet. Der Titel lautete: *Liebe ist die Antwort.*

»Liebe ist die Antwort« ist eine ziemlich radikale Behauptung, die simplifizierend, schmalzig, dumm oder wie schlichtes Wunschdenken erscheinen könnte. Meine konventionelle psychologische Ausbildung würde eine solche Aussage als »magisches Denken« abtun, als etwas ohne jeden Realitätsbezug. Aber was ist die Realität, zu der wir in diesem Fall keinen Bezug haben? Nach wissenschaftlicher Konvention ist die Wirklichkeit das, was sich unmittelbar beobachten und messen läßt. In einer Welt, in der es unbestreitbar keine Sicherheit gibt, in der 17jährige bei Autounfällen ums Leben kommen und ihre Freunde und Verwandten mit gebrochenem Herzen zurücklassen, erscheint die Aussage »Liebe ist die Antwort« schlicht absurd. Aber nach der Erfahrung von über 13 Millionen Amerikanern zu urteilen (der fünf Prozent von uns, die den klinischen Tod überlebt und nach ihrer Rückkehr in die Welt von ihrer Nahtoderfahrung berichtet haben), ist es die Wissenschaft, der jeder Bezug zur Wirklichkeit, einer *umfassenderen* Wirklichkeit fehlt – zu einer Realität, in der die Liebe tatsächlich die ureigenste Substanz des Daseins darstellt.

Geflüster der Ewigkeit – Beweise für eine umfassendere Wirklichkeit

Auch wenn es viele – naturwissenschaftliche, psychologische und religiöse – Weltanschauungen gibt, die den Anspruch erheben, die Realität objektiv abzubilden, mangelt es ihnen allen an Überzeugungskraft, solange sie nicht die menschliche Erfahrung genau beschreiben. Als der Journalist Bill Moyers den Mythenforscher Joseph Campbell fragte, ob er ein gläubiger Mensch sei, lachte Campbell und erklärte, er brauche keinen Glauben, da er *Erfahrungen* habe. Obwohl die Menschen schon immer Erfahrungen gemacht haben, die unseren landläufigen Ansichten über das Leben widersprechen, sind diese Erfahrungen bis vor relativ kurzer Zeit weitgehend außerhalb des allgemeinen Bewußtseins geblieben.

Als klinische Psychologin habe ich schon Dutzende von Geschichten gehört, die den gängigen naturwissenschaftlichen und psychologischen Theorien über die Natur der Wirklichkeit widersprechen. In *Ich bin, wie ich bin* habe ich mehrere solcher Erlebnisse von Patienten, Kollegen und Freunden referiert: Visionen, Nahtoderfahrungen und Begegnungen mit einem strahlenden Licht, durch welches diese Menschen unmittelbaren Zugang zu höheren Ebenen der Sinnhaftigkeit erlangten, physische und/oder psychische Heilung erfuhren und, wie Mats Vater, zur Überzeugung gelangten, daß sie trotz aller Tragödien und Leiden in einem letztlich von Liebe regierten Universum leben und geborgen sind.

»David« zum Beispiel hatte erst kürzlich herausgefunden, daß er als Kind das Opfer eines Inzests geworden war. Schockierende, schmerzliche Erinnerungen an den von seinem Vater verübten Verrat, die ihm erstmals im Alter von 41 Jahren wieder zu Bewußtsein gekommen waren, beeinträchtigten ihn in erheblichem Maße – wie das häufig zu beobachten ist, wenn verdrängte Traumata plötzlich ans Licht gelangen. Ungewöhnlich ist bei David allerdings die Tatsache, daß er sich einer liebenden, schützenden – nach seinen Worten »engelhaften« – Wesenheit bewußt wurde, die ihm von der Kindheit seines Vaters erzählte und ihm damit verständlich machte, warum er diesen Mißbrauch erlitten hatte. David fühlte sich geborgen und von der unsichtbaren Wesenheit behütet.

Das Gefühl der Geborgenheit und der starke Glaube an ein liebendes Universum, das dadurch in ihm erweckt wurde, ermöglichten es David, die verschiedenen Stadien der seelischen Genesung von seinem Schock rasch zu durchlaufen. In relativ kurzer Zeit war er imstande, seine Kindheit zu betrauern, die Wut auf seinen Vater freizusetzen, die Ursache des Mißbrauchs in *dessen* Kindheitstraumata zu erkennen und sowohl seinem Vater als auch sich selbst zu verzeihen. David fand sich auch mit der Tatsache ab, daß sein Vater aller Wahrscheinlichkeit nach jede Verantwortung für seine Tat ablehnen würde und daß es das Beste wäre, ihn – wenigstens vorerst – nicht wiederzusehen.

Als David versuchte, seinem Therapeuten von dem Engelwesen zu erzählen, wurde seine Erfahrung als »magisches Denken« abgetan, und er traf die weise Entscheidung, *diesen* Aspekt seiner Heilung künftig aus der Therapie herauszuhalten. Die »Wissenschaft« hat solche Erfahrungen für unmöglich erklärt, und die Psychologie bemüht sich seither nach Kräften, sie als vorübergehende psychische Störungen wegzurationalisieren. Wie Lily Tomlin einmal witzelte: »Wenn wir zu Gott sprechen, heißt es, wir beten, aber wenn Gott zu uns spricht, heißt es, wir sind schizophren!«

Die Ergebnisse einer vom National Social Survey an der Universität von Chicago durchgeführten Erhebung sprechen für das genaue Gegenteil. Menschen, die eine unmittelbare Erfahrung des Heiligen gemacht haben, rangieren auf der psychischen Gesundheitsskala an oberster Stelle. Visionäre Erfahrungen sind nicht das Privileg psychisch Gestörter oder ungebildeter, verschrobener Fanatiker. Zudem sind sie alles andere als selten. Ganze 35 Prozent der amerikanischen Bevölkerung geben an, schon eine echte Vision gehabt zu haben – eines verstorbenen Angehörigen, eines Engels, einer Lichterscheinung oder von Szenen aus einer anderen Ebene der Wirklichkeit. Aus Angst, von ihrer Umwelt verspottet zu werden, behalten die meisten dieser Menschen ihre Erfahrungen für sich – eine Tatsache, die sich zusehends ändert, je mehr wir neuerdings das Mystische oder »Übersinnliche« in unsere gute Stube hereinlassen.

Die Öffentlichkeit ist gegenwärtig weit eher bereit, solche Erfahrungen zu akzeptieren als meine Fachkollegen oder allgemein die Wissenschaftler. Da Visionen und Stimmenhören auch Symptome einer Psychose sein können – einer psychischen Störung, bei der das Individuum außerstande ist, seine Halluzinationen von der alltäglichen Wirklichkeit zu trennen –, ist natürlich Vorsicht geboten. Visionäre Erfahrungen unterscheiden sich allerdings in einem wesentlichen Punkt von psychopathischen Halluzinationen. Während nämlich die Psychose in der Regel zum Verlust des Realitätsbezugs sowie zu gestörtem Verhalten führt, schenken transzendentale Visionen eine vertiefte und erweiterte Wertschätzung der Wirklichkeit und befähigen zu einem besser angepaßten, gesünderen Verhalten.

Die heutige Wissenschaft bestreitet die Realität von Visionen,

Engeln, Nahtoderfahrungen und der von Menschen jedes Kulturkreises gemachten Beobachtung, daß der »Geist« oder das Bewußtsein auch außerhalb der räumlichen Grenzen des Gehirns zu existieren scheint. Das Wissen, wer am anderen Ende der Leitung ist, wenn das Telefon klingelt, der Impuls, sich im Auto umzudrehen, weil man spürt, daß ein anderer Verkehrsteilnehmer einen anstarrt, sowie präkognitive Träume oder Wahrträume sind weitverbreitete Erfahrungen, die gegen die Lokalisierung des Bewußtseins im Gehirn sprechen und vermuten lassen, daß der Geist vielmehr im Raum ausgedehnt sein könnte. Das wachsende allgemeine Interesse an diesen Erfahrungen eines »nichtlokalisierten Bewußtseins« (Larry Dossey) veranlaßt immer mehr Naturwissenschaftler und Psychologen dazu, ihre liebsten Vorurteile in Frage zu stellen.

Während visionärer Erfahrungen haben die Menschen nach eigenen Angaben teil an einer Weisheit, die unsere gewöhnliche Wahrnehmung der Wirklichkeit transzendiert und um den tieferen Sinn unserer scheinbar sinnlosen Welt weiß. Nach solchen Erlebnissen behalten viele ein dauerhaftes Gefühl von Liebe, Geborgenheit und Vertrauen in die letztendliche Güte des Universums zurück. David beispielsweise genas nicht nur von der Inzesterfahrung, sondern gelangte schließlich dazu, sie als eine unerfreuliche, aber notwendige Phase der Verwirklichung seiner eigenen Bestimmung zu betrachten – nämlich ein Therapeut zu werden, der bei seiner Arbeit aufs engste mit der Weisheit und Führung der »unsichtbaren«Welt verbunden bleibt.

Der Arzt Raymond Moody beschäftigt sich seit langem ernsthaft mit der unsichtbaren Welt und den wohlwollenden Führern, Engeln oder Lichtwesen, die unzählige Menschen im Rahmen von Todesnähe- oder Nahtoderfahrungen (NTE) geschaut und ihm später geschildert haben. In *Das Licht von drüben* erörtert Moody die erstaunlichen Begegnungen mit diesen Wesenheiten, von denen Menschen unterschiedlichsten Glaubens – Naturwissenschaftler, Psychologen, Christen, Juden, Atheisten und andere – nach ihrer Wiederbelebung aus dem klinischen Tod berichten. Nachdem der Sterbende durch den langen Tunnel geschritten ist, der in so vielen Nahtoderfahrungen eine zentrale Rolle spielt, stößt er meist auf

Wesenheiten, die »von einem wunderbaren hellen Licht leuchten, das alles durchdringt und die Person mit Liebe zu erfüllen scheint«.

Nach dem Zusammentreffen mit verschiedenen solcher lichtdurchfluteten Wesen, die als Führer fungieren, begegnet die Person gewöhnlich einem, so Moody, »höchsten Lichtwesen«. Die Beschreibung dieser Wesenheit variiert, abhängig von der jeweiligen religiösen Ausrichtung des Sterbenden. Bis zu einem gewissen Grade scheinen wir Gott stets durch den Filter unseres persönlichen Glaubens zu erfahren. Manche beschreiben das »höchste Lichtwesen« als »Jesus« oder als einen »grenzenlose Liebe und Barmherzigkeit ausstrahlenden Vatergott«. Andere nehmen die ehrfurchtgebietende Heiligkeit dieses höchsten Wesens zwar ebenso wahr, schreiben ihm aber keinerlei konfessions- oder kulturspezifische Identität zu.

Wenn ich Vorträge über Nahtoderfahrungen halte, kommen anschließend häufig Menschen zu mir, um mir eine eigene NTE zu schildern oder um mir von Bekannten oder Verwandten zu erzählen, die eine solche Erfahrung gehabt haben. Einer der für mich faszinierendsten Berichte dieser Art stammt von Donna J. Elsten, die ihre zwei NTEs – beide ereigneten sich, als ihre Herztätigkeit während zweier chirurgischer Eingriffe zum Stillstand kam – detailliert niederschrieb. Diese Aufzeichnungen hat sie uns großzügigerweise zur Verfügung gestellt.

Donnas zweite NTE beginnt damit, daß sie ihren Körper verläßt, von oben in den OP hinunterblickt, die Ärzte durcheinanderrufen hört, sie hätten »sie verloren«, und dann davonschwebt, in ein »starkes, helles weißes Licht« hinein. Dann schwebt sie einen Tunnel entlang, den sie sehr ausführlich beschreibt, und ein tiefer Frieden erfüllt sie, eine immer tiefere Ruhe, je höher sie emporsteigt. Sie berichtet:

> Langsam, langsam schwebe und schwebe ich. Ich liebe, liebe, liebe. Ich liebe mich. Ich bin ganz angefüllt mit Liebe. Ich verspüre eine unermeßliche, unaussprechliche Zuneigung. Diese Zuneigung und Liebe strömt mir entgegen und geht zugleich aus mir hervor, kommt auf mich zu, zu mir. Die

> Zuneigung, die ich in mir verspüre, umfaßt alles, nicht nur mich. Ich verstehe das ... Ich verspüre das tiefste Gefühl der Bejahung und Akzeptanz. Ich werde geliebt. Es ist schön hier. Es ist so friedvoll. Es ist so still ... Die Last des Lebens ist mir von den Schultern genommen.

Je höher Donna ins Licht emporsteigt, desto intensiver wird ihre Empfindung von Liebe, bis sie schließlich, auf halbem Weg durch den Tunnel, einem höchsten Lichtwesen begegnet:

> Ich weiß, daß dies Gott ist. Als wir uns von Angesicht zu Angesicht gegenüberstehen, erklingt nicht ein Wort. Gott macht diese Geste – streckt die Hand aus ... Die Berührung stellt eine Verbindung her, ein Band, ein unbeschreibliches emotionales und geistiges Band ... Ich bin mit einer unermeßlichen Fähigkeit begabt, Wissen zu erfassen und zu verstehen. Diese Fähigkeit übersteigt jedes irdische Vermögen. Augenblicklich bin ich mir seiner [Gottes] Macht bewußt. Er ist der Ursprung aller Dinge ... Er ist ein wahrhaft vergebender Gott ... Er vermag es, jedem alles zu vergeben, und er vergibt. Gott sagt mir auf telepathischem Wege, warum er den Menschen vergibt: weil sie nicht wissen, was sie tun.

Donnas Erlebnis einer erweiterten Wirklichkeit entfaltet sich noch weiter, als sie die Ewigkeit erfährt:

> Hier, wo das Licht ist, vergeht die Zeit nicht. Die Zeit steht still. Es gibt keine Zeit. Ich erfahre die Ewigkeit. Dieses endlose Dasein ist auf der Erde unvorstellbar. Kein Ende des Daseins. Unser Leben auf Erden ist wie ein aufzuckender Blitz. Wir kommen unten an, und in einem Augenblick ist unser irdisches Leben vorüber. Unser Aufenthalt auf der Erde ist so kurz. Ein Fingerschnipsen, und unsere Zeitspanne ist vorbei. Ich bin nicht mehr eine Gefangene des Todes. Es gibt keinen Tod hier. Der Tod existiert nicht. Ich habe keine Angst vor dem Tod. Durch diese Seele sehe ich irgendwie die Wunder

des Lebens. Wie kostbar das Leben ist. Wie aller Liebe wert es ist. Ich liebe das Leben. Ich achte jedes Leben. Alles.

Als es den Ärzten schließlich unter großen Schwierigkeiten gelang, sie wiederzubeleben, verließ Donna den Zustand der Ewigkeit und kehrte in ihren Körper zurück, zurück zum alltäglichen Zeitbewußtsein. Aber die tiefe Wertschätzung und Ehrfurcht vor dem Leben, die sie während ihres »Blicks in die Ewigkeit« erfahren hatte, blieb ihr erhalten. Diese überschwengliche Dankbarkeit für das und Achtung vor dem Leben sind ein typisches Resultat aller Nahtoderfahrungen. Wie die amerikanischen Ureinwohner *wissen* Menschen, die eine NTE überstanden haben, daß wir alle Teil der Erde und die Erde ein Teil von uns ist. Wir können weder ein Lebewesen verletzen, ohne uns selbst zu verletzen, noch können wir einem Geschöpf Gutes tun, ohne uns selbst Gutes zu tun.

Die »emotionale Vernetztheit« unser aller Leben wird dann besonders evident, wenn man die Erlebnisse solcher Menschen betrachtet, denen im Rahmen ihrer NTE ein Lebensrückblick gewährt wurde. Einer von George Gallup jr. durchgeführten Umfrage zufolge geben 32 Prozent aller Menschen, die eine NTE hatten, an, eine solche Rückschau erlebt zu haben. Wie Donna begegnen sie einem höchsten Lichtwesen, das vollkommene Liebe und Vergebung ausstrahlt. In dieser göttlichen Gegenwart gewahren sie »ein farbiges dreidimensionales Panorama all dessen, was sie in ihrem Leben je getan haben«, und zwar so, als ereignete sich alles zugleich.

Wenn ihre Handlungen im Leben Schmerz verursacht haben, fühlen sie diesen Schmerz. Wenn ihre Handlungen Liebe ausgedrückt haben, fühlen sie diese Liebe. Mit Hilfe des höchsten Lichtwesens sind sie imstande, »alle Ereignisse in ihrem Leben in einen größeren Zusammenhang einzuordnen«. Telepathisch begreifen sie den Sinn ihrer Erfahrung und stellen fest, wieviel (oder wie wenig) Liebe sie ausgedrückt, wie »gut« sie ihr Leben also gelebt haben. Wenn solche Menschen in ihren Körper zurückkehren, glaubt die überwältigende Mehrheit von ihnen, das Wichtigste im Leben sei die Liebe. Für die meisten ist das Zweitwichtigste Wissen. Liebe und Wissen, sagen sie uns, sind die einzigen zwei Dinge, die wir mit uns nehmen, wenn wir sterben.

Die Rückkehr in den physischen Körper nach einer Nahtoderfahrung findet häufig gegen den Willen oder zumindest den Wunsch des Betroffenen statt, da sie bedeutet, den Zustand vollkommener Liebe – wenn auch nur vorübergehend – zu verlassen und die transzendente Weisheit zu vergessen, die den Sinn aller Widrigkeiten erkennt, die wir als Verkörperte unweigerlich erleben. Als ich klinisch gestorbene und wiederbelebte Patienten interviewte und sie fragte, warum sie sich dazu entschlossen haben zurückzukehren, gaben sie als Grund fast immer an, sie hätten eine bestimmte liebevolle Beziehung zu anderen Menschen – oft kleinen Kindern, für die sie weiterhin sorgen wollten – fortsetzen oder allgemein mehr über die Liebe erfahren wollen.

Eine Frau gab an, sie habe einen ihrer Führer während der Lebensrückschau gefragt, was sie durch die Entscheidung zurückzukehren gewinnen würde. »Warum sollte ich wohl in einem Körper leben wollen? Die Welt ist voller Schmerz, Leiden, Verluste und Enttäuschungen. Warum sollte wohl jemand dort sein wollen, wenn er auch hier sein kann?« Das Lichtwesen erklärte ihr daraufhin, das Leben auf Erden biete gerade durch seine Leidhaftigkeit die beste Gelegenheit, etwas über das Wesen der Liebe zu erfahren. So gesehen muß man sagen, daß Mat Hitchcocks Vater einen sehr passenden Titel für das Buch auswählte, das das kurze Leben seines Sohnes feierte: *Liebe ist die Antwort.*

Überzeugungen, die die Fähigkeit einschränken, an der Krise zu wachsen

Es liegt in unserer menschlichen Natur, angesichts von Tragödien, schweren Krankheiten oder Unglücksfällen unser jeweiliges Glaubenssystem in Frage zu stellen. Auch wenn solches Infragestellen, langfristig gesehen, ein gesunder Prozeß ist, kann es kurzfristig äußerst leidvoll sein, da es zu einer Glaubenskrise führt, in der ehemals tröstliche Überzeugungen hinwegschmelzen und uns schutzlos und verletzlich zurücklassen. Der AIDS-Patient Jay, den Sie im vorigen Kapitel kennengelernt haben, machte sogar mehrere Glaubenskrisen durch. Zuerst wurde er an dem Agnostizismus irre, dem er bis zur niederschmetternden Diagnose angehangen hatte, und wandte sich zum Ausgleich wieder dem strengen alttestamentarischen Glauben seiner Kindheit zu. Dann, als er erkannte, daß dieser Glaube an einen zürnenden Rächergott ihm mehr Angst einflößte als Trost spendete, stürzte er sich auf die scheinbar befreiende New-Age-Masche »Du erschaffst dir deine ganze Wirklichkeit« und hoffte, sich »gesunddenken« zu können. Als auch dieses Glaubensgebäude zusammenbrach, verlor er alle Hoffnung und geriet in Panik.

Die Schwierigkeiten, die Jay damit hatte, in einem Leben mit AIDS Wachstum und Sinn zu finden, rührten von seinem Wunsch her, mit absoluter und unumstößlicher Gewißheit zu wissen, was seine Krankheit bedeutete. Mit anderen Worten: Er blieb beim Versuch stecken herauszufinden, ob er für seine Krankheit verantwortlich war (das heißt, »die Schuld an ihr trug«), anstatt sich die viel sinnvollere Frage zu stellen, die der buddhistische Lehrer und Therapeut Stephen Levine oft an seine Klienten richtet: »Was bedeutet es, *meiner Krankheit gegenüber* verantwortlich zu sein?«

Der Familientherapeut John Bradshaw definiert »verantwortlich« *(responsible)* als »antwortfähig« *(response-able)* – das heißt fähig, auf die Ereignisse im Leben zu achten und bewußt zu »antworten«. Nach meiner Erfahrung sind Menschen, die sich darum bemühen, ihrer Situation gegenüber Verantwortung zu zeigen, indem sie sie als eine Gelegenheit nutzen, zu größerer Freiheit und Lebensfreude zu gelangen, eher imstande, einen Sinn in ihrer Krankheit oder Tragödie zu finden, als solche, die nach einer allgemeinen theologischen Erklärung dafür suchen, »warum schreckliche Dinge geschehen«.

Wahrscheinlich erinnern Sie sich, daß Leslie, die Sie gleichfalls im letzten Kapitel kennengelernt haben, dem Tod ihres Mannes und ihrem eigenen Krebsleiden mit einer »Ich-weiß-nicht-warum«-Haltung begegnete. Diese Haltung gründete sich auf die Einsicht, daß unser geistiger Horizont zu eng ist, um den wirklichen Sinn einer Tragödie zu begreifen, und zugleich auf die Überzeugung, daß dieser Sinn eines Tages offenbar werden und sich als von Liebe getragen erweisen würde. In der Zwischenzeit beabsichtigte sie, Verantwortung für ihr Leben zu übernehmen: durch fürsorgliche Pflege ihres Körpers und Geistes nach Gesundheit zu streben, sich auf liebevolle Beziehungen zu konzentrieren und – trotz gelegentlicher Anfälle von Angst – offen zu bleiben für das, was die Zukunft bringen mochte. Leslies Glauben war flexibel, offen und auf ein »Leben mit der Liebe« gegründet. Jays Glauben war starr, verschlossen und auf die Vermeidung von Strafe und Angst fixiert.

Vielleicht können Sie anhand des folgenden Beispiels nachvollziehen, wie ein starrer Glaube jeden Erkenntniszuwachs zu blokkieren vermag. Einmal hielt ich einen Vortrag in Südtexas, mitten im Herzen des erzkonservativen, fundamentalistischen »Bibelgürtels« der Vereinigten Staaten. Während der Pause kam ein Mann mit zornrotem Gesicht zu mir nach vorn. Er bezeichnete sich als »christlicher Berater« und warf mir vor, ich sei eine verantwortungslose »New-Agerin«. Ich versuchte ihm zu erklären, ich sei eigentlich eher so etwas wie eine »Old-Agerin«, bemühte ich mich doch, die ältesten – jüdischen, christlichen, indianischen, »mutterreligiösen« und östlichen – Weisheitslehren mit den Erkenntnissen der modernen Naturwissenschaft und Psychologie zu verknüpfen. Das beruhigte ihn nicht im mindesten. Mit zusammengebissenen Zähnen und verschränkten Armen holte er zum entscheidenden Schlag aus: »Sagen Sie mir nur eines«, fragte er hämisch, »glauben Sie an die Schöpfung, oder glauben Sie an die Evolution?«

Ich antwortete ihm, ich sähe keinen Widerspruch zwischen Evolution und Schöpfung. Daß ein höheres Bewußtsein ein Universum erschafft, das sich nach den ihm innewohnenden Gesetzen fortwährend ausdehnt und weiterentwickelt, erscheint mir eine besonders elegante Lösung. Warum sollte man Gott von *ihrer* Schöpfung trennen? (Den schöpferischen Aspekt des Göttlichen stelle ich mir gern als weibliches Attribut eines Ganzen vor, das für sich jenseits jeder Geschlechtsunterscheidung ist.) Offensichtlich war meine Antwort nicht zufriedenstellend, und so ließ mich der Mann einfach stehen. Mein Standpunkt stellte eine Bedrohung für seinen Glauben dar, das gesamte Universum sei wirklich und buchstäblich in sechs Tagen erschaffen worden.

Für diesen Seelsorger war das Leben eine bisweilen unerfreuliche Zwischenstation auf dem Weg zu einem ewigen Aufenthalt im Fegefeuer, in der Hölle oder in einem Paradies, in das nur einige wenige gute Christen je zu gelangen hoffen konnten. Ganz besonders erzürnte ihn meine Bemerkung, von den abertausend Menschen, die eine NTE erlebt hätten – darunter auch einige inhaftierte Kriminelle –, hätte meines Wissens nur ein einziger Negatives zu berichten gehabt. Alle übrigen sprachen, ungeachtet ihres jeweiligen Glaubens, von einem liebenden, wohlwollenden, vergebenden Gott. Diese Zeugnisse verunsicherten den christlichen Berater zutiefst, da sie seinem Glauben an eine ewige Bestrafung in der Hölle widersprachen.

Das Glaubensgebäude dieses Mannes – demzufolge nur gottesfürchtige Christen »errettet« werden – war ein gutes Beispiel für das, was der Theologe Dr. James Fowler die »zweite Stufe des Glaubens« nennt – eine konkrete und mythisch-wörtliche Theologie. In *Stufen des Glaubens. Die Psychologie der menschlichen Entwicklung und die Suche nach Sinn* skizziert Fowler sechs Phasen oder Stufen der Glaubensentwicklung, die parallel zu unserer psychologischen Entwicklung vom Kind zum voll verantwortlichen, liebevollen Erwachsenen verläuft. Es ist wichtig zu begreifen, daß wir in jeder dieser Phasen steckenbleiben können. Wir mögen 30, 40, 60 oder 80 Jahre alt sein – in jedem von uns verbirgt sich ein inneres Kind, das noch immer nach bedingungsloser Liebe hungert und sich vor Ablehnung und Schmerz schützt. Wenn dieses Kind nicht geheilt wird, läßt es vergangenes Leid wiedererstehen, das unsere erwachsenen Gedanken, Gefühle und Beziehungen vergiftet. Nach Fowlers Modell verseucht dieser Schmerz aber auch unseren Glauben und unser Gottesbild.

Die Stufen des Glaubens

Diese sechs Stufen unterscheidet Fowler innerhalb unserer Glaubensentwicklung (die folgenden Ausführungen stellen meine »persönlich eingefärbte« Paraphrase von Fowlers Gedanken dar):

1. *Intuitiv-projektiver Glaube*
   Diese Phase ist typisch für kleine Kinder, die Geschichten über Gott hören und diese zu lebhaften, anschaulichen Phantasien verweben – einerseits vom Paradies und von der Liebe, andererseits von einer Feuerhölle voller Teufel und Dämonen. Der Wert, das Geschenk, dieser Phase ist die Fähigkeit, die Welt in kraftvollen Bilder zu erfahren, die ein Leben lang im Unbewußten verbleiben. Die Gefahr dieser Phase liegt, so Fowler, in der Möglichkeit einer »Inbesitznahme der kindlichen Vorstellungskraft durch ungezügelte Bilder von Grauen und Destruktivität«. In diesem Stadium der Entwicklung werden die Weichen dafür gestellt, wie wir Gottes Erste Geschichten aufnehmen und ob wir ihnen eigene Kapitel der Liebe hinzufügen oder ob wir sie unter Angst begraben.

2. *Mythisch-wörtlicher Glaube*
   Bei Schulkindern nimmt die Imaginationskraft ab und wird durch die wörtliche, kompromißlose Annahme von Symbolen, Regeln und Moralgesetzen überlagert. Diese Weltsicht dreht sich um die Begriffe »Gerechtigkeit«, »Lohn« und »Bestrafung«. Die biblischen Geschichten werden wörtlich genommen, da dem Menschen in dieser Altersstufe die Fähigkeit mangelt, »vom Strom der Erzählungen zurückzutreten, um sich reflektierte, begriffliche Deutungen zu bilden«. Dies ist die »Auge-um-Auge-Zahn-um-Zahn«-Gesinnung, die den Glauben Jays und des »christlichen Beraters« bestimmte.

3. *Synthetisch-konventioneller Glaube*
   Mit dem Beginn der Pubertät bildet sich die Fähigkeit heraus,

über die eigene Familie (und über die Dogmen und Lehrsätze der »Religion der Kindheit«) hinauszublicken und eine Synthese des eigenen sich erweiternden Wissens zu erzeugen, die ein stabiles Fundament für künftige Erfahrungen bildet. In dieser Phase entwickeln wir mit anderen Worten die Fähigkeit, selbständig zu denken. Doch auch wenn wir nunmehr eine private Ideologie besitzen, sind wir noch nicht »einen Schritt zurückgetreten«, um sie systematisch und kritisch in Augenschein zu nehmen: Unsere Ideologie ist noch nicht auf die Probe gestellt worden. Erst die verschiedenen Verluste und Tragödien, die das Leben mit sich bringt, lösen diese Überprüfung aus und führen uns allmählich in die nächste Phase über.

4. *Individuierend-reflektierender Glaube*
Der ältere Heranwachsende beginnt, die Verantwortung für seine Überzeugungen und Handlungen zu übernehmen. Die Fähigkeit zur Reflexion, die sich in dieser Lebensphase herausbildet, führt zu einer Neubewertung des Glaubens, die Fowler zufolge durch unterschiedliche Faktoren ausgelöst werden kann: durch den Sieg der Bilder aus der Kindheit, durch eine Stimme aus dem inneren Selbst, durch die Erkenntnis der Leere oder Belanglosigkeit bisheriger Überzeugungen oder durch ein aufkeimendes Interesse für die Legenden, Symbole und Mythen anderer Religionen oder Kulturen.
Nach meiner Einschätzung ist das Bewußtsein des Heranwachsenden nun bereit, die archetypischen Ersten Geschichten zu fassen, die ewig im Großen Unbewußten existieren – jenem Bilderreich, mit dem wir uns in späteren Kapiteln befassen werden – und ein Leben des Abenteuers und Erwachens verkünden. »Epische« Geschichten wie *E.T.* und *Krieg der Sterne* sind oft entscheidend daran beteiligt, den heranwachsenden Geist für die Möglichkeit einer kritischen Neubewertung des Lebens zu öffnen.

5. *Verbindender Glaube*
Fowler erklärt, daß die fünfte Stufe – die häufig um die Lebensmitte auftritt – »das Sakrament der Niederlage kennt«. In den

Jahren zwischen dem Ende der Adoleszenz und der Lebensmitte hat sich viel abgespielt: Erlebnisse, die unseren Glauben wiederholt in Frage gestellt und immer wieder gezeigt haben, wie wenige Antworten wir auf große Fragen besitzen – Fragen wie: »Wer bin ich?« und »Was ist der Sinn des Lebens?« Während es auf den vorausgegangenen Stufen vielfach darum ging, die Grenzen der Dinge abzustecken, feiert in dieser Phase das Paradoxe Triumphe, und es entfaltet sich eine Offenheit für ehemals »andere«, »fremde« Wahrheiten. Mythen und Symbole werden auf einer tieferen Ebene begriffen, und wir haben die Chance, Teile unserer Erfahrung zu integrieren, die bis dahin verleugnet worden waren, weil sie nicht in unser Glaubensgebäude hineinpaßten.

6. *Universalisierender Glaube*
In dieser Phase – die, wie ich glaube, gegenwärtig mehr und mehr Menschen durchleben – handeln wir aus dem Wissen heraus, daß die Barrieren zwischen den Menschen überwunden werden müssen und daß Mitgefühl die vollkommenste Ausdrucksform von Glauben ist. Fowler nennt Mahatma Gandhi, Martin Luther King (in den letzten Jahren seines Lebens), Mutter Teresa, Dag Hammarskjöld, Dietrich Bonhoeffer, Abraham Heschel und Thomas Merton als Verkörperungen eines universalisierenden Glaubens. Die sechste Stufe ist nicht gleichbedeutend mit »Vollkommenheit« oder »Selbstverwirklichung«. Sie hat vielmehr etwas mit dem praktischen Engagement zu tun, so Fowler, »das Reich [Gottes] zu aktualisieren«: eine Welt zu verwirklichen, die auf Verbundenheit, Verständnis, der weisen Nutzung von Naturschätzen und Güte gegründet ist.

Wenn alles gutgeht und wir uns von den Kindheitswunden erholen, die uns auf der einen oder anderen Stufe festhalten könnten, machen wir im Laufe unseres Lebens alle diese sechs Phasen durch. Im Zusammenhang mit dem Übergang von einer Phase buchstabenhöriger, naiver Gläubigkeit zu einem universaleren Glauben, in dem Metaphern und die eigene Erfahrung ein weiteres Verständnis ermöglichen, erklärt Fowler: »Ein Faktor, der den Übergang initiiert ... ist die implizite Widersprüchlichkeit bestimmter Geschichten, die zum Nachdenken über Bedeutungen veranlaßt ... Die bisherige Buchstabengläubigkeit bricht zusammen ... [und] führt zu einer nüchterneren Betrachtung früherer Lehrer und Lehren. Widersprüche zwischen einzelnen autoritativen Geschichten (Genesis *versus* Evolutionstheorie) verlangen nach einer kritischen Auseinandersetzung.«

Fowler charakterisierte den Glauben jenes christlichen Beraters als »zweite Stufe« und half mir dadurch zu begreifen, daß es keinen Sinn hat, mit Menschen, die noch in diesem mythisch-wörtlichen Stadium stecken, theologische Diskussionen zu führen, weil solche Gespräche für sie eine zu große psychologische Bedrohung darstellen. Tragödien können allerdings die Buchstabengläubigkeit aufbrechen und, so schmerzlich dieser Prozeß auch ist, zu einer Heilung der Wunden aus der Kindheit und damit zu einem geläuterten und aufgeklärteren Glauben führen. Ebendiese Wirkung hat das Erreichen des »absoluten Tiefpunktes«. Wir können jahrelang mit den Wunden und Glaubensformen der Kindheit weiterleben, auch wenn wir uns dabei vielleicht chronisch leer und unglücklich fühlen. Aber wenn eine Krise über uns hereinbricht – mag es nun der Krebs sein oder eine Anklage wegen Trunkenheit am Steuer –, sind wir aufgerufen, die Verantwortung für die Tragödie zu übernehmen. Und das kann eine einschneidende Veränderung unseres Glaubens bedingen.

Die Höhle alter Überzeugungen verlassen

Der Arzt Larry Dossey führt als Beispiel die Geschichte von Charles Darwins Landung in Mikronesien an. Die dortigen Eingeborenen hatten keinerlei Vorstellung davon, was ein großes hochseetaugliches Schiff ist. Daran gewöhnt, nur die Küstengewässer ihrer Inseln zu befahren, besaßen diese Menschen lediglich kleine Boote. Dementsprechend hatten sie in ihrer Sprache auch kein Wort zur Bezeichnung eines größeren Wasserfahrzeugs. Darwin und seine Mannschaft kamen in der *Beagle* an, einem Dreimaster. Die Eingeborenen sahen die Europäer in Ruderbooten an Land kommen, doch als man ihnen die *Beagle* zeigte, die unweit des Ufers vor Anker lag, waren sie außerstande, sie wahrzunehmen. Da es Schiffe für ihre Begriffe »nicht gab«, war der Segler für sie buchstäblich *unsichtbar*.

Schon Platon sprach in *Der Staat* von unserer relativen Unfähigkeit, Wissensdaten aufzunehmen, die nicht in unser Begriffssystem oder Glaubensgebäude passen. In einem berühmten Gleichnis erzählte er von Menschen, die ihr ganzes Leben in einer dunklen Höhle verbringen und so angekettet sind, daß sie nur die Rückwand ihres Gefängnisses anschauen können. Die einzige »Realität«, die sie kennen, sind die flüchtigen Schatten der draußen vor dem Höhleneingang vorbeiziehenden Menschen und Tiere, die sich auf der Felswand vor ihren Augen bewegen. Eines Tages bringt einer von ihnen den Mut auf zu fliehen. Nach einiger Zeit kehrt er in die Höhle zurück, um seine Schicksalsgenossen aus dem Gefängnis ihrer Täuschung zu befreien, und erzählt ihnen von einer wunderbaren Außenwelt voller Licht, Farben und greifbarer Dinge. Die Angeketteten glauben ihm kein Wort. Sie halten ihn schlicht für verrückt, weil die neuen Informationen, die er überbringt, sich nicht in ihre bisherige Lebenserfahrung integrieren lassen.

Bis kurz vor ihrem Tod war meine Mutter auch so eine überzeugte »platonische Höhlenbewohnerin«. Während ich als Heranwachsende das Leben zu jeder Gelegenheit hinterfragte und nach Erklärungen, nach Sinn suchte, antwortete sie mir stets mit der völlig ernst gemeinten Sentenz: »Unwissenheit ist eine Gottesgabe.« Als ich als 15jährige einmal Informationsmaterial der unitarischen Kirche mit nach Hause brachte, sprach sie ein Machtwort. Sie war zwar keine gläubige Jüdin, aber sie war fest davon überzeugt, daß jedes Abschweifen in fremde religiöse Gefilde im günstigsten Fall zu psychischer Verwirrung, im schlimmsten Fall zu Fanatismus führen würde. Analog dazu glaubte sie, die eigenen Gefühle und Erlebnisse zu hinterfragen habe gleichfalls eine verstörende Wirkung. Also warf sie meine unitarischen Broschüren in den Müll und sagte mir klipp und klar: »Ich verbiete es dir, dich über irgendeine andere Religion zu informieren oder Psychologie zu studieren. Es ist nur zu deinem Besten!«

Da ich eine Wissenschaftlerin und Psychologin mit starken philosophischen und religiösen Interessen geworden bin, kann ich guten Gewissens sagen, daß ich alles, was ich erreicht habe, meiner Mutter verdanke. Sie war das vollkommene »soziale Umfeld« für die Entwicklung einer rebellischen Persönlichkeit, und ich bin ihr dafür von Herzen dankbar. Sie hat ihre Rolle im Drama meines Lebens meisterhaft gespielt und exakt die Menge an Energie beigesteuert, die nötig war, um meine Sinnsuche anzuspornen! In den 30 Jahren, die seit ihrer Verdammung aller psychospirituellen Forschung vergangen sind, ist die Suche nach psychologischen und religiösen Erkenntnissen sehr populär geworden – und ist zuletzt sogar von ihr, der großen Skeptikerin, akzeptiert worden.

Das Ereignis, das zu ihrer Erweckung führte, war durchaus bemerkenswert. Mom war ein begeisterter Baseballfan. Im Jahre 1988 kam Wade Boggs, ein Spieler der Boston Red Sox, wegen einer außerehelichen Affäre landesweit in die Schlagzeilen der Boulevardblätter. Der *Boston Globe* brachte ein Interview mit Boggs, in dem es namentlich um die Frage ging, wie der Baseballspieler es schaffte, die Vorwürfe und immer neuen schmutzigen Enthüllungen, mit denen sich die Medien gegenseitig überboten, so gleichmütig hinzunehmen. Boggs schrieb seine Gelassenheit einem Rat seiner jüngst verstorbenen Mutter zu. Wie er erzählte, war seiner Schwester, deren Stimmbänder infolge multipler Sklerose gelähmt waren, der Geist seiner Mutter erschienen und hatte sie gebeten, bei ihrer Beerdigung ein paar Worte zu sprechen. Wie durch ein Wunder gelang es seiner Schwester, diese Bitte zu erfüllen. Dann erschien die Mutter auch Boggs selbst und erklärte ihm, daß sich alles zum Guten wenden würde und er sich wegen des Skandals keine Gedanken zu machen bräuchte.

Während unsere Gespräche über das Fortleben des Geistes nach dem leiblichen Tod bei Mom nicht den geringsten Gesinnungswandel bewirkt hatten, sprach sie die Geschichte von Wade Boggs' Mutter unmittelbar an. Sie löste eine grundlegende Umstrukturierung ihres Glaubensgebäudes aus – eine Veränderung, die ihr in den letzten Monaten ihrer schweren Krankheit und dann im Angesicht des Todes tiefen Seelenfrieden und großen Mut schenkte. Als sie zum letztenmal ins Krankenhaus eingewiesen wurde und schon fast im Sterben lag, setzte sich eine Schwester zu ihr ans Bett und nahm ihre Hand. »Mrs. Zakon«, sagte sie voll Mitgefühl, »es geht nun zu Ende. Haben Sie Ihren Frieden gefunden? Haben Sie sich Gedanken über den Tod gemacht?« So benommen sie schon war, entbrannte meine Mutter in missionarischem Eifer: »Ich weiß alles darüber. Ich bin bereit. Haben Sie von Wade Boggs' Mutter gehört?« Zur großen Verblüffung der freundlichen Krankenschwester fand die Patientin noch an der Schwelle des Todes die Kraft, ihr die neueste Version der »frohen Botschaft« zu verkünden!

Die Ereignisse, die uns aus Platons Höhle herauslocken, sind bei jedem von uns verschieden. Für meine Familie war der Tod des jungen Mat Hitchcock ein solches Ereignis. Unser Sohn Andrei reagierte auf Mats Tod mit tiefer Trauer, die zu einer ebenso tiefen Dankbarkeit für das Leben reifte sowie zur Erkenntnis, daß liebevolle Beziehungen das Kostbarste sind, was wir überhaupt anstreben können. Andrei weiß sehr wohl, wieviel Mats liebevolle Freundschaft, aber auch wieviel sein Tod ihm geschenkt hat. »Vielleicht haben die amerikanischen Ureinwohner recht«, sagte Andrei einmal in bezug auf Mats Tod, »wenn sie sagen, daß jeder Mensch und jedes Tier mit einer bestimmten Anzahl von Lebenstagen geboren wird. Manche Leben sind lang, und andere sind kurz, aber jedes ist in sich abgeschlossen und vollständig.«

Für uns ist die Vorstellung ein großer Trost, daß Mat den Kreislauf seines Lebens in 17 Jahren vollenden konnte; wir glauben, daß sein Leben nicht nur auf anderen Ebenen des Seins fortdauert, sondern auch in *dieser* Welt. Wir fallen einander wie Kieselsteine in die Teiche unserer Seelen, und der Umfang unserer Ringwellen weitet sich immer mehr aus und überschneidet sich mit unzähligen anderen. Mats Wellen werden fortfahren, seine Freude, Bescheidenheit, Kreativität und Liebe durch all jene auszubreiten, denen es vergönnt war, ihn zu kennen, denn damit unsere Leiden und Schmerzen einen Sinn haben können, müssen sie zuletzt die Fähigkeit aller Menschen steigern, zu lieben und geliebt zu werden.

DRITTES KAPITEL

Die Krise als Initiation

Etwas, was sich in vielen Mythen zeigt, ist die Tatsache,
daß am Boden des Abgrunds die Stimme der Rettung ertönt.
Der schwärzeste Augenblick ist der Augenblick,
in dem die wahre Botschaft der Transformation
unmittelbar bevorsteht.
Im dunkelsten Moment kommt das Licht.

Joseph Campbell

Ich kann mich lebhaft daran erinnern, wie es war, als ich die Geburt meines Sohnes Justin erwartete. Es war ein verschneiter Februartag in Boston. Die Eröffnungswehen kamen und gingen, und meine Erregung und staunende Verwunderung nahmen immer weiter zu. Ich war mehr oder weniger Herrin der Lage – atmete, zählte, entspannte mich, wartete auf die nächste Muskelkontraktion. Dann fingen die Preßwehen an, und damit wurde es ernst. Für mich war der Beginn der Preßwehen ein *rite de passage*, ein Übergangsritus, eine dunkle Nacht, eine Glaubensprüfung, ein scheinbar unkontrollierbarer Abstieg in eine fremdartige Landschaft des Schmerzes – Atemübungen hin oder her. Ich war mir absolut sicher, daß mein Körper auseinandergerissen und ich die Geburt niemals überleben würde. Ich weiß noch, wie ich dachte, daß, wenn das Universum es mir freigestellt hätte, die ganze Sache hier und jetzt abzublasen, ich es, ohne einen Augenblick zu zögern, getan hätte. Kein Baby? Kein Problem, Schwamm drüber. Ich würde einfach meinen Kram pakken und nach Hause fahren.

Glücklicherweise machte mir das Universum kein derartiges Angebot, und ich hielt durch und wurde 30, 40 nicht enden wollende Minuten später Zeugin des Wunders der Geburt. Was mich über die Maßen entzückte, war nicht nur das winzige, vollkommene Menschlein, das mit einer Glückshaube auf die Welt gekommen war, sondern auch der Anblick seiner Nabelschnur. Rosa und blau irisierend, schien sie von innen heraus zu leuchten. Die überirdischen Farben verrieten ihre Funktion: dem ungeborenen Kind rotes nährstoffreiches und sauerstoffhaltiges Blut zuzuführen und das bläuliche verbrauchte Blut dem Organismus der Mutter zurückzugeben, damit es gereinigt und mit neuem Leben aufgeladen wurde. Als Justin von seiner Glückshaube befreit worden war und anfing zu schreien, da er nun selbst seinen Übergang vollzogen hatte – von der wässerigen, dunklen Welt des Mutterleibs in das Licht der Welt –, hörte die Nabelschnur auf zu pulsieren, und er war auf sich gestellt.

In diesem Augenblick wurden zwei neue Menschen geboren. Justin trat in diese Welt ein, und ich wurde wiedergeboren, erlebte eine der vielen Wiedergeburten, die jeder von uns im Laufe seines Lebens durchmacht. In der qualvollen Zeitspanne meines »Übergangs« der Preßwehen, während der ich allein, scheinbar ohne jede Hilfe von seiten des Universums einen unbekannten dunklen Gang hatte durchschreiten müssen, war eine wunderbare Transformation erfolgt. Die egozentrische 23jährige Studentin, noch immer eher ein Mädchen als eine Frau, war verschwunden. Ich hatte die Wehen ertragen, hatte mich abgequält, um ein Kind auf die Welt zu bringen, und die Angst und der Schmerz dieser Erfahrung hatten irgendwie ein neues Mitgefühl in meinem Herzen erweckt. Ich konnte nie wieder in mein Dasein vor dieser Geburt zurückkehren, denn ich war in das Muttersein hineingeboren worden und mußte nun in ein weiteres Mysterium initiiert werden: das Frausein, das Nähren des Lebens.

In manchen europäischen Ländern lebt noch die alte Sitte fort, die Nabelschnur mit einem Obstkern zu vergraben. Wenn alles gutgeht, saugt sich der kleine Samen im dunklen Schoß der Erde voll Wasser, platzt auf und stirbt. Der sterbende Samen gebiert einen Schößling, der in fünf oder sechs Jahren zu einem Baum heranwachsen und seinerseits Früchte tragen wird. Der Baum und dessen Früchte gehören ausschließlich dem Kind, dessen Nabelschnur den Baum genährt hat. Indem es beobachtet, wie der Baum im Winter »abstirbt« und im Frühling zu neuem Leben erwacht, wird das Kind an das Mysterium der Jahreszeiten herangeführt und zugleich an deren metaphorische Bedeutung für die Geburten, Tode und Transformationen, die gleichermaßen Teil des menschlichen Lebens sind. Welches Kind hat der Anblick eines keimenden Samens, einer sich herausbildenden Pflanze oder Blüte nicht mit staunender Verwunderung erfüllt?

Mag auch die Metapher poetisch und leicht nachvollziehbar sein, so ist es doch schwer, sie auf unser eigenes Leben zu übertragen, das tatsächlich eine Abfolge kleiner Tode darstellt, ein wiederholtes Loslassen des Alten, damit Platz entsteht für die Geburt von etwas Neuem. Jeder Akt des Loslassens impliziert einen Übergang – von der Weise, wie die Dinge waren, dazu, wie sie sein werden. Während wir wissen, was war, und uns oftmals ausmalen können, was die Zukunft bringen mag, ist die Zeit des Übergangs eine Art Niemandsland, ein Zwischenreich, ein Raum, der sich nicht immer klar definieren läßt.

Manche dieser Übergänge sind kurz, so die Endphase einer Geburt. Andere, wie die Adoleszenz, sind lang. Geburt, Pubertät, das Ende der Kindheit, Heirat, Alter, Tod – das sind alltägliche, erwartete, manchmal freudige und manchmal schmerzliche Übergänge. Krankheit, Wahnsinn, Verlust, Krieg, Sucht – auch das sind alltägliche, jedoch gefürchtete Übergänge, welche die zwingende Aufforderung an uns richten, etwas Neues zu werden, etwas anderes als das Ich, das wir bis dahin waren. Die Geburt und die Eigenschaften des neuen Ichs werden zu einem großen Teil durch die Geschichten bestimmt, mit denen wir uns zu erklären versuchen, warum die Zeit der Dunkelheit hereingebrochen ist.

Den Weg durch die Finsternis neu überdenken

Als ich acht war, wurde mein Vater in seinem Laden überfallen. Ich erinnere mich noch heute, wie er an dem Abend bleich und erschüttert nach Hause kam. Sonst war er gegen sechs da, aber diesmal hörten wir seinen Schlüssel erst kurz vor acht. Er stand in der Diele, den Hut in der Hand, und teilte uns mit schwacher Stimme mit, er sei überfallen worden. Anfangs verstanden ihn meine Mutter und ich nicht. Wir dachten, irgendein alter Bekannter habe ihn bildlich gesprochen »überfallen« und so lange aufgehalten. »Nein«, klärte er uns auf, »es war ein richtiger bewaffneter Raubüberfall.«

Er erzählte uns, sein Verkäufer »Red« habe sich völlig souverän verhalten. Er habe sich sogar geweigert, dem Räuber seine Brieftasche auszuhändigen, sondern ihm nur das Geld gegeben, aber Führerschein und Geldbörse zurückbehalten. Dad dagegen war zu Tode erschrocken gewesen. Nach diesem Abend war er nie wieder der alte. Bis dahin – wenigstens nach außen hin – lebenslustig und energisch, wurde er zu einem introvertierten, furchtsamen Menschen. Ein paar Monate nach dem Zwischenfall setzte sich meine Mutter mit mir zusammen und erklärte mir, Vater habe einen »Nervenzusammenbruch«. Mit der Zeit erholte er sich zwar wieder, aber das Trauma wurde nie vollständig ausgeheilt.

Anfang der 50er Jahre, als der Raubüberfall sich ereignete, hatten wir noch keinerlei kulturellen Rückhalt für die Anschauung, traumatische Erlebnisse stellten Wiedergeburtserfahrungen dar, die zu einer tieferen Heilung führen können. Aber die Zeiten ändern sich. Der ungeheure Erfolg der in Amerika ausgestrahlten Fernsehserie, in der Bill Moyers den Mythenforscher Joseph Campbell interviewte, beruht auf unserem Hunger nach neuen Bedeutungen, neuen Sinngebungen und nach neuen Möglichkeiten, das Leiden zu verstehen. Campbell erzählte mit großem Sachverstand und Einfühlungsvermögen archetypische Erste Geschichten aus unterschiedlichen Kulturkreisen, deren Helden und Heldinnen mit endlosen Schrecken und scheinbar unüberwindlichen Prüfungen konfrontiert werden, ehe sie zuletzt die Gaben der Weisheit empfangen.

Ein solcher »mythologischer Zugang« zu unseren Leidensgeschichten gewährt einen umfassenderen Kontext für persönliches Wachstum, als es traditionelle medizinisch-psychologische Deutungsansätze vermögen. Die dunklen Nächte der Seele – Furcht, Depression, Wahnsinn, Trauma – werden allzuoft durch die einengende Brille der Angst betrachtet. Wenn wir uns fürchten, haben wir keinen anderen Wunsch, als von der scheinbaren Negativität erlöst zu werden, und vergessen, unsere Seele nach ihren Gaben zu erforschen. Angst verlangt nach einer sofortigen medikamentösen oder therapeutischen Erledigung des Problems, damit der Patient wieder in seinen ursprünglichen »normalen« Zustand zurückgeführt werden kann.

Auch Sigmund Freud war davon überzeugt, das beste Ergebnis, das man von der erfolgreichen Behandlung einer Neurose erwarten könne, sei, daß der Patient »zu einem normalen Zustand gewöhnlicher Traurigkeit« zurückkehrt. Aber manche Psychologen und Psychiater glauben wie ich, daß viele dunkle Nächte der Seele Initiationen in eine neue Seinsweise darstellen. Wenn der Patient bereit ist, auf die Dunkelheit einzugehen, kann oft ein aufregendes, lebensbejahendes Neues hervorbrechen. In den meisten Fällen aber müssen wir versuchen, aus eigener Kraft an unseren Ersten Geschichten des Leidens als Übergang zur Weisheit festzuhalten, während Ärzte und Therapeuten – diese unverzichtbaren Mitwirkenden an unserem »Übergangsritus« – sich ihrerseits an ihre Geschichten der Angst klammern.

Ein Freund von mir litt beispielsweise unter zyklisch wiederkehrenden Phasen schwerer Depression. Zum Glück hatte er ausgezeichnete Psychiater, die ihn einer geeigneten medikamentösen und psychotherapeutischen Behandlung unterzogen. Unglücklicherweise waren sie jedoch nicht bereit, ihn bei seinem Versuch zu unterstützen, die Krankheit in einem größeren Kontext zu betrachten. Wenn er anfing, von der Depression und seinem Klinikaufenthalt als von *rites de passage* zu sprechen, von Initiationen, die ihn zuletzt psychisch und spirituell gestärkt ins Leben entlassen würden, versuchten ihn seine Ärzte davon zu überzeugen, er sei verrückt. Gerade sein Glaube, daß die Krankheit ein positiver Übergang, ja eine »Gnade« ist, war in den Augen der Psychiater ein Anzeichen von psychischer Instabilität. Zum Glück gelang es meinem Freund, von ihrer Behandlung zu profitieren, ohne seine Überzeugung aufzugeben, die Depression habe einen positiven Sinn.

Wenn uns unser kulturelles Wissen um den Wert der Finsternis abhanden gekommen ist, so haben wir auch die Priester nicht mehr, deren traditionelle Aufgabe es einst war, uns durch diese Übergangsperioden zu bringen. Allzuhäufig steht unsere religiöse Geistlichkeit den Quellen der Weisheit ebenso fern wie unsere »weltliche Geistlichkeit« – die Therapeuten und Psychiater, die eher in Kategorien von Krankheit denken als von Wachstum und Chance. Wir können viel über die sinnvolle Annäherung an diese Zeiten des Übergangs lernen, wenn wir beobachten, wie die Priester »primitiver« Gesellschaften mit Menschen umgehen, die sich in solchen Situation befinden – möge der Übergang nun spontan eintreten oder aber durch einen besonderen *rite de passage* ausgelöst werden.

Der Wohner an der Schwelle

Der bekannte Anthropologe Victor Turner hat sich intensiv mit Ritualen in verschiedenen Kulturkreisen beschäftigt. Im folgenden stütze ich mich auf die veröffentlichten Ergebnisse seiner Forschung. Ein *rite de passage* oder Übergangsritus ist ein traditionell festgelegter Komplex von Verhaltensweisen, der den Übergang zwischen zwei Lebensabschnitten oder gesellschaftlichen Situationen markiert. Traditionelle *rites de passage* »primitiver« Gesellschaften zerfallen in drei unterschiedliche Phasen: die Trennung vom bisherigen Zustand oder »Dasein«; die liminale Periode oder Schwellenperiode, während der die Person zwischen zwei Welten lebt, weder hier noch da; und die Reintegration in eine neue Rolle oder einen neuen gesellschaftlichen Status. Der ambivalente Zwischenzustand der Liminalität wird oft mit dem Leben im Mutterleib verglichen, einem Zustand der Finsternis und Unsichtbarkeit, oder mit einer Wanderung durch die Wildnis.

Turner hielt sich lange in Sambia auf, wo er die Riten der

Ndembu studierte. Ob es nun um die Einsetzung eines neuen Häuptlings, den Eintritt in die Pubertät oder eine Hochzeit ging, stets umfaßte der Übergangsritus die drei genannten Phasen – Trennung, Liminalität und Reintegration. Durch die Trennung vom Stammesverband wurde der Initiand (Anwärter für eine Initiation) der alltäglichen Routine beraubt, die bislang seine gesellschaftliche Rolle, sein Verhalten und sein Selbstbild definiert hatte. An der Schwelle einer neuen Rolle wurden alle Spuren des alten Ichs, die sich negativ auf die neue Seinsweise ausgewirkt hätten, restlos getilgt. Der Initiand wurde oft körperlich oder psychisch gepeinigt. Kasteiung, Demütigung und Entbehrung waren charakteristische Merkmale dieser Periode. Die »liminale Person« besaß nichts. Alles war ihr im Rahmen einer symbolischen Rückkehr zu einem Zustand der Demut und Unschuld genommen worden: Sie war wie Metall, das man eingeschmolzen hat, damit es in eine neue Form gegossen werden kann.

Die kollektive Hypnose – unser unbewußtes Hängen an den vertrauten Überzeugungen, die unser Leben leiten – ist während der liminalen Periode aufgehoben. Auf exakt die gleiche Weise berauben uns unsere nichtritualisierten Lebenskrisen all dessen, was wir zu wissen meinen, und schleudern uns an die Schwelle des Unbekannten. In Zeiten des Übergangs erwachen wir aus der vertrauten Trance des Daseins und finden uns auf fremdem Territorium wieder. Wenn wir wüßten, daß diese beängstigende, unbegreifliche Periode einen notwendigen Übergang darstellt – wie den qualvollen Übergang von Schwangerschaft zum Muttersein –, fiele es uns leichter, um Hilfe zu bitten, und könnten wir mit größerer Geduld die Schmerzen ertragen und auf die Geburt warten. Wir könnten uns mit dem Gedanken trösten, daß der Prozeß, den wir gegenwärtig durchmachen, nichts Pathologisches, sondern ganz im Gegenteil etwas Natürliches und Notwendiges ist.

Jede dunkle Nacht und jeder kleine Tod schält eine Schicht von Konditionierungen ab, die unseren Blick getrübt hatte, und ermöglicht es uns so, die Wirklichkeit deutlicher wahrzunehmen. Im Zusammenhang mit Pubertätsriten für männliche Jugendliche schreibt Turner in *Forest of Symbols: Aspects of Ndembu Ritual*:

> Als Mitglieder der Gesellschaft sehen die meisten von uns nur das, was sie zu sehen erwarten, und was wir zu sehen erwarten, ist das, wozu wir im Zuge unserer Verinnerlichung der Definitionen und Klassifikationen unserer Kultur konditioniert worden sind. Die säkularen Definitionen einer Gesellschaft lassen die Existenz eines »Nicht-Junge/Nicht-Mann« nicht zu, und genau das ist der Novize bei einem Pubertätsritus (sofern von ihm gesagt werden kann, er sei *überhaupt* irgend etwas). Parallel zu diesen [weltlichen Definitionen] existiert aber ein System im wesentlichen religiöser Bestimmungen, die in der Tat danach streben, das strukturell undefinierbare »Übergangswesen« zu definieren. Das Übergangswesen oder die »liminale Persona« wird durch einen Namen oder eine Reihe von Symbolen definiert. Sehr oft wird ein und derselbe Name zur Bezeichnung von Personen verwendet, die in sehr unterschiedliche Lebensstadien initiiert werden. Zum Beispiel kann der Terminus *mwadi* bei den sambischen Ndembu verschiedene Dinge bezeichnen: den »männlichen Novizen bei Beschneidungsriten«, den »designierten Häuptling, der seinen Einsetzungsriten unterzogen wird« oder sogar die »Haupt- oder Ritualgattin«, der innerhalb der Familie wichtige rituelle Pflichten obliegen. Unsere Begriffe »Novize« oder »Neuling« haben übrigens eine durchaus vergleichbare semantische Spannbreite. Dies läßt den Schluß vertretbar erscheinen, daß die Betonung eher auf den *Übergang als solchen* gelegt wird als auf die bestimmten Stadien, zwischen denen er erfolgt. (S. 134 f.)

Die Krise als Initiation

Wieviel besser wäre es, wenn ein Mensch, der eine Lebenskrise durchmacht, wie bei den Ndembu als *mwadi* – als Initiand – bezeichnet und dann auf kundige Weise zu einer Wiedergeburt geführt würde! Statt dessen werden unsere psychischen Initianden oft genug als Neurotiker, Psychotiker, Süchtige oder gestörte Persönlichkeiten tituliert – Etikettierungen, die Hilflosigkeit und ein niedriges Selbstwertgefühl verursachen. Sie nähren den falschen Glauben, daß wir beschädigt und unvollständig sind, und dieser Glaube verwehrt uns den Zugang zu den initiatorischen Ersten Geschichten, durch die das Universum uns helfen könnte, aus der Liminalität – dem »Schwellendasein« – herauszuwachsen und zur Wiedergeburt zu gelangen.

Die Wirkung der Zwölf Schritte des Selbsthilfeprogramms der Anonymen Alkoholiker rührt zumindest zum Teil daher, in welchen Kontext die Sucht eingebettet und verstanden wird. In solchen Programmen stellt jede Form von Sucht einen Übergang dar zwischen einem Leben ohne bewußte Beziehung zu einer höheren Macht und einem, in dem die Realität dieser Macht nicht nur zur treibenden Kraft der Genesung wird, sondern eine Erneuerung des Lebenssinns bewirkt. Die Sucht als *mwadi*-Erfahrung erzeugt für den, der willens ist, sie in diesem Licht zu betrachten, einen Kontext der Begeisterung, der Stärkung und sogar der Dankbarkeit für die Abhängigkeit als einen Weg zu einem neuen, bewußteren und befriedigenderen Leben.

Psychische Probleme und Suchtmittelabhängigkeit sind nicht die einzigen Krisensituationen, in denen der Kontext das Resultat beeinflußt. Der Psychiater Viktor Frankl schildert in seinem bewegenden Buch *... trotzdem Ja zum Leben sagen* das Leben in den Konzentrationslagern des Dritten Reiches. Während dieser entsetzlichen Zeit erlagen viele Häftlinge den schweren Epidemien, die das Lager heimsuchten; sie starben, ehe die Brutalität der Nazischergen und das Feuer der Krematorien sie vernichten konnten. Andere hingegen – diejenigen, denen es gelang, irgendeinen Sinn in ihrem Leiden zu finden – hatten größere Überlebenschancen. Frankl selbst überstand bis zur endgültigen Befreiung die Gefangenschaft in vier Arbeitslagern, und eben in diesen Lagern entwickelte er seine »Logotherapie« – ein System psychologischen Wachsens und Genesens auf dem Wege der Sinnfindung.

Frankl und andere Menschen wie er erschufen rituelle Ordnung aus dem Grauen, Wachstum aus der Zerstörung, indem sie sich dafür *entschieden* zu glauben, daß ihrem Leiden ein transzendenter

Sinn innewohnte. Wenn wir unseren Blick auf einen höheren Sinn richten, versetzen wir uns automatisch in die Rolle eines »Wohners an der Schwelle«, eines Initianden in einer Großen Geschichte. Wir sind dann nicht mehr ohnmächtig, gefangen oder wertlos: Wir durchqueren das Feuer auf dem Weg zu einer Läuterung, deren Wert genügt, um unserem größten Leiden einen Sinn zu geben. Ein Teil des Wertes unseres Leidens und Wohnens an der Schwelle liegt in der Tatsache, daß es die Suche nach dem Heiligsten auslöst oder intensiviert, denn nur indem wir unseren Geist nach der Verheißung dieser Heiligkeit ausrichten, können wir nicht nur *unversehrt*, sondern *geheilt* aus der liminalen Lebensphase hervorgehen.

Der verstorbene amerikanische Psychologe Abraham Maslow sprach von unserem tiefen Bedürfnis, nicht nur einen *persönlichen*, sondern auch einen *transpersonalen* oder spirituellen Sinn in unserem Leben zu finden. Ein Bedürfnis ist wie ein biologischer Trieb, ein Instinkt. Es ist Teil unserer genetischen Anlage, Teil der Gattungserinnerungen, die das allen Menschen gemeinsame kollektive Unbewußte ausmachen. Wenn ein biologischer Trieb unbefriedigt bleibt, leidet der Organismus auf die eine oder andere Weise. Die spezifische Art von Leiden, die den unerfüllten Trieb nach transpersonaler Sinnfindung begleitet, ist ein Gefühl der Leere, der Sinnlosigkeit, das sich – wenn der Trieb weiterhin unbefriedigt bleibt – zur Depression vertiefen kann.

»Jack« war ein Patient von mir, der aus genau diesem Grund zur Therapie kam. Der knapp 50jährige großgewachsene, athletische Mann entschuldigte sich bei unserer ersten Begegnung beinahe dafür, daß er meine Zeit in Anspruch nahm. »Ich weiß nicht einmal genau, warum ich eigentlich hier bin«, sagte er. »Ich bin körperlich gesund, mein Geschäft läuft gut, ich bin seit 26 Jahren mit einer wunderbaren Frau verheiratet, und alle Kinder sind aus dem Haus und stehen auf eigenen Füßen.« Hier schmunzelte Jack, holte seine Brieftasche heraus und zückte eines dieser typischen Krankenhausfotos von Neugeborenen. »Wie finden Sie das? Ich bin sogar Großvater.« Jack lächelte, als ich mich vorbeugte, um das Bild seiner winzigen neuen Enkelin zu bewundern.

Als Jack Bild und Brieftasche wieder eingesteckt hatte, verblaßte sein Lächeln. »Ich sollte eigentlich glücklich sein, nicht?« Er verstummte und schüttelte den Kopf, während er, den Blick nach innen gewendet, nach Worten suchte. »Irgend etwas stimmt nicht. Irgend etwas hat sich verändert, Joan, und ich glaube nicht, daß es eine Frage des Alters ist. Ich habe keine Midlife-crisis, gräme mich nicht wegen meiner grauen Haare und laufe auch nicht jüngeren Frauen nach. Ich bin mit meinem Leben zufrieden. Ich habe alles, was sich ein Mann nur wünschen kann. Es ist nur, daß ich, na ja ... Früher bin ich morgens gern aufgestanden. Ich freute mich regelrecht auf den Tag. Jetzt ist es mehr und mehr so, daß ich aufwache und so ein Gefühl habe, na ja ...«, Jack suchte wieder nach den richtigen Worten, » ... nicht direkt gelangweilt, aber irgendwie leer. Irgendwie: ›Na und? Ist das alles? Ist das schon alles, worum's im Leben geht?‹«

Vor unserem Gespräch hatte ich mir die Ergebnisse von Jacks psychologischen Tests angesehen: vollkommen normaler Bursche mit einer leichten Depression. Es bestand keinerlei Veranlassung, eine medikamentöse oder psychotherapeutische Behandlung ins Auge zu fassen: Jack lechzte »lediglich« nach irgendeinem transpersonalen Sinn. Sein »Sinnfindungstrieb« war frustriert, und er wußte nicht, wo er mit der Suche hätte anfangen können. Die nächste halbe Stunde lang unterhielten wir uns nur über Bücher, Bostoner Zentren für persönliches Wachstum, Meditationspraxis, Religion, Spiritualität und die erstarkende Männerbewegung.

Danach sah ich Jack ein knappes Jahr lang nicht wieder, bis wir uns eines Tages bei einem Meditationsworkshop über den Weg liefen. Er sah hervorragend aus. Seine Augen leuchteten aufgeregt, während er mir ein bißchen von seiner bisherigen Selbsterfahrungsreise erzählte. Er praktizierte regelmäßig *vipassana* oder »Einsichtsmeditation«, eine im Buddhismus entwickelte Form des Aufmerksamkeitstrainings, die dem Übenden hilft, im Augenblick gegenwärtig zu sein. Jacks zunehmende Fähigkeit, Achtsamkeit zu üben, sich seines Körpers, seiner Gefühle, anderer Menschen und der Natur bewußt zu sein, hatte seinem Leben etwas von dem Reichtum zurückgegeben, der ihm ein Jahr zuvor noch gefehlt hatte. Zusätzlich hatte Jack an mehreren Meditationsretreats mit dem buddhistischen Mönch, Dichter und Friedensarbeiter Thich Nhât Hanh teilgenommen. Das buddhistische Ideal eines spirituellen Wachstums durch barmherzigen Dienst hatte Jacks Herz entzündet und dazu geführt, daß er sich aktiv bei Amnesty International engagierte und in einem Obdachlosenheim freiwillige Hilfsarbeit leistete. Die Leere, über die er sich beklagt hatte, war bis zum Überfließen aufgefüllt worden.

Ich glaube, daß viele Fälle von Depression von einem unbefriedigten Bedürfnis nach Sinnfindung verursacht werden. Die Psychologen haben viele Bedürfnisse definiert, die das menschliche Verhalten motivieren. Das Bedürfnis nach Macht, das Bedürfnis nach Leistung oder Erfolg, das Bedürfnis nach zwischenmenschlicher Nähe. Wenn diese Bedürfnisse frustriert werden, treten immer stärkere psychische und physische Symptome in Erscheinung. Ein frustriertes Bedürfnis nach transzendentem Sinn führt nach meiner Erfahrung zuerst zu Langeweile und Öde. Wenn diesen emotionalen Zuständen keine Beachtung geschenkt wird, besteht die Gefahr, daß sie sich verschlimmern oder zu Sekundärproblemen wie Suchtmittelabhängigkeit führen.

Viele Menschen versuchen, ihr psychisches Unbehagen mit Hilfe von Alkohol oder Drogen zu lindern. Wenn beispielsweise ein ängstlicher oder deprimierter Mensch trinkt, bezeichnen die Therapeuten sein Verhalten als »selbstbehandelnd«. Auch wenn es sehr unterschiedliche Ursachen sein können, die Menschen dazu bringen, ihren Alkohol- oder Drogenkonsum kontinuierlich zu steigern, und schließlich zur Sucht führen, liefern die zwei Hauptmerkmale des Rausches – Schmerzlinderung und zeitweilige Wiederherstellung eines Zustands gesteigerter sinnlicher Aufmerksamkeit – eine Art »Ersatz-« oder »Pseudospiritualität«, die das zugrundeliegende Bedürfnis nach *wirklicher* spiritueller Wiederanbindung unterdrükken kann. Deshalb können die Zwölf Schritte der Anonymen Alkoholiker oder vergleichbare Selbsthilfeprogramme ganz besonders solchen Menschen helfen, deren Sucht einem frustrierten Bedürfnis nach spiritueller Sinnfindung entspringt: Diese Programme behandeln die *Ursache*, nicht die *Symptome* der Suchtkrankheit.

Frustrierte Bedürfnisse nach spiritueller Sinnfindung führen aber nicht ausschließlich zu Suchtverhalten – sie können statt dessen auch schwere Depressionen auslösen. In seinem Werk *Die Beichte* schildert Leo Tolstoi eine tiefe Existenzkrise, die er als 50jähriger durchmachte – zu einer Zeit, da er erfolgreich, gesund und wohlhabend war, sich eines angenehmen Familienlebens erfreute und ein beträchtliches Ansehen als Schriftsteller genoß. Trotz all dieses weltlichen Glücks fühlte sich Tolstoi richtungslos und niedergeschlagen, verrichtete seine alltäglichen Pflichten wie ein Schlafwandler und stellte sich immer wieder die gleiche Art von Fragen wie Jack: Ist das alles? Worin liegt der Sinn des Lebens?

Wenn diese existentiellen Fragen beginnen in unserer Seele zu brennen, stehen uns zwei Wege offen: Wir können sie ignorieren und in Depression oder Langeweile versinken und uns in die Sucht flüchten. Oder wir können uns der Herausforderung stellen und die Erforschung unserer Seele aufnehmen. Tolstoi entschied sich für diesen Weg, und *Die Beichte* ist der ergreifende Bericht seiner Suche und letztendlichen Sinnfindung. Eben die Tatsache, daß Tolstoi sich dieser existentiellen Herausforderung stellte, verlieh seinen Werken ihre Überzeugungskraft – die Kraft Erster Geschichten, die er auf eine neue, anrührende Weise erzählte.

Eine spirituelle Sinnsuche – neue Geschichten

In Tolstois kurzer Erzählung *Die drei Fragen* wird von einem großen König berichtet, der von dem Wunsch besessen ist, die Antworten auf die drei in seinen Augen für einen guten Herrscher wichtigsten Fragen zu finden: Wer ist der Mensch, mit dem es am wichtigsten ist zusammenzusein? Was ist das Wichtigste, was man tun sollte? Wann ist es am wichtigsten, daß man es tut?

So strömen nach und nach die klügsten Köpfe des Reiches zusammen und liefern dem König eine Fülle einander widersprechender Antworten, bis dieser die Notwendigkeit erkennt, seinen Durst aus einer tieferen Quelle der Weisheit zu stillen. Er beschließt, sich an einen sagenhaften Weisen zu wenden, der auf dem Gipfel eines

Berges ein schlichtes Einsiedlerdasein führt. Als einfacher Reisender gekleidet, läßt der König seine Soldaten einige Kilometer vor der Einsiedelei zurück und erklimmt den Berg allein. Als er den alten, gebeugten Weisen findet, bestellt dieser gerade seinen Garten. Der König gibt den Grund seines Besuches an und stellt seine drei Fragen, aber der alte Mann blickt ihn nur an und bittet ihn um Hilfe bei der Gartenarbeit. Der König wundert sich und beginnt schon an der legendären Weisheit des Greises zu zweifeln, doch er behält seine Bedenken für sich, ergreift einen Spaten und hilft dem Alten, den Boden umzugraben.

Der starke junge König ermüdet bald und wartet immer ungeduldiger auf seine Antworten, aber da der Greis trotz der großen Hitze unbeirrt weiterarbeitet, tut es ihm der König nach. Als die Sonne untergeht und das Tagewerk endlich vollbracht ist, will der König gerade seine Fragen wiederholen, als ein Fremder aus dem Gebüsch hervortaumelt und zusammenbricht. Er ist schwer verletzt. Der König reißt sich das Hemd vom Leib und stillt damit die Blutung. Dann trägt er den Verletzten in die Hütte des Einsiedlers, reinigt und verbindet seine Wunde, gibt ihm zu trinken und rettet ihm dadurch das Leben.

Der Unbekannte ist gleichzeitig zutiefst dankbar und beschämt: Wie er nämlich dem König gesteht, war er ihm zur Einsiedelei mit der Absicht gefolgt, ihn auf dem Rückweg zu überfallen und zu ermorden! Als aber die Stunden verstrichen und der König nicht wiederauftauchte, hatte er sein Versteck verlassen und war von der königlichen Eskorte entdeckt und verwundet worden. Mit dem Mordanschlag hatte sich der Unbekannte an dem König rächen wollen, da dieser seinen Bruder getötet und die Ländereien seiner Familie konfisziert hatte. Die Rede des Mannes erfüllt den jungen König mit Reue. Er gesteht seine Übeltat ein, erstattet dem Mann seinen – erheblich vermehrten – Besitz zurück und gelobt, fortan ein besserer Herrscher zu sein. Der Mann seinerseits schwört, den König sein Leben lang zu beschützen und ihm treu zu dienen, und die beiden trennen sich, ausgesöhnt, als Freunde.

Nach diesem Offenbarungserlebnis erinnert sich der König wieder an den Grund seines Aufstiegs zur Einsiedelei und stellt dem

Weisen abermals seine drei Fragen: Wer ist der Mensch, mit dem es am wichtigsten ist zusammenzusein? Was ist das Wichtigste, das man tun sollte? Wann ist es am wichtigsten, daß man es tut? Der Weise lächelt und versichert dem König, er habe die Antworten bereits erhalten. Der König ist ratlos, und der Einsiedler sieht sich gezwungen, das seiner Meinung nach Offensichtliche auszusprechen. Der Mensch, mit dem es am wichtigsten ist zusammenzusein, ist derjenige, mit dem man gerade zusammen ist. Wäre der König nicht beim Alten gewesen und hätte mit ihm den Garten bestellt, wäre er unweigerlich dem Mordanschlag zum Opfer gefallen. Das Wichtigste, was man tun sollte? Demjenigen, mit dem man zusammen ist, nützlich sein, denn auf diese Weise wurde eine Blutrache vermieden und fand eine Versöhnung statt. Und der wichtigste Zeitpunkt, etwas zu tun? Nun, jetzt natürlich, denn, wie Tolstoi schreibt, »das Jetzt ist der einzige Zeitpunkt, über den wir Gewalt haben«.

In Tolstois Geschichte war der König ein »Wohner an der Schwelle«, der einen *rite de passage* durchmachte und zur Weisheit gelangte. Er ließ alle äußerlichen Attribute des Königtums am Fuße des Berges zurück und begab sich, erniedrigt und aller Anmaßung entblößt, auf die Suche nach Antworten. Erst in der ungewohnten Rolle des Arbeiters und Dieners lernte er Vergebung und Mitgefühl kennen. Der König war, wie unser Freund Jack, ein glücklicher Mensch, denn er suchte bewußt nach Antworten auf höhere Fragen. Aber selbst wenn wir nicht bewußt nach solchen Antworten suchen, fährt das Leben fort, uns die Fragen zu stellen – und tut dies bisweilen auf eine Weise, die uns das Herz stocken läßt, indem es uns mit einem Ruck den Teppich unter den Füßen wegzieht.

Dunkle Nächte der Seele

Dunkle Nächte der Seele sind ausgedehnte Perioden des »Wohnens an der Schwelle« – Zeiten, da es scheint, als könnten wir dem Boden unter uns nicht mehr trauen, Zeiten, da nichts Vertrautes mehr da ist, woran wir uns halten und woraus wir Trost schöpfen könnten. Wenn wir den festen Glauben haben, daß unser Leiden dem Wachstum dient, können uns solche dunklen Nächte zu Tiefen psychischer und spiritueller Heilung führen, die wir uns buchstäblich nicht hätten träumen lassen können und für die es schwer ist, Worte zu finden, die nicht abgeschmackt oder sentimental klingen.

Hätte ich nicht selbst zwei längere dunkle Nächte und Dutzende kürzerer Schwellenerfahrungen durchgemacht, würde ich mir nicht anmaßen, darüber zu schreiben. Zu sagen, daß sie unerfreulich sind, wäre dieselbe Art verharmlosender Untertreibung, als charakterisierte man Geburtswehen als »unangenehme Kontraktionen«. Ich bin immer der Ansicht gewesen, daß Ehrlichkeit die beste Politik ist, wenn es darum geht, Schmerz zu beschreiben. Als ich, im Alter von 40 Jahren, meine zweite dunkle Nacht erlebte, führte ich ein Tagebuch. Eine Eintragung lautet schlicht: »Mein eigenes Entsetzen erfüllt mich mit Entsetzen. Wenn ich traurig bin, zieht es sich um mich zusammen, und ich kann nicht entfliehen. Es ist, wie dem Tod ins Auge zu sehen – aber *schlimmer*, da ich weiß, daß selbst der Tod kein Ende bedeutet. Das muß die Hölle sein. Es fühlt sich so an, als könnte es in alle Ewigkeit fortdauern. Gibt es überhaupt einen Weg hinaus?«

Mit zehn, während meiner ersten dunklen Nacht, führte ich noch kein Tagebuch, aber die Erinnerung an diese grauenvolle Zeit ist mir noch völlig gegenwärtig. Man schrieb das Jahr 1955. Wir waren gerade auf die andere Seite der Stadt gezogen: eine Entfernung von ungefähr fünf Meilen, die aber für mich ebensogut 5000 hätten sein können, denn alles, was mir vertraut gewesen war – Schule, Freunde, Wohnung und Nachbarschaft –, war nun verschwunden. Verschwunden war auch Teresa, meine Kinderfrau, die bei all ihrer Schüchternheit und Verschlossenheit doch die zentrale Stütze einer einsamen Kindheit gewesen war, bis sie, unmittelbar vor unserem Wohnungswechsel, geheiratet und anderswo eine eigene Familie gegründet hatte.

Ich war verängstigt. Ich hatte Angst vor der neuen Schule, Angst, daß ich keine neuen Freundinnen finden würde, und Angst vor den befremdlichen Regungen in meinem Körper, die den weiblichen Reifungsprozeß ankündigten. Es kam mir so vor, als sei nichts

Vertrautes übriggeblieben, woran ich mich hätte halten können. Selbst die alte Kuscheldecke meiner Kindheit war auf den Müll gewandert. Ich betrat mein neues Zimmer und fand mich in einer *Schöner-Wohnen*-Version vom irdischen Paradies wieder, der idealen Umgebung für eine New Yorker Karrierefrau. Eine grasgrüne maßgefertigte Tagesdecke, dazu passende Vorhänge und anspruchsvolle Siebdrucke harmonierten mit brandneuen Mahagonimöbeln. Niemand hatte mich nach meiner Meinung gefragt. Ich konnte Grün nicht ausstehen. Ich konnte das ganze Zimmer nicht ausstehen, und ich durfte nichts daran ändern oder mich auch nur aufs Bett setzen, ohne die Tagesdecke vorher abzuziehen, weil ich das Ambiente entstellt hätte. Das Schlafzimmer wirkte auf mich wie ein surrealistisches »Holiday Inn«, in dem ich als eine ewige Fremde würde wohnen müssen, der es streng untersagt war, die geringste Spur ihrer Anwesenheit zu hinterlassen.

Praktisch unmittelbar nach dem Einzug in die neue Wohnung setzten bizarre Halluzinationen und Zwangsvorstellungen ein. Jeden Abend schlief ich im fremden Zimmer, in einem fremden Körper, in einem fremden Leben ein und wurde regelmäßig von einem Geräusch geweckt, das ich für das Klirren zerbrechenden Glases hielt. Meine zehnjährige Psyche hatte eine Folge von »Boston Blackie«, einer Krimiserie der 50er Jahre, und einen Dokumentarfilm über das Leben südamerikanischer Indianerstämme zu einer urtümlichen Landschaft des Grauens verschmolzen. Ich stellte mir vor, mit Giftpfeilen bewaffnete Kopfjäger seien dabei, kreisrunde Löcher in alle Fenster des Hauses zu schneiden, um meine nichts Böses ahnende Familie zu töten.

Ich glaubte, nur ich könnte sehen, was sich ereignete, und nur ich könnte uns vor dem Grauen eines gewaltsamen, entsetzlichen Todes bewahren. Ich war davon überzeugt, unsere Rettung hänge davon ab, daß ich seltsame stereotype Handlungen durchführte, die – ebenso wie meine Zerstörungsphantasien – immer zahlreicher und komplexer wurden. Skorpione, Schlangen und andere giftige Tiere krümmten sich angriffsbereit in meiner Vorstellung, nur einen Atemzug davon entfernt, durch einen dünnen Schleier zu springen, der das nichtmanifeste Reich vom realen Wohnzimmerfußboden trennte. Es war an mir, sie daran zu hindern, leibhaftig zu erscheinen und Gift und Verderben zu verbreiten.

Ich entwickelte die klassischen ritualisierten Verhaltensformen, die die Zwangsneurose kennzeichnen. Ich wusch mir die Hände mehrere dutzendmal am Tag, zum Teil aus der ständigen Angst heraus, mit allerlei Giften verseucht zu sein, zum Teil als ein Ritual mit dem Zweck, die alptraumhaften Schrecken daran zu hindern, real zu werden. Meine Rede wurde langsam und gequält, weil ich jedes Wort, das ich auszusprechen gedachte, visualisieren und dann

die
einzelnen
Wörter
in
einer
senkrechten
zentrierten
Liste
anordnen
mußte,
bevor
ich
sprechen
durfte.

Wenn ich las, dann meist von unten nach oben und rückwärts, und ich mußte den ganzen Text ohne Unterbrechung dreimal durchlesen. Ich war sicher, wenn ich es zuließ, daß mich etwas unterbrach, würden die Alptraumgeschöpfe zum Leben erwachen und uns alle töten. So packte mich schon beim geringsten Anzeichen, ich könnte außerstande sein, das notwendige Ritual zu vollenden, das nackte Entsetzen. Einige Wochen nach Ausbruch der Krankheit wurde ich in der Schule hysterisch, als die Mathematiklehrerin versuchte, meine Klassenarbeit an sich zu nehmen, ehe ich das Ritual abgeschlossen hatte, jede Rechenaufgabe dreimal auszuradieren, bevor ich das Ergebnis hinschrieb. Als ich mit der Lehrerin im Krankenzimmer ankam, war ich bereits davon überzeugt, mein Körper sei mit winzigen roten Punkten übersät – 100fach zerstochen von den Giftpfeilen der Kopfjäger, die mir den Korridor entlang folgten, gefährlich nahe daran, den Nebeln zu entsteigen und zu greifbarer physischer Form zu gerinnen.

Die Krankenschwester rief meine Mutter an. Beide schienen sehr zornig auf mich zu sein, weil ich ein böses Mädchen gewesen war. Die schlimmste Strafe bestand darin, zum Psychiater geschickt zu werden. Ich ging mit dem Gefühl hin, meine Familie im Stich gelassen zu haben. Ich erinnere mich noch heute, wie ich auf einem Stuhl vor seinem großen Schreibtisch saß. Voller Scham und mit kompensatorischer Forschheit erklärte ich ihm, ich sei zu einem reinen Höflichkeitsbesuch da. Er stellte mir ein paar Fragen, dann setzte er mich an einen Tisch, gab mir Papier und Wachsmalstifte und ließ mich allein, damit ich ein Bild malte. Ich zeichnete ein Haus, aus dessen Schornstein Rauch in eng gekräuselten Kringeln aufstieg. Woher ich das wußte, ist mir nicht klar, aber ich begriff sofort, daß die engen Rauchkringel die besinnungslose Wut darstellten, die ich meiner Mutter gegenüber verspürte, weil sie mir nicht erlaubte, ich selbst zu sein. Da ich weder sie noch mich verraten wollte (brave Mädchen durften nicht in Zorn geraten, noch viel weniger in besinnungslose Wut), zerriß ich das Blatt in kleine Fetzen.

Der gute Doktor kam zurück und sah die Bescherung. Ziemlich selbstgefällig teilte ich ihm mit, ich durchschaute seine kleinen Tricks, ich wüßte, daß er meine Zeichnungen analysieren wolle, und ich hielte ihn für ziemlich hinterhältig. Wenn er etwas über mich wissen wolle, dann möchte er doch bitte einfach fragen. Also unterhielten wir uns, und ich merkte, daß ich ihn mochte. Ich glaube, ich hätte es zuletzt wohl geschafft, ihm zu vertrauen. Am Ende der Stunde bat er mit meiner Erlaubnis meine Mutter herein. Er erklärte ihr, ich hätte zuwenig Freiheit, ich sei zu sehr eingesperrt. Man solle mir erlauben, mich auszudrücken, mit Freundinnen ins Kino zu gehen, selbst zu entscheiden, was ich mochte und was nicht. In ihrer Seelenpein und Angst verlor meine Mutter alle Beherrschung. »Aber ich liebe sie! Ich tue alles nur zu ihrem

Besten! Ihr Psychiater seid doch alle gleich, immer gebt ihr der Mutter die Schuld!«

Als wir die Praxis des Psychiaters verließen, wußte ich, daß meine Mutter mich da nicht wieder hinbringen würde. Ich glaubte, ich würde entweder sterben oder wieder gesund werden. Und ich wußte, daß ich den Weg allein und ohne fremde Hilfe würde gehen müssen. Und so ist es auch. Aus solchen Erfahrungen kommen wir entweder verwandelt heraus oder gar nicht, weil wir sie – im wörtlichen oder bildlichen Sinne – nicht überleben. Während dunkler Nächte wird unser Glaubensgebäude in Frage gestellt, und wir werden in einen Kampf auf Leben und Tod gegen die Kräfte unseres eigenen und des kollektiven Unbewußten gestoßen. Aus einer Vielzahl verschiedener Gründe – Verlust, Schuld, Trauma, Scham, Krieg, Schock – hört die Welt, wie wir sie kennen, auf zu existieren, und uns verbleibt nicht eine Handbreit vertrauter Boden, auf dem wir stehen könnten. Daran kann sich eine Periode der Angst, des Zweifels, des Entsetzens, der Depression oder des Wahnsinns anschließen.

Die Krise löst sich auf eine von drei möglichen Weisen auf. Nach einer Periode des Leidens erholen wir uns langsam wieder, und das Leben geht auf dieselbe mehr oder weniger unterschwellig unbefriedigende Weise weiter wie zuvor. Unsere Angst, Erregung oder Depression nimmt so extreme Züge an, daß wir entweder Selbstmord begehen oder für immer in der Wüste des Wahnsinns verbleiben. Oder aber wir kommen transformiert wieder heraus, von neuer Kraft, Weisheit und Zielstrebigkeit erfüllt. Im weiteren Verlauf dieses Buches werden wir uns mit der Frage beschäftigen, welche Möglichkeiten wir haben, die Krisen »liminaler Perioden« und dunkler Nächte der Seele so zu bewältigen, daß sie uns zur Transformation führen.

Die dunkle Nacht meiner Kindheit löste sich auf eine sehr bemerkenswerte Weise von selbst auf. Das Leben war zu einem völligen Stillstand gekommen. Als aus den Wochen der Seelenqual und des Wahnsinns Monate wurden, mußte ich schließlich die Schule verlassen. Nach einigen Tagen zu Hause war ich sogar noch tiefer in eine Hölle hineingeraten, die ich niemandem mehr verständlich zu machen versuchte. Ich war ausgelaugt, des Kämpfens müde. Wie lange kann ein einzelnes Kind die Heerscharen der Finsternis schon aufhalten?

Irgendwann während dieser Periode verspürte ich den Drang, ein Gedicht zu schreiben. Für mich ist Dichtung schon immer die Stimme meiner tiefsten Empfindungen gewesen, meiner tiefsten Wahrheit. Selbst wenn unser altes Ich stirbt, bleibt das unsterbliche Selbst in unserem innersten Kern vom Schmerz unberührt. Tatsächlich erreichen uns Botschaften des weisen Selbst bisweilen klarer in Form von Träumen, Gedichten und Intuitionen, weil dann unsere alten Wahrnehmungen die Wirklichkeit nicht mehr so stark filtern. Dieses bestimmte Gedicht fiel mir eines Tages ein, während ich auf unserer Veranda saß und über die zu neuem Leben erwachenden Blumenbeete hinweg in die Ferne sah.

Das Licht

Irgendwo in dunkelster Nacht
hält immer ein kleines, helles Licht die Wacht.
Dies Licht hoch in den Himmel strahlt,
zu helfen unsrem Gott, der auf uns gibt acht.
Wenn ein kleines Kind geboren ist,
das Lichtlein seine Seele schmückt.
Und wenn nun unsre Menschenaugen
hinauf in lichtlose Himmel schauen,
wissen wir doch, obwohl wir es nicht sehen,
daß ein kleines Licht brennt weit in die Nacht
zu helfen unsrem Gott, der auf uns gibt acht.

Ich sagte mir dieses Gedicht oft auf. Es war alles, woran ich mich halten konnte – alles, abgesehen von den gelegentlichen Besuchen meines älteren Bruders Alan, der zu jener Zeit in Harvard studierte. Er hörte mir zu. Er war da. Wahrscheinlich verdanke ich mein Leben und meine geistige Gesundheit ein paar Gesprächen, die wir damals führten und die er vermutlich inzwischen längst vergessen hat. Er war eine rettende Insel für mich, denn meine Eltern wußten einfach nicht mehr, was sie tun sollten. Da die Ängste meiner Mutter verhinderten, daß ich professionelle Hilfe bekam, hielt ich mich, so gut es eben ging, aus eigener Kraft aufrecht – was meine Eltern zweifellos in ihrer Meinung bestärkte, meine Situation sei in Wirklichkeit nicht sonderlich ernst zu nehmen.

Dann, als die Tage und Wochen verstrichen und ich weiterhin der Schule fernblieb, begriff ich, daß ich mich vielleicht nie wieder erholen würde. Vielleicht würde ich für den Rest meines Lebens in der Hölle eingesperrt bleiben. Es war schon Frühling, und jeden Sommer fuhr ich in ein Ferienlager für jüdische Mädchen, das ich wirklich liebte. Es war ein Ort, an dem ich kreativ sein konnte, ein Ort, an dem ich allmählich begann herauszufinden, wer ich war. Die Erkenntnis, daß ich vielleicht nie wieder ins Feriencamp fahren würde, nie wieder im Kiefernwäldchen sitzen und den Frieden und die Stille spüren könnte, nie wieder die alten Gebete singen sollte, die eine frühe spirituelle Erfahrung für mich gewesen waren, mobilisierte meine ganze Willenskraft. Ich beschloß, daß ich entweder sofort anfangen würde, wieder normal zu werden, zur Schule zurückkehren, ins Camp fahren und mein Leben wieder in den Griff bekommen – oder daß ich genausogut sterben könnte. Ich zwang mich, der Finsternis standzuhalten, selbst wenn es den Tod für mich bedeuten sollte.

Am nächsten Morgen stand ich auf und ging in die Schule. Als das Bedürfnis, mir die Hände zu waschen, unerträglich wurde, sagte ich mir einfach das Gedicht auf. Ich war starr vor Entsetzen, aber das Entsetzen war nichts Neues für mich. Schlimmer, als es schon war, hätte es gar nicht mehr werden können. Als ich die Kopfjäger halluzinierte, blieb ich auf meinem Platz sitzen und tat meine Arbeit. Wenn sie mich erwischten, dann erwischten sie mich eben. Als ich den Drang verspürte, bevor ich sprach, im Geist eine zentrierte Wortliste zu erstellen, sprach ich sofort. Ich wartete darauf, daß sich der Fußboden mit Schlangen und Spinnen bedeckte. Er tat es nicht. Ich wartete darauf, daß die Kopfjäger uns alle töteten. Sie taten es nicht. Binnen weniger Tage hatte die ganze Zwangsneurose geendet.

Das Selbst

Die Zwangsneurose ist eine oft therapieresistente psychische Krankheit, die ein Leben lang fortdauern kann. Andererseits kann sie bisweilen – aus keinem bekannten Grund – wieder von selbst abklingen. Sie ist oft erblich, und die Rituale – wie das Händewaschen – ähneln so häufig dem Pflegeverhalten, daß manche Forscher glauben, das Zwangssyndrom werde durch einen »Tic« in demjenigen Teil des Gehirns verursacht, der für diese instinktiven Verhaltensprogramme zuständig ist. Rund der Hälfte der Zwangssyndrompatienten kann durch ein Präparat namens Anafranil – allein oder in Verbindung mit einer Verhaltenstherapie – geholfen werden. Die anderen müssen mit ihrem Leiden leben und sind oft außerstande, Schul- oder Arbeitssituationen effektiv zu bewältigen.

Die Psychiaterin Judith Rapoport machte durch ihr vorzügliches Buch *Der Junge, der sich immer waschen mußte* (Goldmann, München 1990) weite Kreise der Öffentlichkeit auf das Zwangssyndrom aufmerksam. Wie viele andere Menschen, die diese Krankheit ohne Hilfe von außen durchgemacht hatten, las ich die Geschichten von Leidensgenossen mit fasziniertem Interesse. Ein Mann, den Dr. Rapoport interviewte, erzählte: »Ein quälender Aspekt meiner Situation als zwanghafter Ritualist war meine Gewißheit, ich sei der einzige Mensch auf Erden, der so wie ich litt, je gelitten hatte und jemals leiden würde. Ich konnte mit niemandem über meine Rituale oder meine Ängste reden. Ich fürchtete und schämte mich.«

Ob man mein Zwangssyndrom mit dem Trauma des Wohnungswechsels, dem Mangel an Freiheit, ich selbst zu sein, oder mit einem nervösen Tic zu erklären versucht – es war mit Sicherheit ein bedeutender *rite de passage*. Ich glaube, daß meine erstaunlich rasch ablaufende Genesung von demjenigen Teil meiner selbst bewirkt wurde, der das Gedicht schrieb und anschließend durch das Gedicht angesprochen wurde – meinem Höheren Selbst. Viele moderne Psychologen, darunter C. G. Jung, Roberto Assagioli und Abraham Maslow, vertraten eine Psychologie des Potentials auf der Grundlage der Erfahrung des Selbst und eines Lebens aus diesem kreativen Seinskern heraus. Dies stellt eine Abkehr von jenen psychologischen Schulen dar, die ohne den Begriff eines Selbst auskommen und in denen »Normalität«, Freuds Zustand gewöhnlicher Traurigkeit, das höchste Ziel ist, das wir anstreben können.

Maslow wies darauf hin, daß wir mit einem höheren Selbst während sogenannter »Gipfelerfahrungen« in Verbindung treten, jener Augenblicke also, in denen wir – von einem Naturerlebnis hingerissen, von einem Kind entzückt, von einem schöpferischen Rausch erfaßt, von Liebe transformiert – vollkommen in der Gegenwart aufgehen. Während dieser Augenblicke der Ganzheit – dieser »heiligen Momente«, wie ich sie gern nenne – verspüren wir Freude, Frieden, Geborgenheit, Einssein, Harmonie, Liebe, Heiligkeit und ein dynamisches Gefühl des Lebendigseins. Dies sind die Augenblicke, die das Leben lebenswert machen, Augenblicke, die eine direkte Antwort auf die Fragen »Wozu bin ich hier?« und »Was ist der Sinn des Lebens?« darstellen.

Während jeder von uns von Zeit zu Zeit mit seiner höheren Natur in Verbindung tritt, stellte Maslow fest, daß manche Menschen einen beträchtlichen Teil ihres Lebens in diesem Zustand verbringen. Von der niedereren Natur mit ihren Zweifeln und Ängsten nicht beeinträchtigt, sind solche »Selbstverwirklicher« liebevoller, nachsichtiger, freudiger und ausgeglichener als der Durchschnitt. In seinem bahnbrechenden Werk *Psychologie des Seins* sagt Maslow über die Selbstverwirklichung:

> Wir können sie als eine Episode oder als eine kurze Anstrengung definieren, in der die Kräfte eines Menschen sich in einer besonders wirkungsvollen und immens genußreichen Weise vereinen und in der er integrierter und weniger gespalten ist, offener für die Erfahrung, idiosynkratischer, vollkommener expressiv oder spontan, voll funktionierend, kreativer, humorvoller, ichtranszendierender, unabhängiger von den niedrigeren Bedürfnissen und so weiter. Er wird in diesen Episoden

ganz real er selbst, verwirklicht seine Möglichkeiten vollkommener, kommt dem Kern des Seins näher, wird menschlicher. (S. 107 f.)

Die Weise, wie Maslow das Zentriertsein im Selbst definiert – als das Gefühl, »integrierter und weniger gespalten« zu sein –, war exakt die Erfahrung, die ich als Zehnjährige machte, als ich das Gedicht »Das Licht« schrieb, und später, als ich es mir aufsagte, um den Mut zu finden, meine zwanghaften Verhaltensweisen abzulegen. Die dunkle Nacht hingegen war eine Erfahrung totaler Zersplitterung, bei der das Zentrum, das meine Persönlichkeit zuvor zusammengehalten hatte, abhanden gekommen war.

Das anschaulichste Beispiel von Zersplitterung ist das klinische Syndrom der Multiplen Persönlichkeit (MP), bei dem der Patient kein beständiges Selbstgefühl hat. Dessen Persönlichkeit besteht vielmehr aus zahlreichen voneinander unterschiedenen Selbsten, von denen jedes zu einer bestimmten Zeit während der Kindheit entstanden ist, und zwar in der Regel als Folge schwerer körperlicher Mißhandlung oder sexuellen Mißbrauchs oder des Erlebens eines traumatisierenden Ereignisses wie eines Todesfalls.

Ein phantasievolles Kind wird sich in einer furchterregenden oder schmerzlichen Situation häufig dissoziieren – »geistig wegtreten«. Diese dissoziativen Zustände können dabei realer werden als das, was gerade tatsächlich geschieht, und buchstäblich eigenes Leben annehmen. Als Folge davon kann das Kind verschiedene unterschiedliche alternierende (einander abwechselnde) Persönlichkeiten entwickeln. Wie Untersuchungen gezeigt haben, beträgt die durchschnittliche Anzahl solcher alternierenden Persönlichkeiten bei MP-Patienten 13. Die eine kann in den Vordergrund treten, um geschlagen zu werden, die andere, um kleinere Geschwister zu versorgen, die dritte, um zur Schule zu gehen, die vierte, um sich inzestuös mißbrauchen zu lassen, die fünfte, um die Beschützerrolle zu spielen, und so weiter. Diese Persönlichkeiten unterscheiden sich nicht nur *psychologisch* voneinander – in dem Sinne, daß sie jeweils ihre eigene »Lebensgeschichte« besitzen –, sondern auch *physiologisch*. Die eine kann allergisch oder kurzsichtig sein, während die anderen das nicht sind. Eine kann Linkshänderin sein, während die anderen Rechtshänderinnen sind. Berichten zufolge scheint es sogar möglich zu sein, daß eine Persönlichkeit alkohol- oder drogenabhängig ist und dann auch nur sie Entzugserscheinungen an den Tag legt.

Unter Hypnose gelingt es den einzelnen Persönlichkeiten oft, sich an den genauen Augenblick ihrer »Geburt« zu erinnern. Anfang der 70er Jahre berichtete der Therapeut Dr. Ralph Allison von der Existenz einer besonderen »Instanz«, die potentiell in jedem an Multipler Persönlichkeit leidenden Menschen vorhanden sei. Anders als die anderen habe diese Persönlichkeit keinerlei Interesse daran, den Körper zu übernehmen und die anderen zu beherrschen. Ihr einziges Interesse sei vielmehr die Integration aller abgespaltenen Persönlichkeiten zu einer gesunden funktionalen Einheit. Tatsächlich leiste sie während der Therapie oft wertvolle Hilfe, weswegen Allison sie als den inneren Selbsthelfer *(Inner Self-Helper)* oder inneren Helfer bezeichnete.

Nach seiner Herkunft gefragt, gab der innere Helfer jedes Patienten, bei dem er angesprochen werden konnte, grundsätzlich die gleiche Antwort. Sinngemäß sagte er stets: »Ich bin schon immer gewesen« und beschrieb sich als eine unsterbliche Wesenheit, die bereits vor der physischen Geburt existierte und nach dem körperlichen Tod weiterexistieren würde. Der innere Helfer ist frei von Angst, Schuldgefühlen, Haß, Zorn, Zweifeln oder Depressionen. Diese Kernpersönlichkeit handelt gütig, weise, liebevoll und barmherzig und bezeichnet sich bisweilen als »Kanal für die Liebe Gottes«. Dr. Willis Harman, der Präsident des Institute for Noetic Sciences, bemerkt, daß die Selbstaussagen des inneren Helfers stark an alte Beschreibungen des Selbst erinnern, wie wir sie von indischen und anderen asiatischen heiligen Texten her kennen. Die im 1. vorchristlichen Jahrtausend entstandenen *Upanischaden* sind einer der Grundpfeiler der indischen Weisheitsüberlieferung. In der *Katha-Upanischad* beispielsweise heißt es:

> Das Selbst . . . wird nicht geboren, noch stirbt es. Nicht hat es einen Ursprung, noch ist es wandelbar. Ungeboren, beständig,

ewig und uralt wird es mit dem Leib nicht getötet ... Feiner als ein Atom, größer als groß, wohnt das Selbst in der Herzenshöhlung jeden Geschöpfs. (Nach der Übertragung von Alfred Hillebrandt)

Die uralten Weisheitslehren und die sich seit einiger Zeit mehr und mehr durchsetzenden Schulen der Transpersonalen Psychologie ähneln sich darin, daß sie »seelische Gesundheit« als die Fähigkeit charakterisieren, aus dem wahren Selbst heraus zu leben – statt durch die falschen Selbste, die in uns entstehen, um uns vor der Angst zu schützen. Im Sonderfall der Multiplen Persönlichkeitsstörung lassen Ängste vollkommen voneinander getrennte Persönlichkeiten entstehen, doch dies ist lediglich die extreme Ausformung eines Phänomens, das wir für völlig normal halten. Wir alle besitzen unterschiedliche Ichzustände, verschiedene Unterpersönlichkeiten. Der Perfektionist, der Selbstkritische, das arme Opfer, der Retter, der Held, der Nörgler, der Selbstzerstörer – all das sind weitverbreitete falsche Selbste, die, wie ich in *Ich bin, wie ich bin* ausführlich beschreibe, als Reaktion auf Kindheitsängste entstehen. Diese verschiedenen Selbste sind eindeutig nicht das, was wir wirklich sind: Sie sind lediglich die vertrauten Masken, die wir in bestimmten Situationen tragen, weil sie uns in unserer Kindheit ein Gefühl der Sicherheit vermittelten.

Als ich im Alter von zehn Jahren anfing, gegen die Dämonen der Finsternis zu kämpfen, war meine Maske schon recht gut ausgebildet. Das kleine brave Mädchen war höflich, schüchtern und perfektionistisch. Mein Zimmer war stets mustergültig aufgeräumt, meine Hausaufgaben immer in Rekordzeit fertig, und ich nahm nach der Schule noch eine Menge Privatstunden. Aber die interessantesten Teile von mir waren in jenes Hinterland des Bewußtseins abgedrängt worden, das C. G. Jung den Schatten nannte und das der Dichter Robert Bly als »den Seesack, den wir hinter uns herschleifen« bezeichnet. In diesem »Seesack« befinden sich all die Dinge, von denen jemand, dessen Zustimmung wir als Kinder brauchten, uns einmal sagte, sie seien nicht gut genug. So ist der Seesack vollgestopft mit Emotionen, Talenten und Gedanken, die Ausdrucksformen unserer Einzigartigkeit sind. Er ist voll von unserer »wilden und saftigen Substanz«.

Mein Schatten war angefüllt mit Liedern, für die meine Stimme »nicht gut genug« war, und Bildern, für die mein Talent als Malerin nicht ausreichte. Er war voll von »unschicklichen«, nicht »standesgemäßen« äußeren Attributen wie langem Haar, baumelnden Ohrringen und Ledersandalen. Er war auch voller Wut darüber, beschämt worden zu sein, und Trauer darüber, daß ich nicht als das geschätzt und geliebt werden konnte, was ich war. Die Wut entfachte rebellische Phantasien von Flucht und Vergeltung. In meiner Vorstellung rannte ich von zu Hause weg und floh nach New York City, wo ich mir meinen Lebensunterhalt in einem Tanzlokal verdiente und schließlich einen Seemann heiratete. Das würde meiner Mutter eine Lehre sein!

Unnötig zu sagen, daß unsere Handlungen oft selbstzerstörerischer Natur sind, wenn wir aus dem Schatten heraus handeln. Das ist zumindest *ein* sehr guter Grund, den Schatten zu erforschen – die innere Dunkelheit, die von Emotionen, Phantasien und Talenten wimmelt. In demselben Ausmaße, in dem unser bewußter Kontakt zu den Schattenenergien abgerissen ist, sind wir unvollständig. Wir leben aus einem falschen Selbst heraus, während die kreativen Energien brachliegen. Hinzu kommt noch, daß, wenn wir den »Schatten-Seesack« nicht ausleeren, der Inhalt über kurz oder lang in Gärung übergeht und Gase entwickelt. Den dadurch entstehenden Druck können wir dadurch vermindern, daß wir die Inhalte unseres Schattens auf andere projizieren: andere Menschen als zornig oder eifersüchtig ansehen, weil wir es nicht ertragen können, diese Emotionen in uns selbst wahrzunehmen. Doch solange wir das tun, gehen wir buchstäblich in Angst vor unserem eigenen Schatten durchs Leben. Den »Innendruck« können wir auch dadurch senken, daß wir die Inhalte des Schattens auf eine dramatischere Weise von uns abspalten – als Kopfjäger, Schlangen und Skorpione oder, wie der gute Dr. Jekyll es tat, als unseren eigenen, privaten Mr. Hyde!

Wie C. G. Jung bemerkte, wird man nicht dadurch erleuchtet, daß man sich Lichtgebilde vorstellt, sondern daß man sich die

Dunkelheit bewußtmacht. Zu keiner Zeit sind wir uns der Dunkelheit mehr bewußt als während einer dunklen Nacht der Seele. Und zu keiner anderen Zeit sind wir uns des Lichts weniger bewußt, obgleich es uns nie verlassen hat. Durch sein Verborgensein zwingt es uns, an der Schwelle zu stehen und um unsere Erneuerung zu kämpfen. Wenn wir es schaffen, darauf zu vertrauen und daran zu glauben, daß unsere dunkle Nacht im Dienste des Lichts steht, dann können wir auch die Wehen des Übergangs ertragen und die Arbeit tun, die erforderlich ist, um die Geburt einzuleiten.

VIERTES KAPITEL

Was wäre, wenn? Grundüberzeugungen in einen neuen Bezug setzen

Wahrlich, gerade in der Finsternis
findet man das Licht,
wenn wir also verzweifeln,
dann ist uns dieses Licht am nächsten.
Meister Eckhart

Ein paar Tage vor Weihnachten 1985 entdeckte ich einen Knoten in meiner Brust. Er war immerhin so verdächtig, daß er operativ entfernt werden mußte. Während der Woche vor dem Eingriff kehrten meine Gedanken immer und immer wieder zur Frage »Was, wenn?« zurück. »Was, wenn der Knoten sich als völlig harmlos erweist?« war eine Frage, die ich mir ein einziges Mal stellte, weil sie nicht zu Grübeleien führte. Das, worin sich mein Bewußtsein verbiß, waren vielmehr die Implikationen und Konsequenzen der Alternative: »Was, wenn der Knoten sich als ein Krebsgeschwür entpuppt?« Daraus ergaben sich nämlich ganze Scharen weiterer »Was-wenn«-Fragen. Was, wenn sich Metastasen gebildet haben, was, wenn ich eine Chemotherapie brauche, was, wenn ich sterbe?

Diese »Was-wenn«-Fragen wiederum führten mich zur Frage nach der Bedeutung, dem Sinn des hypothetischen Krebses. War er wirklich eine Erweckungserfahrung, eine archetypische dunkle Nacht der Seele, die mein Leben bereichern, meinen Glauben festigen und mich zur Freiheit führen würde – war er das, was ich im einleitenden Gleichnis eine »Erste Geschichte« genannt habe? Oder war diese ausgemalte Katastrophe ein bedeutungsloses Ereignis in einem einzig vom Zufall regierten Universum? Oder schlimmer noch, war es alles meine Schuld – das Resultat negativen Denkens, die Strafe für meine Sünden oder die Auswirkung »schlechten Karmas«? Glücklicherweise erwies sich die Geschwulst als gutartig. Und auch wenn ich, bedingt durch die Geschichten, die ich mir hinsichtlich ihrer Bedeutung zurechtlegte, erhebliche Seelenqualen durchmachte, lernte ich durch diese Erfahrung eine ganze Menge über meine grundlegendsten Überzeugungen.

Nachdem wir Gelegenheit gehabt haben, uns Gedanken darüber zu machen, wie wir unsere Glaubensgebäude formulieren und gläubig werden, möchte ich Ihnen nun einige nicht furchterregende Alternativen zur Frage vorstellen, warum schreckliche Dinge geschehen, und zu dem Zweck furchterregende »Was-wenn«-Fragen in hoffnungsvollere, aber realistische Bezüge setzen. Nach jeder Aufforderung, ein neues »Was-Wenn« zu durchdenken, werden Sie eine entsprechende Affirmation finden. Wenn es sich gut anfühlt, versuchen Sie, sie ein paarmal laut zu wiederholen.

Was, wenn du ein Fragment eines größeren Bewußtseins bist?

Solch ein Fragment kann als ein kreativer Impuls gedacht werden, der zugleich einzigartig ist *und* aus derselben Essenz besteht wie alle anderen Seelen. Als ausgebildete Medizinerin schätze ich diese Metapher ganz besonders. Alle Zellen unseres Körpers – der Augen, Ohren, Muskeln, des Herzens, der Leber und so weiter – sind mit sämtlichen Informationen, mit der vollständigen »Intelligenz« des gesamten Körpers ausgestattet. Theoretisch könnte aus einer einzigen Zelle eine komplette Reproduktion, ein »Klon«, des Körpers gezüchtet werden. Analog dazu ist die schöpferische Intelligenz des Universums vollständig in jedem seiner Teile gegenwärtig. Wir sind gleichsam Hologramme des Einen Geistes.

Ich bin ein Kind des Einen Lichts.
Die Weisheit des Universums ist in mir zugegen.

Was, wenn der Eine Geist sich durch seine Schöpfungen erkennt?

Die gleiche Lebenskraft, die einen Eichbaum aus einer Eichel, einen Berg aus dem flüssigen Erdkern, einen Bach aus der Frühlingsschneeschmelze, ein Kind aus einer Eizelle und einem Spermium, eine Idee aus dem Geist eines Menschen hervorgehen läßt, ist in allen Dingen, allen Gedanken und allen Erfahrungen gegenwärtig. Es gibt keinen Ort, wo Gott nicht wäre. Der Eine Geist lebt seine Geschichten und erkennt sich, indem er die von ihm erschaffenen Spiegelungen gewahrt, dennoch ist er zugleich in diesen Spiegelungen gegenwärtig.

Gott ist in allen Dingen und allen Erfahrungen gegenwärtig.
Das Universum erkennt sich und dehnt sich aus
durch mich.

Was, wenn der Sinn meiner Existenz darin besteht, wahrhaft liebend zu werden und durch diese Liebe den Weg zurück zum göttlichen Ursprung zu finden?

Denken Sie an Zeiten zurück, da Sie sich am menschlichsten gefühlt haben – beim Anblick eines Sonnenuntergangs, vor den glänzenden Augen eines Kindes, bei einer selbstlosen Hilfeleistung, von dem Frieden erfüllt, den echtes Vergeben schenkt. In diesen liebevollen Momenten fühlen wir uns mit einem größeren Ganzen verbunden. Liebe ist das Thema vieler der Ersten Geschichten, die uns als Wegweiser in die Urheimat zurückgelassen wurden: die vergebende Liebe des Vaters zum verlorenen Sohn, die selige Liebe der Gopis zu Krischna, die reine und hingebungsvolle Liebe Maria Magdalenas zu Jesus. Die schlichte menschliche Liebe des Prinzen, der Schneewittchen aus ihrem todesähnlichen Schlaf erweckt.

Ich bin jetzt bereit aufzuwachen.
Mein Höheres Selbst ist voller Liebesgeschichten.

Was, wenn wir unsere Freiheit dadurch finden, daß wir gegen die Finsternis kämpfen?

Was wäre Luke Skywalker ohne Darth Vader? Wie hätte Jakob den Fluß Jabbok überqueren und sein neues Leben einfordern sollen, ohne zuvor mit dem Engel gerungen zu haben, der seine Hüfte ausrenkte? Wäre Camelot so lieblich gewesen, wenn es Artus »auf einem Silbertablett« überreicht worden wäre? Dunkle Nächte können Erste Geschichten von Freiheit wachrufen, oder sie können uns in unserem Glauben bestärken, wir seien machtlos. Es ist an uns, zwischen Abhängigkeit und Freiheit zu wählen. Darin besteht unsere Willensfreiheit.

Die Dunkelheit ist der große Erwecker.
Indem ich mich Widrigkeiten stelle, kann ich meine Freiheit finden.

Was, wenn du unsterblich bist?

Stellen Sie sich vor, die Hülle aus Fleisch, in der Sie gegenwärtig stecken, sei ein Raumanzug, den Sie benötigen, um sich in einer fremdartigen Welt bewegen zu können. Sie haben vorübergehend vergessen, daß Sie diese Schutzkleidung angezogen haben, um ein Abenteuer zu bestehen, und glauben jetzt tatsächlich, Sie *seien* dieser Anzug! Stellen Sie sich nur Ihre Überraschung im Augenblick des »Todes« vor. Ihr – nunmehr überflüssig gewordener – Raumanzug fällt von Ihnen ab, und Ihre Seele steigt wieder zum Licht empor, aus dem Sie einst hervorgegangen sind. Dort, in Gegenwart einer übermenschlichen Liebe, wird Ihnen geholfen, dieses Leben – das Ihnen im nachhinein eher wie ein Traum erscheint – noch einmal zu betrachten und die Geschichten zu beurteilen, die Sie ausgesponnen haben. Waren es Geschichten von Liebe und Freiheit, oder sind Sie eingeschlafen und haben Geschichten von Angst geträumt?

Ich kann jetzt aufwachen.
Ich kann mich dafür entscheiden, an den Sieg der Liebe über die Angst zu glauben.

Was, wenn sich am Ende herausstellt, daß all die Dinge, die mir jetzt ungerecht erscheinen, einen Sinn hatten?

Nach Aussage all derer, die nach einer Nahtoderfahrung zurückgekehrt sind, erschließt sich uns in Gegenwart ebenjenes höchsten Lichts der Sinn aller Ereignisse unseres Lebens. Alles ergibt einen Sinn, und wir erkennen, daß wir exakt das Abenteuer durchlebt haben, das unsere Seele brauchte, um den Weg zurück zum Ursprung wiederfinden zu können. Wenn wir zuvor – in anderen Existenzen und anderen Welten – Geschichten der Angst erdichtet hatten, die die Ersten Geschichten der Liebe verbargen, mußten wir uns diesen Ängsten stellen und sie überwinden.

Mir sind die Bedingungen gegeben, die ich benötige,
um erwachen zu können.
Richtig gesehen, birgt jede Situation
die Samen der Freiheit in sich.

Was, wenn du alle Hilfe hast, die du brauchst, um deinen Weg zurück ins Licht zu finden?

Unser Höheres Selbst und unsere Führer – Lehrmeister und tröstende Wesenheiten der nichtmateriellen Welt, die uns durch unser ganzes Leben begleiten (manche bezeichnen sie als »Schutzengel«) – versuchen ständig, unsere Aufmerksamkeit zu erregen. Viele Menschen, die Nahtoderfahrungen hatten, sind diesen Führern während ihres Entkörpertseins begegnet und bleiben anschließend mit ihnen in bewußter Verbindung. Doch gleichgültig, ob wir uns ihrer bewußt sind oder nicht, versuchen sie ständig, mit uns zu kommunizieren.

Alle Hilfe, die ich benötige, steht mir zu Gebot.
Ich brauche nur um sie zu bitten.

Was, wenn der Schmerz auch eine Form des Dienens ist?

Wir können dann am tiefsten mit anderen mitleiden, wenn eigenes Leid unser Herz gebrochen hat. Wir werden dann zu dem, was Thornton Wilder einen »Soldaten im Dienste der Liebe« nannte.

Nur wer »von den Rädern des Lebens zerbrochen wurde«, so Wilder, kann auf diese Weise dienen. Eine Mutter, die ihren Sohn verloren hat, kann für andere verwaiste Eltern zu einem hellen Licht der Hoffnung werden. Ein Mensch, der mutig mit dem Krebs lebt oder der entgegen allen Prognosen genesen konnte, ist ein unschätzbarer Helfer für andere, die mit derselben Krankheit ringen. Jemand, der sexuell mißbraucht oder verraten, mißhandelt oder verlassen worden ist und sich durch Vergeben befreit hat, ist besonders dazu befähigt, andere Vergeben zu lehren.

Die Kraft, zu lieben und zu dienen,
wächst durch den Schmerz.
Ich kann anderen Heilung bringen,
indem ich mich selbst heile.

TEIL II

Die Transformation der Angst

Schweigend saß ich am großen Fluß
und bestaunte die Spiegelungen
der Weidenzweige,
die in seinem Dunkel tanzten.

Kleiner Geist krampfte sich wie eine Faust
um das Bild von
Schlangen,
die sich in geheimnisvollem Totentanz
in der Tiefe wanden.

Großer Geist tat sich wie blauer Himmel auf
und hieß das Spiel
willkommen
der Schöpfungsgeschichten der Liebe,
die sich im Spiegel entrollten.

J.Z.B.

FÜNFTES KAPITEL

Angst, Trauma und Transformation

Fürchte dich nicht.
Das Unwirkliche war nie
und wird niemals sein.
Das Wirkliche war schon immer
und ist unzerstörbar.
Bhagavadgita

Anfang der 80er Jahre fuhr ich einmal im Frühjahr nach New York City, um an einer Konferenz über Psychoneuroimmunologie teilzunehmen, die an der New York Academy of Medicine abgehalten wurde. Dort traf ich eine alte Freundin, und am Ende der Veranstaltung machten wir gemeinsam einen Spaziergang in der Spätnachmittagssonne. Als wir direkt am Rand des Central Park eine leere Bank fanden, stellten wir unser Gepäck ab und waren schon bald in die angeregteste Unterhaltung vertieft. So verging vielleicht eine Stunde. Unglücklicherweise waren wir so ausschließlich miteinander befaßt, daß wir die Veränderungen, die auf der Straße um uns herum vor sich gingen, überhaupt nicht bemerkten. Die harmlosen Passanten des Tages hatten sich verlaufen, und mit Einbruch der Nacht kam allmählich ein räuberischerer Menschenschlag zum Vorschein. Mit unseren hohen Absätzen und schweren

Koffern müssen wir zwei Frauen wie eine leichte Beute ausgesehen haben.

Wir wurden erst aus unserer Traumwelt gerissen, als sich zwei großgewachsene Jugendliche näherten und nach der Uhrzeit fragten. Dann verlangte einer von beiden – seine Hosentasche war entweder von einem ausgestreckten Finger oder einer Pistole ausgebeult –, daß wir ihnen Schmuck und Portemonnaies aushändigten. Ich glaube fest an die Intuition, und meine rief mir sofort zu: »Keine Sorge, es ist nur ein Finger!« Also sprang ich schreiend auf und jagte (aus Angst, in der Zwischenzeit könnte mich jemand anders bestehlen, mit meinem Koffer beladen) die Möchtegern-straßenräuber ein Stück weit in den Central Park hinein in der Hoffnung, jemand Schnelleres oder besser Bewaffnetes würde die zwei Halbstarken zu fassen bekommen.

Meine Kollegin reagierte auf den versuchten Raubüberfall mit der gleichen Beherztheit. Sie checkte die Situation ab und entschied sich – aus was für Gründen auch immer (die meisten meiner Freunde meinen, aus gesundem Menschenverstand) – statt für die Flucht-oder-Kampf-Reaktion für den Totstellreflex. Wäre meine Intuition nicht so stark und so beharrlich gewesen, hätte mein Nervensystem möglicherweise dieselbe Wahl getroffen. In solchen Situationen kommen Entscheidungen aus dem Bauch, nicht aus dem Intellekt. Wenn wir mit einer physischen Bedrohung konfrontiert werden, ist es die Angst, die unsere Überlebensinstinkte mobilisiert und unseren Mut speist. Ein ordentlicher Schreck, und das Herz rast los, die Atmung wird flach und schnell, und schier übermenschliche Kräfte wallen in uns auf, da ein Ausstoß von Adrenalin unseren Stoffwechsel auf volle Leistung schaltet und große Mengen an Zucker und Sauerstoff in die Brennöfen unserer Muskeln befördert. Angst mobilisiert unsere Kraftreserven zum Zweck des Überlebens. Es war ebendiese »Notreaktion«, die mir ermöglichte, mit einem schweren Koffer bepackt die gescheiterten Straßenräuber zu verfolgen.

Wie andere Rudeltiere auch ist der Mensch darauf programmiert anzugreifen, wenn seine Chancen für einen Sieg gut sind, oder zu erstarren, wenn sie es nicht sind. Erstarren ist ein Zeichen von

Unterwerfung, eine Demutsgebärde, und hemmt bisweilen die Angriffslust des Feindes. Ich bin absolut sicher, daß der Mut, der erforderlich ist, um sich vor einem plötzlichen körperlichen Angriff zu retten, weit weniger komplex ist als derjenige, den es bedarf, die moralischen und ethischen Entscheidungen zu treffen, die die Zivilisation über den tierischen Instinkt heben. Aber bevor wir uns im nächsten Kapitel mit diesen höheren Formen von Mut befassen, wollen wir uns einmal näher ansehen, aus welchem Stoff unsere gewöhnlichen und ungewöhnlichen Ängste bestehen.

Wovor fürchten wir uns?

Die elementarste Angst jedes Menschen wurzelt in der Hilflosigkeit der Kindheit – der Zeit, in der wir noch nicht imstande sind, aus eigener Kraft zu überleben, und daher auf den Schutz mächtigerer Artgenossen angewiesen sind. Es ist die Angst davor, zurückgewiesen und verlassen zu werden. Dieses instinktive Grauen geht aus demjenigen Teil der Psyche hervor, der nicht in Worten, sondern in Gefühlen und Bildern denkt. Die weitverbreiteten Alpträume, in denen Kinder meinen, von Ungeheuern verfolgt und aufgefressen zu werden – Alpträume, die sogar bei Kindern vorkommen, die noch nie etwas von Ungeheuern oder Monstern gehört haben –, sind der Ausdruck einer Urangst, deren Wurzeln tief in prähistorische Zeiten zurückreichen, in Zeiten also, in denen verlassene Kinder tatsächlich von Raubtieren verfolgt und aufgefressen wurden.

Die Auswirkungen emotionalen Verlassenseins sind nicht minder schwerwiegend als die physischen Verlassenseins. Babys, die in Waisenhäusern nach Plan gefüttert und gewickelt werden, aber emotional darben müssen, entwickeln oft ein Syndrom, das als »psychischer Hospitalismus« oder »Entwicklungsstörung« bezeichnet wird. Niemand ist da, um zu brabbeln, wenn das Baby brabbelt, um zu lächeln, wenn das Baby lächelt, um dem Kind seine Existenz zu spiegeln. Als Folge dieser emotionalen Deprivation oder Vereinsamung produziert die Hypophyse des Babys zuwenig Wachstumshormon, und das Kind verkümmert trotz adäquater Ernährung. Viele dieser Kinder sterben noch vor Vollendung ihres ersten Lebensjahres, und diejenigen, die überleben, tragen oft schwere psychische Schäden davon. Sie sind unfähig, emotionale Bindungen mit anderen Menschen einzugehen.

Auch einsame Erwachsene sind physisch gefährdet. Herzleiden und Immundefekte werden mit Einsamkeit in Zusammenhang gebracht. Verwitwete, ledige oder geschiedene Männer erkranken häufiger und sterben im Durchschnitt früher als Verheiratete, und umfangreiche epidemiologische Studien belegen, daß die wichtigste Einzelbedingung für eine gute Gesundheit bei beiden Geschlechtern sozialer Rückhalt ist: ein fürsorgliches »Netz« von Verwandten und/oder Freunden. Isolation ist die größte Tragödie für den Menschen und die allgemeinste Form von Streß. Eine ausgezeichnete Darstellung der Auswirkungen von Isolation auf den allgemeinen Gesundheitszustand und auf den Kreislauf im besonderen enthält *Dr. Dean Ornish's Program for Reversing Coronary Artery Disease* (»Dr. Dean Ornishs Programm zur Rückbildung der koronaren Herzkrankheit«). Ich bin mit Dr. Ornish einer Meinung, daß der Mensch auf drei verschiedenen Ebenen Isolation sowie deren Begleiterscheinungen, Angst und Streß, erfahren kann. Diese sind:

Die persönliche Ebene

Die universale psychische Wunde der abendländischen Kultur ist das Gefühl von Minderwertigkeit: Die Seele krankt an der mangelnden Selbstachtung, die dem psychologischen und dem religiösen Pessimismus zugrunde liegt. Die meisten Menschen sind, da sie die tadelnden, beschämenden Stimmen ihrer Eltern verinnerlicht haben, selbstkritisch bis zur Selbstzerfleischung. Sie glauben insgeheim, nichts von dem, was sie tun, sei gut genug, die anderen würden sie nicht mögen, wenn sie wüßten, wie sie wirklich sind, und sie seien selbstsüchtig, schlecht oder einfach nicht so kompetent wie andere.

Die zwischenmenschliche Ebene
Je weniger wir imstande sind, uns selbst zu akzeptieren, desto größere Schwierigkeiten werden wir auch damit haben, das Potential in anderen Menschen anzuerkennen und zu fördern. Statt dessen werden unsere zwischenmenschlichen Beziehungen ein unbewußtes Neuinszenieren alter Verletzungen unseres Selbstwertgefühls in Form von Projektionen auf andere sein, und wirkliche Intimität wird zwangsläufig ein Ding der Unmöglichkeit bleiben.

Die überpersönliche Ebene
Wenn wir uns nicht selbst feiern können, sind wir auch nicht imstande, uns mit dem Absoluten zu vereinigen, da wir uns für unwürdig halten, die »Brautkammer« zu betreten, von der die Mystiker aller religiösen Überlieferungen, Jesus eingeschlossen, gesprochen haben.

Und wenn wir Gottes Liebe nicht empfinden können, weil wir unfähig sind, uns selbst zu lieben, wie können wir jemals glücklich sein? Wie können wir dankbar sein? Der spirituelle Kern scheinbar so verschiedener Religionen wie der unterschiedlichen Glaubensgebäude der amerikanischen Ureinwohner, des Hinduismus, des Buddhismus, des Judentums und des Christentums ist Dankbarkeit. Nach der griechisch-orthodoxen Tradition beispielsweise besteht die Rolle der Menschheit darin, dem Schöpfer die Herrlichkeit seiner Schöpfung wie Lichtstrahlen durch einen Spiegel zurückzuwerfen. Der griechisch-orthodoxe Erzpriester Johannes von Kronstadt sagte: »Wenn ich kein Gefühl der Freude an Gottes Schöpfung verspüre, wenn ich vergesse, Gott die Welt in Dankbarkeit zurückzugeben, dann bin ich auf dem Weg noch nicht sehr weit fortgeschritten. Dann habe ich noch nicht gelernt, wirklich Mensch zu sein, denn einzig durch Danken kann ich je ich selbst werden.«

Die meisten Menschen können sich an Augenblicke erinnern, in denen sie plötzlich ihre Isolation transzendierten und sich einem Zentrum der Liebe und der Kraft, tief in ihrem Inneren, verbunden fühlten. Diese Gipfelerfahrungen oder »heiligen Momente« sind durch ein inniges Gefühl des Einsseins mit der Natur, mit anderen

Menschen und mit dem ganzen Universum gekennzeichnet: Augenblicke, da wir bei einem Sonnenuntergang vollkommen gegenwärtig sind, einen alten Menschen sehen und fühlen, wie sich unsere Augen mit Tränen der Liebe füllen, das Lichtgeschmeide eines betauten Spinnennetzes sehen, unser Kind im Augenblick seiner Geburt, unsere Mutter im Augenblick ihres Todes halten, jemandem vergeben und uns – in diesem Moment – eins mit ihm fühlen. Solche Erfahrungen von Verbundenheit sind geschenkte Zustände der Gnade.

In solchen Momenten stehen wir in Kontakt mit unserer wahren Natur, und die Angst hat vollkommen aufgehört zu existieren. Wo Verbundenheit ist, kann Angst nicht sein, denn der Kern der Angst ist Isolation. Wenngleich solche Augenblicke der Gnade die meisten von uns von Zeit zu Zeit überkommen und unsere ausgedörrten Seelen wie ein kurzer Frühlingsregen erquicken, *genesen* wir nur dann, wenn wir uns den Ängsten stellen, die uns normalerweise isoliert halten. Indem wir dies tun, finden wir Dankbarkeit, Glück und Freiheit.

Persönlichen Ängsten begegnen

Manche Ängste sind personenspezifisch und erlernt. Sie stehen mit bestimmten traumatisierenden oder erschreckenden Umständen in Zusammenhang, die bleibende Warnsignale in unser Nervensystem einprägen. Mein Vater beispielsweise fürchtete sich während des größten Teils seines Lebens vor Hunden, weil er als Kind einmal gesehen hatte, wie seine Mutter von einem Hund gebissen worden war. *Meine* frühsten Erinnerungen an Hunde waren durchaus erfreulicher Natur, also wuchs ich als begeisterte Hundefreundin auf. Angst vor Hunden ist kein angeborener Instinkt – sie ist eine erworbene Überempfindlichkeit. Bei meinem Vater war diese Angst so stark, daß sie ihn viele Jahre lang davon abhielt, ein Haus zu kaufen, weil die neuen Nachbarn einen Hund haben könnten. Analog dazu hatte eine Kommilitonin von mir eine krankhafte Angst vor Nagetieren und mußte ihr Psychologiestudium abbrechen, weil die Vorlesungsräume und die Labors für Rattenversuche zu nah beieinander lagen.

Erworbene Ängste oder Phobien, wie die Angst vor Hunden, Ratten, Schlangen, Brücken, Wasser und so weiter, können oft durch ein einfaches psychologisches Verfahren, die sogenannte »systematische Desensibilisierung«, erfolgreich behandelt werden. Dabei stellt sich der Patient – in tiefer körperlicher und mentaler Entspannung – zunehmend bedrohlichere Angstsituationen möglichst realitätsnah vor. Jemand, der sich krankhaft vor Hunden fürchtet, könnte beispielsweise damit anfangen, daß er sich im Zustand tiefer Entspannung vorstellt, er sähe das *Bild* eines Hundes. Ist dieser Schritt bewältigt, könnte er sich beispielsweise vorstellen, er sähe einen Welpen im Schaufenster einer Zoohandlung. Der nächste Schritt könnte darin bestehen, sich vorzustellen, daß er einen Hund streichelt, der von jemand anders festgehalten wird. Wenn der Patient es schafft, entspannt zu bleiben, während er sich vorstellt, er streichle den Hund, kann er anfangen, die Desensibilisierung im wirklichen Leben zu üben, bis er schließlich dahin gelangt, einen echten lebendigen Welpen zu streicheln.

In meinem ersten Buch, *Gesundheit ist lernbar*, habe ich zahlreiche verhaltenstherapeutische Techniken beschrieben – darunter Entspannung, Bauchatmung, »Reframing« (als bedrohlich empfundene Situationen in einen neuen Bezug setzen) sowie die aufmerksame Beobachtung der Angst anstelle ihrer *Vermeidung*. Diese Techniken helfen häufig nicht nur bei isolierten Phobien, sondern auch bei unspezifischen, lähmenden Ängsten wie der Agoraphobie (»Platzangst«), die solche Ausmaße annehmen kann, daß der Patient es buchstäblich nicht über sich bringt, das Haus zu verlassen.

Tiefere Ängste, also solche, die aus schweren körperlichen oder seelischen Mißhandlungen, Inzest, Krieg oder anderen traumatischen Erlebnissen resultieren, erfordern in der Regel eine komplexere verhaltenstherapeutische und psychologische Behandlung. Das Phänomen der posttraumatischen Belastungsreaktion, das bei vielen Vietnamveteranen zu beobachten war, hat die Therapeuten auf den Umstand aufmerksam gemacht, daß diese Form der Neurose auch bei Menschen vorkam, deren »Schlachtfeld« das Wohnzimmer oder das Schlafzimmer war. Die Therapeuten fangen gerade erst an, Behandlungen für diese schrecklichen Traumata zu entwickeln: Mit ihnen werden wir uns in diesem Kapitel näher befassen, nachdem wir Gelegenheit hatten, kreative Strategien zur Bewältigung weniger beeinträchtigender Arten von Angst zu besprechen.

Es ist ratsam, sich mit der Angst auf all ihren Ebenen auseinanderzusetzen – der physischen, der psychischen und der spirituellen. Ungeachtet ihres etwaigen archetypischen, initiatorischen Aspekts oder »Sinns« kann jede Angst auch wichtige Informationen über Umwelt oder Lebensweise des Leidenden vermitteln. Manche Menschen begehen den Fehler, ihre Ängste falsch oder gar nicht behandeln zu lassen, weil sie sie als »spirituell« etikettieren und die unter Umständen erforderliche medikamentöse Behandlung als »materialistisch« ansehen. Umgekehrt kann es vorkommen, daß jemand eine Angst »medikamentös unter den Teppich kehrt«, die ein Indiz für die Notwendigkeit einer psychospirituellen Heilung sein könnte. Doch bevor man nach den tieferen Wurzeln der Angst sucht, ist es wichtig, die Rolle der Erblichkeit (manche Depressionen und Angstsyndrome sind ererbte biochemische Störungen, die eine entsprechende biochemische Behandlung erfordern), der Lebensweise und der Suchtmittelabhängigkeit als häufig mitwirkende Faktoren der Angst ins Auge zu fassen.

Arzneimittel – ja oder nein?

Manche Menschen machen den Fehler zu glauben, die Einnahme von Medikamenten sei ein Anzeichen persönlichen Versagens oder eine »antispirituelle« Strategie. *Dies ist ein gefährlicher Irrglaube.* Es ist zwar keine Frage, daß allgemein viel zu viele Arzneimittel verschrieben und eingenommen werden. Andererseits ist aber eine vernünftige Medikation – sei es über kürzere Perioden, während der der Patient seine inneren Kraftreserven für eine natürliche Angstbewältigung mobilisiert, sei es über längere Zeiträume, wenn echte biochemische Störungen vorliegen – bisweilen unumgänglich. Beispielsweise können bestimmte Formen schwerer Depression mit extremen Angstzuständen einhergehen. Nun habe ich zwar einige wenige Patienten gehabt, denen es in diesem Zustand gelang, sich mit Hilfe der Zwerchfellatmung und der Meditation selbst zu beruhigen, doch in der Mehrzahl der Fälle waren psychiatrische Hilfe und Psychopharmaka erforderlich, um die Angst zumindest insoweit zu dämpfen, daß der Patient diese Techniken anwenden konnte. Hatte er sich erst einmal mit Bauchatmung und Meditation vertraut gemacht, war es dann häufig möglich, die Dosierung der Tranquilizer unter ärztlicher Aufsicht graduell zu verringern.

Über längere Perioden kann eine medikamentöse Behandlung bei bestimmten Fällen von Depression, manischer Depression oder Psychose erforderlich sein, die oft mit ererbten biochemischen Störungen in Zusammenhang stehen, bei denen die Medikation also nicht den Zweck verfolgt, Symptome zu überdecken, sondern die normale Funktion des Nervensystems wiederherzustellen.

Wenn Patienten, bei denen eine medikamentöse Behandlung erforderlich wäre, sich gegen eine solche sträuben, erzähle ich ihnen den Witz vom Bauern und der Überschwemmung. Als das Wasser die Fenster des Erdgeschosses erreicht, kommt ein Nachbar in einem Boot herübergerudert, um ihn zu retten. Der Bauer lehnt dankend ab: »Ich bin ein gläubiger Mensch. Gott wird mich erretten.« Das Wasser steigt weiter. Als es die Fenster des ersten Stockwerks erreicht, kommt ein zweiter Nachbar in einem Motorboot an. Wieder lehnt der Bauer ab mitzufahren: »Ich bin ein gläubiger Mensch. Gott wird mich erretten.« Schließlich, als der Bauer bereits auf dem Dach seines Hauses sitzt, kommt ein Hubschrauber angeflogen und läßt eine Strickleiter herunter. Abermals lehnt der Bauer ab: »Ich bin ein gläubiger Mensch. Ich bin sicher, daß Gott mich erretten wird.« Schnitt. Als der Bauer wieder zu sich kommt, steht er vor der Himmelstür. »Was ist bloß passiert?« beklagt er sich bei Petrus. »Warum hat Gott mich nicht errettet?« Petrus schüttelt den Kopf und sagt: »Also hör mal, wir haben ein Ruderboot, ein Motorboot und einen Hubschrauber vorbeigeschickt!«

Wieso halten manche Menschen Arzneimittel für »unspirituell«?

Das Wichtigste zuerst

Manchmal hat Angst aber auch nichts oder nur wenig mit biochemischen, psychologischen oder spirituellen Problemen zu tun. Sie kann vielmehr ein Symptom für eine einfache physiologische Störung sein. »Sally«, eine Frau Mitte 20, kam zu mir, um Zwerchfellatmung und andere physiologische Selbstregulierungsstrategien zu erlernen, durch die sie hoffte, ihre chronische Angst lindern zu können. Nachdem ich mir aber durch ein ausführliches Gespräch ein Bild von ihrer Lebens- und Ernährungsweise gemacht hatte, kamen wir darin überein, daß sie zunächst ein paar grundlegende Änderungen vornehmen und erst *anschließend* mit dem psychosomatischen Selbstheilungsprogramm beginnen würde. Sallys Arbeitstag begann regelmäßig damit, daß sie gerade rechtzeitig aufstand, um zu duschen, sich anzuziehen und in der Cafeteria an der Ecke in aller Eile einen Becher Kaffee und zwei Krapfen zu sich zu nehmen. Sie trank dann den ganzen Tag über stark gesüßten Kaffee und kam im Durchschnitt auf acht Tassen täglich. Die einzige Bewegung, die sie sich verschaffte, bestand darin, auf hochhakkigen Schuhen von ihrem Büro zur Tiefgarage zu stöckeln.

Sally beschloß, sich das Kaffeetrinken allmählich abzugewöhnen, indem sie, um Kopfschmerzen und andere Koffeinentzugserscheinungen zu vermeiden, ihren Konsum um täglich eine Tasse verringerte. Sie erklärte sich auch bereit, künftig eine Dreiviertelstunde früher aufzustehen, wodurch ihr genügend Zeit für einen halbstündigen Spaziergang und ein nahrhaftes, kohlenhydratreiches und fettarmes Frühstück aus Haferflocken, Vollkornbrot, ungezuckerter Marmelade und Obst blieb. Sie kaufte sich außerdem Schuhe mit niedrigeren Absätzen, die die Wirbelsäule weniger belasteten und eine entspanntere Atmung ermöglichten. Zwei Monate später war Sallys Angst praktisch verschwunden. In ihrem Fall bestand die kreativste Strategie zur Überwindung der Angst in einer Veränderung der Lebensweise.

Sucht als Ursache von Angst

Obwohl die Gesundheitsbewegung im Laufe der letzten zehn Jahre stark an Bedeutung gewonnen hat, ist Suchtmittelabhängigkeit noch immer eine häufig übersehene Ursache von Angst und/oder Depression, und zwar sowohl bei den Süchtigen selbst als auch bei deren Angehörigen. Jeder zehnte Amerikaner ist Alkoholiker, und entsprechend größer ist die Zahl derer, die durch die Alkoholsucht eines Freundes oder Familienangehörigen direkt mitbetroffen sind. Wenn es um die Heilung von Süchten geht, kann die Psychotherapie nur äußerst bescheidene Erfolge vorweisen – wie C. G. Jung selbst feststellen mußte, als er Bill W. behandelte, den späteren Mitbegründer der heute weltweit operierenden Anonymen Alkoholiker. Jung schrieb Bill W. einen mittlerweile berühmten Brief, in dem er ihm erklärte, der Alkoholismus habe zu stark von ihm Besitz ergriffen, um durch die Mittel der Psychologie geheilt werden zu können, und Bill W.s einzige Hoffnung liege in einer spirituellen Bekehrung. Wie wir wissen, kam es tatsächlich zu einem solchen Bekehrungserlebnis, und dessen Resultat waren die Zwölf Schritte, die von vielen als die stärkste spirituelle Kraft im heutigen Amerika bezeichnet werden.

Die Wirkung der Zwölf Schritte hat mannigfaltige Aspekte. Die Geschichten anderer abstinent werdender Alkoholiker zu hören ist ermutigend und inspirierend, und aus der anonymen Menge der Genesenden ist eine Fülle schlichter Weisheiten und tiefer Wahrheiten hervorgegangen. Die Slogans »Ein Tag nach dem anderen«, »Leben und leben lassen« und »Das Wichtigste zuerst« sind vernünftige und verläßliche Grundsätze für jeden, der ein glückliches, ausgeglichenes Leben führen möchte. Die eigene Machtlosigkeit gegenüber dem Alkohol eingestehen, eine höhere Macht um Hilfe bitten, die Verantwortung für die eigenen Taten übernehmen und verzeihen lernen sind gleichfalls Bestandteile des Programms. Die Verpflichtung, anderen dabei zu helfen, abstinent zu werden und zu bleiben, die jeder Teilnehmer an einem Zwölf-Schritte-Programm eingeht, hat zur Entstehung einer Gemeinschaft geführt, deren Mitglieder ohne Rücksicht auf Rassen- und sonstige Unterschiede gemeinsam nach echtem persönlichem und spirituellem Wachstum streben. Auch für Freunde und Angehörige von Alkoholikern existieren mittlerweile mehrere den Anonymen Alkoholikern nahestehende Hilfsorganisationen, deren bekannteste die Al-Anon ist.

Aufgrund der anästhetisierenden – körperlichen und seelischen Schmerz lindernden – Wirkung des Alkohols laufen Menschen, die unter Angstzuständen oder Depressionen leiden, ganz besonders Gefahr, abhängig zu werden, weil sie den Alkohol als eine Art »selbstverschriebenes Medikament« zur Betäubung ihres Unbehagens verwenden. Wenn die Sucht schließlich den Punkt erreicht, ab dem ein selbstverantwortliches Leben unmöglich wird und das Verhalten des Kranken immer zerstörerischere und selbstzerstörerischere Züge annimmt, »stürzt« der Süchtige oft »ins Nichts«. Ein Autounfall, Probleme am Arbeitsplatz, Kinder, die dem elterlichen Vorbild folgen und selbst alkohol- oder drogenabhängig werden, ein Ehepartner, der sich für die letzte Konsequenz entscheidet und sagt: »Das war's. Ich gehe. Ich kann nicht mehr mit deinem Alkoholismus leben« – das alles sind häufige »Abgrund-Erfahrungen« und echte dunkle Nächte der Seele, die als solche die Chance zu einer Wiedergeburt bieten.

Der Alptraum des Missbrauchs und des Traumas

Zusätzlich zu den häufigen Ursachen, mit denen wir uns gerade beschäftigt haben, gibt es noch eine weitere, nicht minder häufige Ursache von Angst, die indes bis vor rund einem Jahrzehnt weitgehend übersehen worden ist – das schwere traumatische Erlebnis. Vergewaltigung, Mißhandlung und andere Formen physischer Gewalt können, gleich ob im Kindesalter oder in späteren Jahren erlitten, zu tiefer Isolation führen. Bei Soziopathen, die in ihrer Kindheit so schwer mißhandelt oder sexuell mißbraucht wurden, daß sie ohne mit der Wimper zu zucken andere Menschen verstümmeln und töten können, ist die Fähigkeit, zwischenmenschliche Beziehungen einzugehen, praktisch vollkommen verlorengegangen. Aber bis zu einem gewissen Grad leiden alle Opfer traumatischer Erlebnisse an der Seelenkrankheit »Isolation«, die, wie wir sehen werden, zu ihrer Heilung heroische und kreative Maßnahmen erfordern kann.

Als Sigmund Freud erstmals berichtete, daß eine erhebliche Anzahl seiner Patientinnen behauptete, von Vater, Brüdern, Onkeln oder Freunden der Familie sexuell belästigt worden zu sein, schenkten ihm seine Fachkollegen keinen Glauben. Wie konnten sich in der sittenstrengen Oberschicht der k.u.k.-Monarchie solche schmutzigen Geschichten ereignet haben? Durch die kühle Reaktion seiner Kollegen verunsichert, begann Freud, selbst an den Aussagen seiner Patienten zu zweifeln, und ersann schließlich eine weniger anstößige Erklärung für diese Inzestgeschichten: Phantasie und Wunscherfüllung. Wie wir inzwischen wissen, hätte Freud weit besser daran getan, allen Widerständen zum Trotz die Aussagen seiner Patienten und Patientinnen ernst zu nehmen. Heutigen Schätzungen zufolge wurden 20 bis 25 Prozent aller Frauen und 10 bis 15 Prozent aller Männer in ihrer Kindheit sexuell belästigt. Und man vermutet, daß die Mehrheit der weiblichen Strafgefangenen und über 90 Prozent aller Insassinnen von psychiatrischen Kliniken als Kinder sexuell mißbraucht wurden.

Manche dieser Frauen und Männer haben bewußte Erinnerungen an den Mißbrauch, andere wiederum nicht. Traumatisches Material von solcher Brisanz wird häufig so weit ins Unbewußte verdrängt, daß es dem Gedächtnis überhaupt nicht mehr verfügbar ist. Wenn die Person etwas sieht, was sie an das Trauma erinnern könnte (zum Beispiel einen harmlosen Passanten, der genau wie der einstige Täter aussieht), kann die Erinnerung an das Trauma weiterhin im Unbewußten verbleiben, dabei aber ein intensives Angstgefühl auslösen. Ohne ersichtlichen Grund wird die Person dann von Panik, Entsetzen oder dem unüberwindlichen Drang wegzulaufen befallen. Sie fängt an zu hyperventilieren. Die übliche Verfahrensweise bei solchen unerklärlichen Anfällen von Panik besteht darin zu versuchen, sie durch Psychopharmaka in den Griff zu bekommen, oder in eine Papiertüte zu atmen, um das Hyperventilieren zu unterbinden.

Mehrere Patienten, die ich spezielle Atemtechniken zur Beruhigung der Hyperventilation gelehrt habe, konnten sich plötzlich wieder an traumatische Kindheitserlebnisse erinnern. Solche Erinnerungen nennt man »zustandsabhängig«; sie können nur unter der Bedingung abgerufen werden, daß die Person sich in demselben physiologischen Zustand befindet wie in dem Augenblick, als die Erinnerung in das Nervensystem eingeprägt wurde. Wenn der Patient vom Therapeuten aufgefordert wird zu hyperventilieren, kann es vorkommen, daß er sich plötzlich an ein Trauma erinnert. Nach meiner Erfahrung sind viele Frauen, die an Fibrositis (einem nichtspezifischen chronischen Schmerzsyndrom) leiden, in ihrer Kindheit sexuell mißbraucht oder körperlich mißhandelt worden – das gleiche gilt für eine große Zahl von Menschen beiderlei Geschlechts, die unter Anfällen von Panik ansonsten nicht geklärter Ursache leiden.

In solchen Fällen, in denen die aktuelle Angst von traumatischen Kindheitserlebnissen herrührt, besteht die kreativste Strategie zur Angstbewältigung darin, die Erinnerungen an die Mißhandlung zu heilen, anstatt sie weiter zu verdrängen. Eine solche Heilung verlangt dem Patienten viel ab: Er muß sich rückhaltlos dem auslösenden Schmerz öffnen, muß anerkennen, daß ein Kind machtlos ist und daher nicht dafür verantwortlich gemacht werden kann, daß es mißbraucht wurde, muß sich die Wut und das Entsetzen über den erlittenen Mißbrauch eingestehen, muß, wenn es angebracht erscheint, Eltern und/oder Vergewaltiger gegenübertreten, muß das verängstigte innere Kind heilen (was ich in *Ich bin, wie ich bin* geschildert habe) und schließlich zu einem Zustand des Vergebens gelangen, der aus einer tiefen persönlichen Transformation hervorgeht. Wie wir im weiteren Verlauf dieses Buches noch erörtern werden, bedeutet *vergeben* allerdings nicht, den Täter *entschuldigen.* Vergewaltigung und Kindesmißbrauch sind etwas zutiefst Verabscheuungswürdiges und werden es immer sein. Vergeben bedeutet zu begreifen, soweit es eben geht, *warum* solche Menschen solche Taten begehen – meist liegt der Grund dafür in ihrer eigenen leidvollen Kindheit –, und einen gewissen Schlußstrich zu ziehen, durch den man/frau sich von dem Haß befreit, der dem Täter seine über die Tat hinaus fortdauernde Macht verleiht.

Wenn das Kind schwer mißhandelt oder mißbraucht worden und besonders phantasiebegabt ist, kann es zur Entstehung einer Multiplen Persönlichkeit (MP) kommen. Wenn Anfälle von Panik oder psychosomatische Krankheiten von Symptomen wie (nicht durch Alkoholismus oder Drogensucht erklärbaren) Blackouts und auffälligen Persönlichkeitsveränderungen oder längeren Perioden »verlorener Zeit«, an die keinerlei Erinnerung zurückbleibt, begleitet werden, kann MP die Erklärung sein. Noch vor fünf Jahren wußten viele Therapeuten nur sehr wenig über MP, inzestuösen Mißbrauch von Kindern, Kindesmißhandlung, Aufwachsen in gestörten Familien und damit verbundene Angst- oder Panikzustände. Die Auswirkungen traumatischer Erlebnisse wurden auch bei Erwachsenen häufig übersehen.

Erwachsene, die Konzentrationslager, Folter, Krieg, Naturkatastrophen, Gewaltverbrechen, schwere Unfälle, Brände oder andere außergewöhnliche traumatisierende Ereignisse überleben, können eine sogenannte posttraumatische Belastungsreaktion entwickeln. Zu den Symptomen dieses Syndroms kann eine »seelische Betäubung« gehören – ein Sichzurückziehen von der Außenwelt mit der Folge, daß frühere Ursachen von Freude oder Befriedigung für den Patienten ihren Reiz verlieren, eine emotionale Abstumpfung eintritt und die Fähigkeit, Intimität oder zwischenmenschliche Nähe zu empfinden, abhanden kommt. Depression, Angst, Hyperventilation, Herzjagen, verschwitzte Hände, Schreckhaftigkeit und andere Anzeichen für eine erhöhte Erregung des vegetativen Nervensystems sind weitere häufige Symptome, ebenso wie Flashbacks oder »Nachhallpsychosen«, regelmäßig wiederkehrende Alpträume über das auslösende Ereignis und Schuldgefühle (der Patient hat etwas überlebt, was so viele andere das Leben oder die physische Gesundheit gekostet hat). Obwohl die posttraumatische Belastungsreaktion gewöhnlich unmittelbar nach dem Trauma einsetzt, ist es seltsamerweise nicht ungewöhnlich, daß sie sich auch erst mehrere Jahre später bemerkbar macht.

Der fast unglaubliche Umstand, daß mehr Vietnamveteranen nach dem Krieg durch Selbstmord starben als (amerikanische) Soldaten während des Krieges ums Leben kamen, vermittelt einen

Eindruck von der Gefährlichkeit der posttraumatischen Belastungsreaktion. Zählt man zu den Selbstmorden noch die Tatsache hinzu, daß ein hoher Anteil der amerikanischen Stadtstreicher traumatisierte Vietnamveteranen sind, wird die Tragweite dieses Problems noch deutlicher. Die Therapeuten suchen noch immer nach Techniken zur Linderung der posttraumatischen Belastungsreaktion, die oft eine chronische Beeinträchtigung der gesamten Person bedeutet und schwer zu behandeln ist. Anregungen für neue, möglicherweise wirkungsvolle Behandlungsmethoden liefern derzeit zwei ungewöhnliche Quellen: die Schamanen oder Heiler »primitiver« Kulturen und die LSD-gestützte Psychotherapie – die unglücklicherweise fast überall in den Vereinigten Staaten verboten ist, aber, wie wir in den folgenden Abschnitten noch sehen werden, in anderen Ländern mit Erfolg angewandt wird.

Die Reise durch den Bauch des Untiers

Um den begrifflichen Rahmen für die transformative Heilung des Traumas schaffen zu können, müssen wir in das menschliche Unbewußte hineinblicken – bis zu jenen archetypischen Geschichten, die jenseits aller zeitlichen und kulturellen Grenzen existieren. In *Die Kraft der Mythen* zeigt Joseph Campbell die universale Bedeutung von Jonas grauenvollem Erlebnis des Verschlungenwerdens auf:

> Der Bauch ist der dunkle Ort, an dem die Verdauung geschieht und neue Energie erzeugt wird. Die Geschichte von Jona im Wal ist ein Beispiel für ein mythisches Motiv, das praktisch universal ist, das des Helden, der in den Bauch eines Fisches steigt und zuletzt wieder verwandelt daraus hervorgeht . . .
> Psychologisch verkörpert der Wal die im Unbewußten eingeschlossene Lebenskraft. Metaphorisch ist Wasser das Unbewußte, und das Wesen im Wasser ist das Leben oder die Energie des Unbewußten, das die bewußte Persönlichkeit überwältigt hat und entmachtet, überwunden und beherrscht werden muß.

> Im ersten Stadium eines Abenteuers dieser Art verläßt der Held das Reich des Bekannten, über das er ein gewisses Maß von Kontrolle besitzt, und kommt an eine Schwelle, sagen wir an den Rand eines Sees oder Meeres, wo ihm ein Ungeheuer der abgründigen Tiefe begegnet . . . In einer Geschichte vom Typ Jona wird der Held verschlungen und in den Abgrund gezogen, um später wieder aufzuerstehen – eine Variante des Motivs von Tod und Auferstehung. Die bewußte Persönlichkeit ist hier mit einer Ladung unbewußter Energie in Berührung gekommen, die sie nicht zu bewältigen vermag, und muß jetzt alle Prüfungen und Offenbarungen einer entsetzlichen Nachtmeerfahrt über sich ergehen lassen, wobei sie lernt, wie sie mit dieser Kraft der Finsternis ins reine kommt und zuletzt in eine neue Art zu leben auftaucht. (S. 172)

Diese archetypische Erfahrung der Begegnung mit der Finsternis, dem machtvollen Unbewußten, dem Sitz der Lebenskraft, ist in der Tat grauenerregend – wie ich als zwangsneurotische Zehnjährige während meines eigenen Abstiegs in jene von Drachen wimmelnden Urwasser feststellen mußte. Während jener Monate hatte ich immer wieder einen bestimmten Alptraum, der die Geschichte von Jona in leicht veränderter Form wiedergab. In diesem Traum sprang ich in einen See und ließ die bekannte Welt hinter mir zurück, und im Augenblick höchster Ungeschütztheit – auf halbem Weg zwischen zwei Flößen, in tiefem Wasser – wurde ich von einer riesigen Schlange angegriffen, die aus der Tiefe auftauchte, um mich zu verschlingen. In meiner namenlosen Angst konnte ich damals nicht wissen, daß ich nicht der erste oder einzige Mensch war, der diese Erfahrung gemacht hatte. Hätte ich das schon mit zehn gewußt – und wäre ich in der Obhut eines Therapeuten gewesen, der das gleichfalls wußte –, dann hätte ich es vielleicht geschafft, die Macht des Unbewußten viel früher einzufordern.

Als ich später erfuhr, daß die Alpträume und anderen Aspekte meines Zwangssyndroms in biblischen Geschichten und in vielen Mythen der Welt beschrieben werden, gelang es mir, meine Krankheit als eine Erfahrung von Seelenwachstum zu verstehen und zu integrieren, anstatt sie als eine sinnlose Episode von Wahnsinn abzutun. Eine Wunde, die einen Sinn hat, heilt viel schneller und besser als eine sinnlose oder, viel schlimmer, als eine, die als Strafe Gottes oder als ein anderer Beweis eigener Minderwertigkeit interpretiert wird.

Schwere Krankheiten, Traumata, archetypische Alpträume von Tod und Auferstehung und Phasen des Wahnsinns werden auch in Schilderungen schamanischer Initiationen beschrieben. Ein Schamane ist ein Heiler, der die Fähigkeit besitzt, in das Reich des kollektiven Unbewußten »einzudringen«, in dem die Ersten Geschichten schlummern. Wie wir in den folgenden Kapiteln sehen werden, ist dieser Bereich der Psyche auch die Ebene, auf der sich Nahtoderfahrungen abspielen, und der vermutliche Aufenthaltsort der nichtverkörperten Seele. In manchen Kulturen glauben die Schamanen, daß beim Erleiden eines Traumas ein Teil unserer Seele tatsächlich unseren Körper verläßt und aus diesem Reich zurückgeholt werden muß, wenn wir unsere psychische – und oft auch unsere physische – Gesundheit wiedererlangen sollen.

Doch diese metaphorische Reise von Tod und Auferstehung kommt nicht nur in den Ersten Geschichten praktisch aller Kulturen dieser Welt vor – sie kann auch aus dem individuellen Unbewußten von Menschen abgerufen werden, die sich als Versuchspersonen bei Experimenten mit der psychotropen Substanz LSD zur Verfügung stellen. Der Psychiater Stanislav Grof war einer der Wissenschaftler, die in den 50er Jahren im Auftrag der Schweizer Arzneimittelfirma Sandoz die Wirkung von Lysergsäurediäthylamid (LSD-25) erforschten. Er fand heraus, daß die Versuchspersonen unter dem Einfluß der Droge die archetypischen Motive von Prüfung und Erlösung, Geburt und Tod, Vereinigung und Trennung, Liebe und Angst wiedererlebten, die in den Mythen und heiligen Schriften aller Völker geschildert werden.

Als ich Mitte der 60er Jahre erstmals von LSD hörte, hatten Grof und andere Forscher dessen vielfältige Wirkungen bereits zehn Jahre lang untersucht und dabei Regionen des kollektiven Unbewußten »kartographiert«, die unsere persönlichen Geschichten außer Kraft setzen und universale Geschichten erzählen. Diese Regionen sind nicht nur mit Hilfe von LSD zu erreichen. Man kennt sich auch aus Beschreibungen psychotischer Zustände, wie sie bei Schizophrenie und Temporallappenepilepsie vorkommen, aus Schilderungen spontan auftretender Visionen und der religiösen und mystischen Literatur des Abendlandes wie des Ostens. Zu solchen Erfahrungen können real wirkende Begegnungen mit Engeln und Dämonen, Weisheitsführern und himmlischen Richtern gehören, weiterhin Aufenthalte in paradiesischen Städten oder im Bauch verschiedener Ungeheuer, Erfahrungen von Tod und Wiedergeburt, Erinnerungen an vergangene Existenzen und Reisen durch Regionen, die an die Bardozustände (Zwischenstationen der Seele zwischen einzelnen Verkörperungen) des *Totenbuchs der Tibeter* erinnern.

Es ist schon sehr bemerkenswert, daß Menschen verschiedenen Glaubens, verschiedener kultureller Herkunft und mit ganz unterschiedlicher Lebensgeschichte von ähnlichen Visionen berichten – mögen diese nun durch eine Psychose, durch psychedelische Drogen, plötzliche Entladungen von Kundalinienergie, Techniken zur Atemkontrolle, Trancezustände oder religiöse Ekstase als Folge von Fasten, Gebet, Meditation, Kontemplation oder Visionssuche ausgelöst worden sein. In *Jenseits des Todes* bemerkt Stanislav Grof:

> Die Konfrontation mit dem Tod ist nur ein Aspekt der psychedelischen Erfahrung. Ein zweiter wichtiger Aspekt ist das Ringen um eine Wiedergeburt, das viele Personen als ein neuerliches Erleben ihres Geburtstraumas begreifen. Im Prozeß von Tod und Wiedergeburt sind Sterben, Geborenwerden und Gebären eng verflochten. Dem äußersten psychischen und physischen Leiden folgen Erfahrungen der Befreiung, der Geburt oder Wiedergeburt mit strahlend weißen oder goldenen Lichtvisionen. (S. 26)

Grofs Erforschung der sogenannten »perinatalen Grundmatrizen« – der spezifischen Erfahrungen der vier Stadien der Geburt, die während kontrollierter psychedelischer Versuche erlebt werden – ergab verblüffende Parallelen zu mythologischen Motiven, die auf den Prozeß des Seelenwachstums verweisen. Eine sehr ausführliche Beschreibung dieser Stadien und anderer archetypischer Erfahrungen – die übrigens nicht nur durch psychedelische Substanzen, sondern auch durch eine Technik, die Grof und seine Frau und Kollegin, Christina Grof, »holotropes Atmen« nennen, hervorgerufen werden können – findet sich in Stanislav Grofs *Das Abenteuer der Selbstentdeckung*. Vereinfacht ausgedrückt, erlebt der Proband nach Einnahme von LSD unter kontrollierten Laborbedingungen folgende vier geburtsspezifische (»perinatale«) Erfahrungsstadien:

1. Stadium: Das amniotische Universum / kosmisches Verschlungenwerden

Diese erste Phase ist zwiespältiger Natur: Sie repräsentiert einerseits, anfangs, das *ungestörte intrauterine Leben* und ist dementsprechend von Erlebnissen »ozeanischer Ekstase« und des »Einsseins mit dem Kosmos« gekennzeichnet. Andererseits bildet sie in ihrem weiteren Verlauf die *Störungen des intrauterinen Lebens* nach, mit denen sich die Außenwelt in negativer Weise bemerkbar macht und die somit die »psychologische Vorbereitung« auf den eigentlichen Geburtsvorgang darstellen. Während psychedelischer Sitzungen treten in diesem Stadium unangenehme Körperempfindungen, Beklemmung und Zustände heftiger unbegründbarer Angst auf. Bei der Versuchsperson macht sich die Neigung bemerkbar, die Umgebung in paranoiden Kategorien zu deuten. Wenn die Angst an Intensität zunimmt, folgt ihr häufig die Vorstellung, von einem gewaltigen Strudel hinuntergezogen oder, wie in der Geschichte von Jona, von einem riesigen, furchterregenden Ungeheuer verschlungen zu werden.

2. Stadium: Kosmisches Verschlungenwerden und Ausweglosigkeit

Diese Erlebnisphase entspricht den Beschreibungen zufolge dem ersten Stadium des eigentlichen Geburtsvorgangs, während dessen die Kontraktionen der Gebärmutter einsetzen, der Gebärmuttermund aber noch geschlossen ist. Das Gefühl der Beklemmung erreicht eine unerträgliche Intensität, klaustrophobische Angst und Visionen von Folter und physischer Gewalt erfüllen hier das Bewußtsein der Versuchsperson. Sie hat das Gefühl, in eine ausweglose Falle getappt zu sein, sie erlebt ihre Situation und die ganze Welt als grausam, sinnlos und ohne jede Hoffnung. Grof zufolge vergleichen viele Probanden dieses Stadium unabhängig voneinander mit dem Dasein in einer niemals endenden Hölle.

3. Stadium: Der große Kampf vor Tod und Wiedergeburt

Diesem Stadium der LSD-Erfahrung entspricht diejenige Phase des Geburtsvorgangs, in dem sich der Gebärmuttermund öffnet und das Kind von immer stärkeren Kräften in den engen Geburtskanal gepreßt wird. Diese Phase wird von apokalyptischen Visionen begleitet – Krieg, Naturkatastrophen, religiösen Blutopfermotiven, gigantischen Energieentladungen, die auch sexueller Natur sein können. Es wird eine »vulkanische Ekstase« erlebt: das gleichzeitige Empfinden von Lust und Schmerz, das auch visionären Ausdruck in Form blutiger Schlachten zwischen Gut und Böse, orgiastischer Szenen und anderes mehr finden kann. Dieses Stadium ist durch Hoffnung gekennzeichnet sowie durch die Erkenntnis, daß das Leiden einen bestimmten Zweck oder Sinn hat.

4. Stadium: Tod und Wiedergeburt

Das vierte Stadium entspricht dem physischen Vorgang des Ausgestoßenwerdens aus dem Geburtskanal, dem Durchschneiden der Nabelschnur und der Geburt des selbständigen Wesens. Hier führen Leiden und Todesqual zur vollständigen Vernichtung dessen, was war – zu einem totalen »Ich-Tod«. An den Todeskampf schließen sich Visionen blendenden, übernatürlich schönen Lichts an. »Das Universum wird als unbeschreiblich schön und strahlend empfunden«, schreibt Grof. »Man verspürt tiefe spirituelle Befreiung, Erlösung und Rettung, ist geläutert und unbelastet von Angst, Depressionen oder Schuld.«

Die Stadien der psychedelischen Erfahrung, die Grofs Versuchspersonen mit der physischen Geburt in Verbindung bringen, sind unmittelbar relevant für die Heilung traumatischer Erlebnisse, die, wie der Geburtsprozeß, im »Gedächtnis« unserer Zellen gespeichert sind. Von diesen Stadien zu erfahren bedeutete für mich eine wahre Offenbarung, da ich dadurch einen neuen Bezugsrahmen erhielt, in den viele meiner – beruflichen wie persönlichen – Erlebnisse ausgezeichnet paßten.

Anstatt die Angst durch die Brille der Pathologie zu betrachten, kann man sie auch als einen Abschnitt einer Reise ansehen, die tatsächlich ein Kontinuum von Todes- und Geburtserfahrungen darstellt. Diese Erfahrungen beziehen sich nicht nur auf unsere physische und psychische Lebensgeschichte, sondern auch auf unsere »Seelengeschichte« – worauf wir in den nächsten zwei Kapiteln näher eingehen werden. In diesem Zusammenhang werden wir scheinbare Reinkarnationserlebnisse erörtern und sehen, wie die sogenannte »Rückführungstherapie« zur Behandlung von Ängsten verwendet werden kann, die sich gegen konventionellere therapeutische Ansätze resistent zeigen.

Da ich als zehnjähriges Kind eine psychotische Phase intensiver Angst durchgemacht hatte, empfand ich Grofs Untersuchungen als durchaus persönlich relevant. Seine Forschungsergebnisse überzeugten mich davon, daß mein Erlebnis kein Abstieg in sinnlosen Wahnsinn gewesen war, sondern eine Initiationserfahrung – eine zeitweilige, notwendige Unterbrechung der Reise des archetypischen Helden, eine Geschichte von Seelenwachstum und ein Beispiel für das, was die Grofs als »spirituelle Krisen« bezeichnen. Christina Grof hat über ihre eigenen spontanen und oft erschrekkenden Erfahrungen dieser Art geschrieben – Erfahrungen, die tatsächlich schwer von Psychosen zu unterscheiden sein können.

In diesem Kontext empfehle ich besonders *Die stürmische Suche nach dem Selbst* von Christina und Stanislav Grof und *Spirituelle Krisen*. Das zweite Buch ist eine von den Grofs herausgegebene Sammlung von Beiträgen bekannter Psychologen und spiritueller Lehrer, die Angsterfahrungen aus neuen Perspektiven behandeln und Kriterien für die Entscheidung liefern, wann psychiatrische

Hilfe nötig ist und welche Art von Hilfe die Transformation nicht unterbindet, sondern im Gegenteil unterstützt. Diese Informationen sind auch unerläßlich für das Verständnis von Methoden der Heilung und Transformation des Traumas, die in anderen Gesellschaften und Kulturkreisen Verwendung finden.

Die Heilung des Traumas durch die Wiedergewinnung der Seele

Als Mexiko im Jahre 1985 von einem schweren Erdbeben heimgesucht wurde, mußten viele Menschen hilflos mitansehen, wie Familienangehörige und Freunde verstümmelt wurden oder starben, und reagierten darauf mit einem posttraumatischen Belastungssyndrom. Während medikamentöse Behandlung und Psychotherapie bei diesen Menschen keine Wirkung zeitigten – beziehungsweise für sie einfach unerschwinglich waren –, berichtete das mexikanische Fernsehen über eine Heilerin, eine einfache Hausfrau, die das Trauma heilen konnte. Wie viele Schamanen der Naturvölker glaubte diese Frau, das Trauma resultiere aus dem Verlust der Seele. Der Körper des Leidenden war zwar noch am Leben, doch dessen Seele war zu Tode erschreckt und in die Flucht geschlagen worden und mußte aus den dunklen Wassern des Unbewußten, der schamanischen Unterwelt, zurückgeholt werden.

Wie die Heilerin wußte, mußte sie, um die Seele zurückholen zu können, die »toten« Emotionen des Patienten wiedererwecken und diesem dabei helfen, das Trauma noch einmal zu durchleben. Nachdem der Leidende in einen Zustand tiefer Entspannung versetzt worden war, stießen die Frau und ihre Helferinnen unvermittelt grauenerregende Schreie aus und übergossen den erschrockenen Patienten mit eiskaltem Wasser. Der plötzliche Schock löste die emotionale Blockierung, und die Seele wurde dadurch »zurückgeholt«, daß der Patient das Trauma ein zweitesmal erlebte und dabei gehalten, umarmt und getröstet wurde, damit er die gefühlsmäßige Wiederanbindung an die Welt der Lebenden schaffte.

In vielen Stammeskulturen, so in Sibirien, Alaska und anderen

Teilen Nordamerikas, unternehmen die Schamanen mit Hilfe rhythmischen Gesangs und Trommelschlags »Reisen« in die Unterwelt – möglicherweise dieselbe Welt, in die Grofs LSD-Patienten durch chemische Mittel gelangen –, um die verlorenen Seelen ihrer physisch oder psychisch leidenden Patienten zurückzuholen. Da die Seele als selbständige Wesenheit in der Gedankenwelt unserer Psychiater und Psychologen schon lange keine Rolle mehr spielt, findet diese Form tiefgreifender, archetypischer Heilung in modernen Praxen und Kliniken normalerweise nicht statt.

Aber ob wir nun von »posttraumatischer Belastungsreaktion« sprechen oder von jener »Soziopathie«, die durch emotionale Verarmung während der Kindheit und die daraus resultierende Unfähigkeit, gefühlsmäßige Bindungen einzugehen und sich mit anderen Menschen zu identifizieren, verursacht werden kann – tatsächlich haben wir es dabei mit Fällen von Seelenkrankheit, wenn nicht gar von *Seelenverlust* zu tun. Die menschliche Seele wächst durch Liebe und Verbundenheit. Wenn sie verlorengegangen oder gefangen ist, können manche der von »primitiven« Schamanen durchgeführten Rituale erfolgreich zu deren Rettung angewendet werden. Die modernen Psychologen, die in der Regel über keinerlei Techniken zur Ansprache der tiefsten Schichten des Unbewußten verfügen, könnten aus dem Studium des Rituals, der psychedelischen Therapie und transpersonaler Formen des Heilens, an denen Wesenheiten von der »anderen Seite« beteiligt sind, ohne Zweifel den größten Nutzen ziehen. Darauf werden wir in den nächsten zwei Kapiteln näher eingehen.

Die Heilung des Traumas scheint zumindest zwei wesentliche Elemente zu erfordern: die *Wiederholung* des auslösenden Erlebnisses und die *Transformation* des Traumas. Es ist der zweite Schritt, die Transformation, über den wir noch längst nicht genug wissen. Im Falle der Erdbebenopfer scheint das transformierende Element die Liebe gewesen zu sein, die es erlaubte, eine neue emotionale Beziehung zur Menschheit zu knüpfen. Weitere Einblicke in die Natur der Transformation gewährt uns ein aufwühlender Bericht, der unter dem Titel *Shivitti. Eine Vision* veröffentlicht wurde. Dieses »erschütternde Zeugnis eines Mannes, der den Mut hatte, einen Alptraum zweimal zu durchleben«, ist die brillante Beschreibung der Therapie eines Überlebenden von Auschwitz, der 30 Jahre lang unter seinem Trauma litt, ehe seine entsetzlichen psychischen Wunden endlich behandelt und geheilt wurden.

Der Autor des Buches, Ka.Tzetnik 135633 (das Pseudonym bezieht sich auf seine Häftlingsnummer im KZ), ist ein Israeli, dessen lange Seelenodyssee, zu der ihn seine grauenvollen Erlebnisse während des Holocaust getrieben hatten, schließlich in den Niederlanden endete, in der Klinik von Professor Jan C. Bastiaans. Bastiaans ist der Psychiater, der als erster das sogenannte KZ-Syndrom erkannte und der seither mit Hilfe einer faszinierenden LSD-Therapie zahlreiche Überlebende aus Vernichtungslagern und andere Opfer der Gewalt erfolgreich behandelt hat.

Wegen des außergewöhnlichen psychologischen Scharfblicks sowohl des Arztes als auch des Patienten, der sich in *Shivitti* äußert, verdient diese Schilderung der Therapie und Transformation eines Traumas eine ausführlichere Besprechung. *Shivitti* ist zudem sehr reich an archetypischen Geschichten – wie Sie an folgendem Gedicht erkennen werden, das dem Bericht einer der therapeutischen LSD-Sitzungen von Ka.Tzetnik 135633 vorangestellt ist.

Ein Vogel namens Phoenix – Transformation eines Traumas

Ein Vogel, der Phoenix genannt –
eintausend Jahre lebt er,
und nach diesen tausend Jahren
wird sein Nest von Flammen verzehrt.
Doch der Keim seines Wesens bleibt
und erneuert sich und lebt.
Midrasch Rabba, Genesis 19, 5

So beginnt »Tor vier«, die Einleitung zur vierten der fünf LSD-Therapiesitzungen, die in *Shivitti* beschrieben werden.

Anfangs widerstrebte es dem Verfasser/Patienten, der seit seiner 30 Jahre zurückliegenden Befreiung aus Auschwitz in einer psychologischen Hölle gelebt hatte, sich bei Professor Bastiaans oder sonst einem Psychiater in Behandlung zu begeben. Im Vorwort zu *Shivitti* artikuliert er seine Bedenken und die Schuldgefühle, die es ihm bereitete, die Therapie zu beginnen:

> Auschwitz ist ein anderer Planet, während wir Menschen, Bewohner des Planeten Erde, keinen Schlüssel haben, um das Code-Wort Auschwitz zu dechiffrieren. Wie könnte ich mir das Sakrileg anmaßen, diese Augen auf ihrem Weg ins Krematorium preiszugeben? Sie wußten, wohin sie gingen. Ich wußte, wohin sie gingen. Die Augen des einen, der hinüber ging, bohrten sich in die Augen des anderen, der zurückblieb. Der stumme Himmel über uns, die schweigende Erde unter uns. Nur eine Begegnung der Blicke und eine letzte Stille, die unhörbaren Schritte ihrer Füße. Denn nackt und barfuß schritten sie ins Krematorium.
> Zwei lange Jahre tappten sie durch mich hindurch, und ihre Augen bohrten sich in meine. Die Zeit dort, auf dem Planeten Auschwitz, war nicht wie die Zeit hier. Jeder Augenblick dort drehte sich um die Zahnräder einer anderen Zeitsphäre.
> Höllenjahre dauern länger als Lichtjahre.
> Sie ließen mich zurück, ihren Blick in den meinen versenkt. Wäre es nicht eine Entweihung dieses stummen Blicks, wenn ich ihn Professor Bastiaans auslieferte – in der Psychiatrischen Klinik in Leiden? (S. 8f.)

Mit diesen quälenden Vorbehalten suchte Ka.Tzetnik 135633, ein Mann namens Yehiel De-Nur, ärztliche Hilfe. Unter dem Einfluß von fünf LSD-Sitzungen durchlebte er ein zweitesmal Traumata, die so grauenvoll waren, daß ich es zuweilen nicht geschafft hätte weiterzulesen, wäre nicht die transformative Vision von *Shivitti* gewesen, die er während seiner ersten Sitzung hatte. *Shivitti* ist der achte Vers des 16. Psalms Davids: »Ich habe den Herrn allezeit vor Augen.« Der Brennpunkt der Vision dieser hebräischen

Worte ist das Tetragrammaton, YHWH, die vier Buchstaben, die den mystischen, unaussprechlichen Namen des Herrn bilden. De-Nur sieht diese Buchstaben, ein überirdisches Licht ausstrahlend, den Horizont von Auschwitz beherrschen und das Grauen auslöschen.

Als De-Nur anfing, seine Auschwitz-Traumata unter LSD neu zu durchleben, erinnerte er sich daran, einen frommen Rabbi vor den Schlagstöcken der Wachen beschützt zu haben, die sie auf einen Lastwagen trieben, der sie zum Krematorium fahren sollte. Während der Lastwagen mit »Muselmännern« (Häftlingen, die buchstäblich nur noch Haut und morsche Knochen waren) beladen wurde, fragte De-Nur in der LSD-Vision den Rabbi: *»Warum?«* Der Rabbi antwortete ihm: »Weil es so bestimmt wurde.« Als De-Nur fragte, von wem es so bestimmt worden sei, hieß ihn der Rabbi, Gott zu fragen. Als De-Nur die Augen nach Gott zum Himmel hob, sah er eine überwältigende, transzendente Erscheinung von *Shivitti* strahlend über dem Horizont schweben. Sie loderte am Himmel von Auschwitz wie eine Fackel und glühte in allen Farben des Regenbogens.

Das Zentrum der Vision bildete der heilige, unaussprechliche Name Gottes, YHWH (von manchen Christen fälschlicherweise mit »Jehova« wiedergegeben). Das Tetragrammaton erstrahlte in einem göttlichen Licht, und zwei Löwen bewachten seine Heiligkeit. Die Löwen hatten ein menschliches Antlitz und waren geflügelt, und ihre Schwingen verschmolzen mit den heiligen Buchstaben. Angesichts dieser wunderbaren Vision schrie De-Nur die Urfrage des gequälten Herzens hinaus, das in dunkelster Nacht der Seele irrt: »Gott! Gott! Wer hat es verfügt?! Wer hat es bestimmt?! Gott! Gott! Auschwitz – wessen Werk ist es?«

Als er die Augen zu Gott emporhob, sah er statt dessen das Gesicht des SS-Mannes, der den Lastwagen mit Opfern für die Brennöfen belud. Es war ein müder, schläfriger, erschreckend durchschnittlicher Mann, der sichtlich lieber zu Hause in seinem Bett gewesen wäre, als an einem kalten, dunklen Morgen in dieser surrealen Todeslandschaft herumzustehen. Während er die grauenvolle Fahrt zu den berüchtigten Öfen, die den Gestank von verbrennendem Fleisch und Knochen über Kilometer und Kilometer polnischer Landschaft ausspien, ein zweitesmal durchlebte, dachte De-Nur über den SS-Mann nach:

> Hasse ich ihn? Ich kenne nicht einmal seinen Namen, wie ich auch die Namen all der anderen nicht kenne, die jetzt zum Krematorium gebracht werden. Ich weiß über diesen Deutschen nicht mehr, als das er es an einem so kalten Morgen sicherlich vorgezogen hätte, sich unter seine warme Bettdecke zu strecken, statt so früh aufzustehen, weil eine Ladung fürs Krematorium verfrachtet werden muß. (S. 29)

Dieser Gedanke führte De-Nur zu einer Begegnung mit seiner eigenen dunklen Seite, der verborgenen Seite in uns allen, vor der wir uns gewöhnlich so sehr fürchten, daß wir es nicht einmal wagen, ihre Existenz auch nur in Betracht zu ziehen. Er schreibt:

> O Gott, gnädiger und barmherziger Gott, bin ich es, der Auschwitz geschaffen hat? Etwas ist noch viel schlimmer als die Tatsache, daß er – der Deutsche vor mir, mit dem Totenkopf-Emblem an der Mütze mit seinen Händen tief in den Taschen des schwarzen SS-Mantels – an meiner Stelle hätte stehen können. Nämlich die Tatsache, daß ich – und dies ist das lähmende Grauen – daß ich statt seiner dort hätte stehen können!
> O Gott, Herr des Himmels von Auschwitz, erleuchte meine Unkenntnis Deiner Werke, damit ich erkenne, wer dieses Wesen in mir ist, das jetzt zum Krematorium befördert wird – und warum? Denn Du weißt, daß wir beide, der Mörder wie der Gemordete, in diesem Moment gleichermaßen Söhne des Menschen sind, beide von Dir geschaffen, Dir zum Bilde. (S. 29f.)

Diese Vision war für De-Nur so erschütternd, daß sie ein zweites Trauma verursachte – was Professor Bastiaans geschultem Auge nicht entging. Der Psychiater redete seinem Patienten zu, sich dem neuen Trauma zu stellen, ihm auf den Grund zu gehen, es zu entwirren, solange es noch frisch war. Anfangs war De-Nur dazu nicht imstande. Selbst als er aufgefordert worden war, beim Eichmann-Prozeß als Zeuge auszusagen, hatte er darum gefleht, von dieser Pflicht entbunden zu werden. Auch nur das Wort »Auschwitz« hören zu müssen war für ihn unerträglich gewesen. Als er trotz seiner Ängste versucht hatte, vor Gericht auszusagen, war er in einem Zustand halber Paralyse, mit schrecklich verzerrtem Gesicht, zu Boden gestürzt und hatte in ein Krankenhaus eingewiesen werden müssen. De-Nur brauchte einige Zeit, um den Mut aufzubringen, das Trauma unter LSD-Einfluß noch einmal zu durchleben und seine Erfahrung anschließend vor Professor Bastiaans zu verbalisieren. Bastiaans aber war davon überzeugt, daß De-Nurs »Unfähigkeit, seine Erfahrung in Worte zu fassen, die Wurzel seiner Seelenqual« war.

Trotz seiner lähmenden Angst vertraute De-Nur Professor Bastiaans. Sehr langsam nahm er die LSD-Sitzungen und die immer wieder unterbrochene Schilderung des unaussprechlichen Grauens, das er mitangesehen und selbst erlebt hatte, wieder auf. De-Nur war tatsächlich in dem bereits in der ersten Vision erwähnten Lastwagen zum Krematorium transportiert worden, doch hatte er es mit der Kraft der Verzweiflung geschafft, sich an der Seite des Fahrzeugs festzuhalten, und hatte sich in dessen Kohlenkasten verstecken können. Nachdem der Lastwagen wieder in die Garage gebracht worden war, hatte er entkommen können. Die zentrale Bedeutung, die der Kohlenkasten als transformatives Element für De-Nurs schreckliches Trauma spielen konnte, erkannte Bastiaans nicht anhand der Erzählungen seines Patienten, sondern als er darüber in einer der seltsam distanzierten, in der dritten Person gehaltenen Beschreibungen las, die De-Nur schon vor der Therapie über seine Erfahrungen während des Holocausts veröffentlicht hatte. Bastiaans schrieb:

> Ihr Auftauchen aus diesem Kohlenkasten hat Ihnen – jeder Ihrer Zellen – das Bewußtsein eingeprägt, daß sie dort und damals geboren wurden: ja, wirklich, ein im Mutterleib ausge-

> tragener Säugling, der damals das Licht der Welt erblickte. In diesem Moment, im Augenblick des Entkommens, fing Ihre Seele an, sich zu spalten. Auf organischer Ebene wußten Sie, daß Sie die Finsternis dieses Kohlenkastens verlassen hatten, um wiedergeboren zu werden. Nach der Befreiung haben Sie diese Tatsache akzeptiert. Zwangsläufig, als natürliche und unvermeidliche Folge, hat sich ihr unwiderrufliches Gelübde, diesem aus dem Kohlenkasten geborenen Menschen treu zu bleiben, aus solchem organischen Wissen entwickelt. Mit anderen Worten, der Name De-Nur darf nicht als Autor dieser Zeugnis-Bücher erscheinen. Sie wären in ihren eigenen Augen nicht nur ein Scharlatan, sondern ein Grabschänder, der sakrale Gegenstände aus einem Grab raubt, auf dem der Fluch der Götter liegt. Und genau hier liegt Ihre Chance, die Antworten auf alle meine Fragen zu finden. Schlüpfen Sie noch einmal in diesen Kohlenkasten, den Schoß Ihrer Wiedergeburt, wie in Ihre eigene Seele – dann werden Sie die bereitliegenden Antworten finden. (S. 90)

Bastiaans' Feststellung, daß im Augenblick des Ausstiegs aus dem Kohlenkasten De-Nurs Seele sich gespalten habe, ist von zentraler Bedeutung für die Wiederherstellung und Wiedergewinnung der Seele nach dem Trauma. Dieser Überlebende veröffentlichte keines seiner Bücher unter dem Namen De-Nur, sondern als Ka.Tzetnik 135633. Da lag die Spaltung. Vor *Shivitti* schrieb De-Nur ausschließlich in der dritten Person, selbst wenn er zuweilen dem Satzbau Gewalt antun mußte, um seinem Bedürfnis, sich von seiner Erfahrung zu distanzieren, Genüge tun zu können. Nach den Sitzungen mit Bastiaans stellte De-Nur zu seiner Überraschung fest, daß er, ohne es zu wollen, angefangen hatte, in der Ichform zu schreiben. Er eignete sich sein Trauma an, machte die Spaltung seiner Seele rückgängig. Parallel zu dieser Entwicklung veränderte sich der Inhalt seiner LSD-Visionen, und anstatt weiter im Geburtskanal der Transformation steckenzubleiben, durchlief er den vollständigen Prozeß der Seelengeburt und Wiedergeburt, den Grof schildert.

Aus dem Bauch des Untiers und der ausweglosen Hölle befreit, begann De-Nur jetzt, das Licht, das sich über die unaussprechlichen Schrecken von Auschwitz breitete, häufiger zu sehen. Über einen Teil der vierten Sitzung schrieb er:

> Vollkommener Friede fließt aus der Höhe auf mich herab, während ich ein für allemal meine Schuldigkeit abzahle. Ich werfe von mir jedes Joch, das meinen Nacken beugte. Ich überantworte meinen Körper der Erde und meinen Atem dem Schöpfer, während ein unaussprechliches Licht mich erfüllt. Dieses Licht habe ich nicht mehr geschaut, seit meine Seele das Haus der Seelen verließ, eine Wohnstatt unter dem Thron der Schechina [weiblicher Aspekt Gottes in der Kabbala]. Ich sehe meine Seele, die ihr Gesicht zur Quelle dieses Lichtes kehrt. Und alle meine Schuldigkeit ist abbezahlt, alle und jede. (S. 109)

In der letzten, ergreifenden Sitzung wird De-Nur eins mit seiner Mutter, als sie nackt zu ihrer Vergasung geht. Er stirbt mit ihr unter den »Duschen« und verbrennt mit ihrem Körper im Krematorium. Dann erwartet er, die Seelen seines toten Bruders und seiner toten Schwester mit der seiner Mutter aus den höllischen Schloten aufsteigen zu sehen, aber statt dessen sieht er sich selbst. Er erreicht seine Mutter, als sie, von seinen zwei Geschwistern flankiert, vor dem Himmelsthron steht und Gott mit den gleichen herzzerreißenden Klagereden angreift, die wir im ersten Kapitel Hiob haben ausstoßen hören. De-Nur wird gleichzeitig zu den Seelen, die verbrannt wurden, und zum Verbrenner, ebenso wie Gott sowohl Schöpfer als auch Zerstörer ist. Als er den Augenblick wiedererlebt, da er, wie ein schwarzes Gespenst aus dem Kohlenkasten steigend, den Lastwagen verließ, erinnert er sich, die überraschten SS-Leute angeschrien zu haben: »Ich bin ein Mensch! Kein böser Geist! Kein Dämon! Ich bin ein Mensch! Ein Mensch!«

Dann entkam De-Nur in den verschneiten Wald. In seiner LSD-Vision kroch er ins Lager zurück, zum Haufen von Leichen, und gelobte, fortan deren Stimme zu sein – was er mit Sicherheit gewesen ist. Die Schilderung seiner LSD-Therapie endet mit dieser atemberaubenden Transformationsszene, die die Elemente eines Tod-und-Wiedergeburts-Archetypus und einer Nahtoderfahrung in sich vereint:

> Alle die vom Tode zerfetzten Skelette in diesem Haufen lodern auf – in einer einzigen Flamme, die sich zu einem feurigen Wagen formt. Ich, das Skelett eines Muselmannes, dem Flügel wachsen; ein Feuersalamander, ein Phoenix, aufgestiegen aus meiner eigenen Glut. [Der Salamander war in der griechischen Mythologie ein Geist, der sieben Jahre im Feuer lebt und dann aufersteht. Der Phoenix war in der ägyptischen Mythologie ein einsamer Vogel. Sein Nest entzündet sich, und er stirbt in den Flammen.] Wie eine Weltraumrakete, unterwegs zu fernen Sphären, hebe ich von der Startrampe aus Skeletten ab, in den Wirbel meines schreienden Leids – und trete wieder ein in meinen Körper. (S. 129)

Wie De-Nurs Beschreibung zeigt, ist Gott letzten Endes doch in diesem Holocaust gegenwärtig. Das Göttliche ist anwesend, aber die Verantwortung für Auschwitz trägt die Menschheit. Sie ist unser, nicht Gottes. Die Wahl zwischen Gut und Böse ist eine menschliche Entscheidung, und die Verwirklichung von Gut oder Böse ist – wie De-Nur durch seine Identifikation mit dem SS-Mann in der ersten Vision erkannte – die Wahl, die jeder von uns treffen muß. Auch in unserem eigenen Leben können wir uns dafür entscheiden, in den Flammen unserer Schmerzen und Traumata zu sterben oder wie der mythische Phoenix aus eigener Kraft wieder aufzuerstehen. Letzteres erfordert den Mut, sich altem Schmerz mit totaler, vollkommener und vorbehaltlosester Aufrichtigkeit zu stellen.

Wahrscheinlich werden wir im kommenden Jahrzehnt die Entstehung neuer Therapieformen erleben, die denjenigen von uns, die noch immer Gefangene eines Traumas sind, helfen können, von der »Startrampe« ihres Schmerzes abzuheben und ihre Seelen zu heilen

– so wie De-Nur es mit Hilfe eines außergewöhnlichen Therapeuten schaffte. Trotz der guten Erfolge, die durch LSD schon erzielt worden sind und noch erzielt werden mögen, darf nicht vergessen werden, daß Lysergsäurediäthylamid eine sehr starke Droge ist, die, ohne fachkundige Aufsicht eingenommen, ebensoviel Schaden anrichten wie nutzen kann. Aus diesem Grunde rate ich dringend von deren Einnahme ab, außer sie erfolgt unter klinischen Bedingungen und in Anwesenheit von medizinisch geschulten Experten. Andere Methoden der Induzierung ähnlicher Bewußtseinszustände, wie das von den Grofs entwickelte »holotrope Atmen«, könnten sich durchaus als ebenso wirkungsvolle, dabei aber ungefährlichere Mittel zur Behandlung von Traumata und zur Wiederverbindung mit der Seele erweisen.

Yehiel De-Nurs bemerkenswerte Therapie zeigt, daß der Mensch – mit sachkundiger Unterstützung – sogar von den entsetzlichsten Traumata genesen kann. Dennoch gibt es Fälle, in denen alle Heilungsversuche scheitern. In einigen dieser Fälle scheint die Angst nicht von traumatischen Erfahrungen in *diesem* Leben verursacht worden zu sein, sondern von Traumata und ungelösten Situationen, die unser Unbewußtes aus anderen Existenzen herübergetragen hat. In den folgenden zwei Kapiteln werden wir uns mit der Natur von – realen oder archetypischen – Erinnerungen beschäftigen, welche die durch ein Menschenleben abgesteckten Grenzen von Zeit und Raum zu transzendieren scheinen, und herauszufinden versuchen, wie wir den Ausgang dieser alten Geschichten ändern und uns dadurch befreien können.

SECHSTES KAPITEL

Angst heilen – über Raum und Zeit hinweg

Dein Haken sei immer ausgeworfen –
in dem Teich, wo du es am wenigsten erwartest,
wird ein Fisch sein.

Ovid

Die Schlange vor der Gepäckaufgabe war lang. Bis ich mich mit meinem Koffer durch das Gedränge gestreßter Reisender an den Schalter herangearbeitet hatte, war ich gelangweilt und müde. Ganz anders die Angestellte: Sie hatte klare, wache Augen und war für jemand so Beschäftigtes ungewöhnlich liebenswürdig. »Werden Sie auf dem Rückflug allein reisen?« erkundigte sie sich.

»Ja. Warum fragen Sie?« Sie erklärte, man habe mir einen Mittelsitz zugewiesen, und wenn ich nicht mit einem Bekannten reiste, würde es für mich wahrscheinlich angenehmer sein, am Gang oder am Fenster zu sitzen. Ich dankte ihr für ihre Freundlichkeit, die um so überraschender war, als hinter mir eine lange Schlange von Reisenden wartete. Während ihre flinken Finger über die Tastatur des Computers glitten und eine neue Bordkarte abriefen, warf sie mir einen verschwörerischen Blick zu und lächelte.

»Wenn ich nicht freundlich wäre, bekäme ich von meinen Geistführern ganz schön was zu hören.« Eine interessante Äußerung für eine Schalterangestellte im Dienst. Ihre Bemerkung hing bedeutungsvoll im Raum. Sollte ich sie mit Schweigen quittieren oder darauf eingehen? Schließlich warteten hinter mir noch eine Menge Leute. Ich entschloß mich, den Köder zu schlucken.

»Geistführer? Wie treten Sie mit ihnen in Kontakt? Durch Meditation?«

»O nein.« Sie lächelte, während sie meine neue Bordkarte an das Ticket heftete. »Ich bin übersinnlich begabt. Meine Mutter ist es auch. Ich stehe mit ihnen in Verbindung, solange ich überhaupt zurückdenken kann. Aber wir alle haben Geistführer.« Sie fing an, die Schildchen für mein Gepäck auszufüllen. »Ihre stehen in diesem Augenblick hinter Ihnen. Können Sie sie spüren?« Ich verneinte mit einem kurzen Achselzucken. Ich fragte mich, ob das Ganze ein Scherz sein sollte, und fing an, mir ein wenig albern vorzukommen.

»Sie erzählen mir von dem Autounfall, den Sie letztes Jahr hatten, und zeigen mir Ihr völlig verbundenes Gesicht. Das war wirklich keine Kleinigkeit mit Ihrer Nase«, sagte sie und sah mir direkt in die Augen. Dann schüttelte sie den Kopf und schnalzte mitfühlend mit der Zunge.

Als sie fortfuhr, konkrete Einzelheiten über den Unfall zu erwähnen, von denen niemand außer mir etwas wissen konnte, beschlich mich ein unheimliches Gefühl. Tief in meinem Herzen wußte ich, daß ich noch nicht alle Lehren aus diesem Unfall gezogen hatte. Auch wenn er mich durchaus zu einer Bestandsaufnahme meines Lebens geführt und mich veranlaßt hatte, ein paar längst überfällige Veränderungen vorzunehmen, so etwa die akademische Welt aufzugeben, gab es doch weitere Aspekte dieses Erlebnisses, denen ich mich noch immer nicht stellen wollte. Der Unfall hatte sich am Ende einer entsetzlich dunklen Nacht der Seele ereignet, einer Nacht, die, was die schiere Gewalt ihres Schreckens anging, der Zwangsneurose meiner Kindheit in nichts nachgestanden hatte.

Oberflächlich betrachtet war die Ursache dieser schrecklich dunklen Nacht nicht eben der Stoff, aus dem die Alpträume sind. Das auslösende Ereignis war die Tatsache, daß ich es in meinem ersten Buch versehentlich unterlassen hatte, die Arbeit eines Kollegen in gebührender Form als Quelle anzugeben. Auch wenn wir das Problem rasch unter uns bereinigten, schien dieser Zwischenfall eine uralte Flasche zu öffnen, aus dem der dunkle Geist urtümlicher Angst hervorstieg – der Angst, ein abgrundtief schlechter, wertloser Mensch zu sein. Wenn ich imstande war, jemanden unbewußt zu verletzen, etwas Falsches zu tun, ohne es auch nur zu merken, dann, so schloß ich, konnte ich mir selbst nicht trauen. Ich hatte auf einmal das Gefühl, mein Wunsch, meine Sehnsucht, ein gütiges und großzügiges Leben zu führen – liebevoll Anteil zu nehmen –, sei nichts als Selbsttäuschung.

Nach dieser Episode fühlte ich mich monatelang isoliert – von mir selbst, von anderen und vom ganzen Universum. Es war, wie die Hölle auf Erden zu erleben. Diese übermächtige dunkle Nacht trieb mich wieder in die Therapie, und auch wenn ich dadurch einige wichtige Einsichten in meinen Charakter gewann, war ich doch noch immer außerstande zu ergründen, woher solch eine überwältigende, tief verwurzelte Angst gekommen sein mochte. Also gab ich schließlich den Versuch zu verstehen auf und vergrub mich noch tiefer in meine Arbeit im Krankenhaus, als ob ich, indem ich anderen half, eine dunkle, geheime Sünde sühnen könnte, die meine Seele nicht eingestehen konnte oder wollte. Und an diesem Punkt hatte sich mein Frontalzusammenstoß mit dem Schicksal ereignet.

Als hätte sie meine schmerzlichen Gedanken gelesen, reichte mir die Frau am Schalter meine Reiseunterlagen mit einem eindringlichen Blick zurück. »Ihre Geistführer sind da, um Ihnen zu helfen. Sie wollen, daß Sie sich ihrer bewußt werden. Bitten Sie sie um Hilfe. Bemühen Sie sich, sie in der Meditation zu hören.«

Ich dankte ihr und wollte mich gerade abwenden, als sie hinzufügte: »Und noch eins. Sie sagen mir, daß der Schlüssel zu Ihrem Problem in einem früheren Leben zu finden ist.«

»Wie gelange ich in dieses Leben zurück?« fragte ich schnell, die Frage, ob ich überhaupt an vergangene Existenzen glaubte, erst einmal vertagend. Ihre Instruktionen waren kurz und bündig.

»Meditieren Sie«, empfahl sie, »und stellen Sie sich einen Tunnel vor. Dann lassen Sie sich rückwärts in ihn hineinfallen.« Sobald ich mich auf meinen Platz in der halbvollen DC-10 nach Chicago gesetzt hatte, versuchte ich, ihren Rat zu befolgen. Es passierte nicht viel. Ich versuchte es an dem Abend in meinem Hotelzimmer noch einmal und schlief dabei ein. Wieder zu Hause, versuchte ich es noch ein paarmal, gab es aber schließlich entmutigt auf. Trotzdem blieb mir das Gespräch am Check-in-Schalter deutlich im Gedächtnis – und im Körper. Wenn ich mir das Bild dieser gütigen, mütterlichen Flughafenangestellten vergegenwärtige, wie sie liebevoll an mir vorbeiblickt und mir dringende Botschaften aus einer unsichtbaren Welt übermittelt, läuft es mir noch heute kalt den Rücken hinunter.

Kosmische Geheimagenten

Die Flughafenangestellte war nicht die einzige kosmische Geheimagentin, die mir ihre Hilfe anbot, als der richtige Zeitpunkt dafür gekommen war. Ein paar Monate nach dem Zwischenfall auf dem Flughafen nahm ich an einer Konferenz über Probleme der Krankenhausverwaltung teil, wo ich das Eröffnungsreferat – über Aspekte der Geist-/Körperheilung – halten sollte. Am Vorabend der Konferenz gaben die Veranstalter einen Empfang, der den Vortragenden die Gelegenheit geben sollte, sich persönlich kennenzulernen.

Obwohl wir kaum Zeit hatten, miteinander zu reden, fühlte ich mich zu einer bestimmten Frau besonders hingezogen: Magaly Rodriguez Mossman, die auf recht ungewöhnliche Weise mit der Vorstellungskraft arbeitet. Die zwei häufigsten Arten von Imaginationsarbeit, die sowohl in der Psychotherapie als auch in der Geist-/Körpermedizin verwendet werden, bezeichnet man als »direktiv« und »rezeptiv«. Bei der *direktiven Imagination* wird man dazu angeleitet, sich etwas Bestimmtes vorzustellen – beispielsweise, daß man sich auf einem Strand entspannt. Bei der *rezeptiven Imagination* bekommt der Klient »offene« Fragen gestellt – etwa: »Können Sie sich an eine Zeit erinnern, da Sie glücklich gewesen sind?« – und wird so dazu ermutigt, Bilder aus seinem eigenen Unbewußten oder aus einem tieferen, archetypischen Speicher allgemeiner Weisheit zu empfangen.

Magaly arbeitet mit einer dritten Form von Imagination, einer *transpersonalen* Form, bei der sie der Seele der Person, die sie leitet, im Geiste eine Frage stellt. Anschließend fordert sie den Klienten auf, bewußt darauf zu achten, was für Bilder in ihm emporsteigen, während sie, diesmal hörbar, eine Reihe weiterer Fragen stellt. Am Ende der Sitzung teilt sie mit, wie die erste, unausgesprochene Frage gelautet hatte, und hilft dem Klienten, die Bilder zu deuten, die seine Seele als Antwort darauf hervorgebracht hat. Da diese Technik das Bewußtsein umgeht – schließlich weiß der Klient nicht, welche Frage »ihm« gestellt worden ist –, ist es absolut unmöglich, sich die Antworten »auszudenken«. Daher können durch solche transpersonale Imaginationsarbeit relativ reine, unverfälschte Informationen gewonnen werden.

Am Morgen des ersten Konferenztages traf ich während der Kaffeepause Magaly und eine Freundin von ihr, Carole Ann. Sie waren beide offen und freimütig. Carole Ann erklärte, sie habe keine Ahnung, warum sie Magaly auf diese Konferenz begleitet habe – sie hätte lediglich das starke Gefühl gehabt, daß sie jemandem helfen müßten. Und jetzt seien sie sich darüber einig, daß ich dieser Jemand sei. Gebe es irgend etwas, was sie für mich tun könnten? »Aber ja, ganz sicher«, antwortete ich, mittlerweile schon halb daran gewöhnt, daß Mitglieder des kosmischen Geheimdienstes den Nebeln entstiegen und vor meinen Augen Gestalt annahmen. »Ich leide unter immer wiederkehrenden Anfällen panikartiger Angst, versehentlich jemanden zu verletzen. Das verfolgt mich seit Jahren, und keine Art von Therapie hat bislang geholfen.« Sie lächelten und boten sich an, noch am selben Nachmittag um fünf Uhr in mein Zimmer zu kommen.

Sie waren pünktlich, und schon bald darauf begann eine transpersonale Imaginationssitzung, die Magaly einige Hinweise auf den möglicherweise in einer früheren Existenz liegenden Ursprung meiner Ängste gab. Carole Ann, die ein sehr intuitiver Mensch ist, empfing gleichzeitig Eindrücke aus einem vergangenen Leben im alten Ägypten, in dem ich, ohne es zu wollen, meiner Schwester schweren Schaden zugefügt hatte. Ich war Tempelpriesterin gewesen und hatte meine Schwester als Novizin ins Kloster geholt, aber nicht, weil es ihren spirituellen Bedürfnissen entsprochen hätte, sondern aus dem unbewußten Wunsch nach Macht heraus. Auf die Intensität der Initiationserfahrung nicht ausreichend vorbereitet, hatte das junge Mädchen den Verstand verloren. Ich war zu Tode betrübt gewesen und hatte mir nie verzeihen können, ihre wahren Bedürfnisse verraten zu haben, um meine eigenen zu befriedigen. Wenn diese Geschichte stimmte und meine Seele tatsächlich ein uraltes Trauma in sich gespeichert trug, war es kein Wunder, daß eine ähnliche Situation in *diesem* Leben – in der ich das Gefühl gehabt hatte, einen anderen Menschen verraten zu haben – so tiefes Leid auslösen konnte.

Meine Seele trauerte nicht nur über ein Ereignis, das in diesem Leben stattgefunden hatte, sondern auch über ein anderes oder möglicherweise mehrere andere, die sich in den halbdunklen Korridoren der Vergangenheit zugetragen hatten. Die unbewußten Schuldgefühle und die unterschwellige Angst davor, dieses Muster zu wiederholen, hatten mich übervorsichtig gemacht. So überdachte ich ständig jede meiner Handlungen immer und immer wieder, um herauszufinden, ob ich möglicherweise irgend etwas getan hatte, was irgend jemandem Schaden zufügen konnte. Als ich trotz dieser übertriebenen Vorsichtsmaßnahmen tatsächlich unwillentlich einen anderen Menschen verletzt hatte, hatte ich mit einem Schmerz reagiert, der im Kontext meines gegenwärtigen Lebens eindeutig unsinnig erschien, im Lichte meiner alten Seelenerinnerungen betrachtet aber vollkommen verständlich war.

Als Carole Ann einige Einzelheiten aus der Existenz offenbarte, die sie geschaut hatte, überliefen mich Schauder des Wiedererkennens – Körperempfindungen, die ich immer als Aufforderungen des Höheren Selbst verstehe, auf das jeweils sich Ereignende besonders aufmerksam zu achten. Meine Aufmerksamkeit bewegt sich dabei in zwei verschiedenen Richtungen: Ich wende mich *nach innen*, um auf die Stimme meines Höheren Selbst zu lauschen, und ich wende mich *nach außen*, um mich in der Bibliothek über den fraglichen Gegenstand zu informieren. Im Fall vergangener Existenzen ist das verfügbare Datenmaterial relativ bescheiden, aber bevor wir mit der Enthüllung meiner eigenen Reinkarnationsreisen fortfahren, möchte ich Ihnen einiges von dem mitteilen, was ich durch meine Recherchen herausgefunden habe.

Ist die Reinkarnation eine Realität?

Lassen Sie mich damit beginnen, daß ich Ihnen eine Zusammenfassung meiner Schlußfolgerungen gebe. Niemand kann es beweisen, aber ich habe den starken Verdacht, daß die Antwort auf die obige Frage gleichzeitig »ja«, »nein« und »vielleicht« lautet. Auch wenn das Beweismaterial sowohl für als auch wider die Realität der Reinkarnation kein abschließendes Urteil zuläßt, sagt mir die Vorstellung auf jeden Fall sehr zu. Und ungeachtet aller anderen denkbaren Erklärungen für scheinbare Erinnerungen an vergangene Existenzen ist es schlechterdings nicht möglich, den therapeutischen Nutzen wegzudiskutieren, den viele Menschen aus einer Rückführung oder Regression in – wie es scheint – frühere Leben gezogen haben.

Eine der vollständigsten allgemeinverständlichen Darstellungen der Rückführungstherapie eines einzelnen Patienten liefert der Psychiater Brian Weiss in seinem Buch *Die zahlreichen Leben der Seele*. Was diesen Fall besonders bemerkenswert macht, ist die Tatsache, daß weder Dr. Weiss noch seine Patientin an Wiedergeburt glaubten oder an vergangene Existenzen dachten, als er sie in der Hoffnung, die möglichen traumatischen Wurzeln mehrerer hartnäckiger Phobien aufzudecken, in Hypnose versetzte und in die Vergangenheit zurückgehen ließ. Statt aber zu Traumata aus *diesem* Leben führte die Regression zu einer Serie traumatischer Erlebnisse, die sich in vergangenen Existenzen zugetragen zu haben schienen. Mit Hilfe von Geistführern, die durch die Patientin sprachen, als sie den Augenblick des Todes erreichte und ins Licht gelangte, wurden die Traumata aufgearbeitet, und die Phobien verschwanden.

Ich persönlich fand diesen Bericht besonders faszinierend wegen des Mutes, den Dr. Weiss bewies, indem er Informationen veröffentlichte, die gänzlich seiner wissenschaftlichen Ausrichtung widersprachen. Ausgebildet war Dr. Weiss in biologischer Psychiatrie (der Behandlung psychischer Störungen mit Hilfe von Psychopharmaka), und er war Leiter der Psychiatrischen Abteilung des Mount Sinai Medical Center in Miami, als in seiner Praxis plötzlich Fälle, die die Tatsache der Reinkarnation berührten, aufzutreten begannen. Durch meine Workshops und Gespräche mit Therapeuten überall in den Vereinigten Staaten habe ich persönlich Gelegenheit gehabt, unzählige Geschichten zu sammeln, die stark an Dr. Weiss' Fälle erinnern. Viele Therapeuten, die sich entweder noch nie mit dem Begriff der Wiedergeburt beschäftigt haben oder ihm sogar ablehnend gegenüberstehen, werden – wenn sie hypnotische Rückführung, Tiefenentspannung oder freie Visualisation anwenden – durch ihre Patienten mit Äußerungen konfrontiert, die Erinnerungen aus vergangenen Existenzen wiederzugeben scheinen. In manchen Fällen tauchen die Erinnerungen an frühere Leben erstmals in den Träumen der Patienten auf.

Da traditionell ausgebildete Therapeuten nicht darauf vorbereitet sind, vergangene Existenzen als mögliche Ursachen der Probleme ihrer Patienten anzusehen, sind solche Erfahrungen für sie häufig schockierend und können nur mit Hilfe – beziehungsweise unter der Leitung – erfahrener Kollegen gedeutet und verarbeitet werden.

Eine Reihe faszinierender Fallgeschichten, die die therapeutische Anwendung der Regression in vergangene Existenzen veranschaulichen, hat der jungianische Analytiker Roger Woolger in seinem gründlich recherchierten Buch *Die vielen Leben der Seele* zusammengestellt. Immer wenn ein Patient schwer zu beeinflussende Wiederholungszwänge an den Tag legt oder, wie in meinem Fall, unter einer bestimmten Angst leidet, die sich gegen traditionelle Behandlungsmethoden resistent zeigt, kann die Rückführung in frühere Existenzen von großem Nutzen sein – und zwar ungeachtet dessen, ob der Patient oder der Therapeut die zutage geförderten »Erinnerungen« tatsächlich als zu vergangenen Inkarnationen gehörig deutet oder nicht. Woolger vertritt den Standpunkt, daß es zusätzlich zur objektiven Wahrheit auch eine »psychische Wahrheit« gibt, die er als »dasjenige« definiert, »was für den Patienten real ist«. Er erklärt seinen Patienten, es spiele überhaupt keine Rolle, ob sie an die Wiedergeburt glauben oder nicht, weil das Unbewußte bei korrekter Fragestellung fast immer eine Erinnerung aus einem früheren Leben hervorbringen wird.

25 Prozent der Weltbevölkerung aber – zum größten Teil Hindus und Buddhisten – *glauben* an die Reinkarnationslehre, da sie einen zentralen Aspekt ihrer jeweiligen Religion darstellt. Meinungsumfragen zufolge glauben auch 28 Prozent aller US-Amerikaner an die Wiedergeburt, und dies trotz der Tatsache, daß die Vereinigten Staaten ein weitgehend christliches Land sind. Auch wenn sich die Gelehrten noch darüber streiten, ob die Wiedergeburtslehre von der Urkirche akzeptiert wurde, steht jedenfalls fest, daß sie spätestens im Mittelalter als ketzerisch galt. Die derzeit verbindliche Auffassung der Kirche besagt, daß ein einziges – *dieses* – Leben darüber entscheidet, ob der Mensch die Ewigkeit im Himmel oder in der Hölle zubringen wird. Die Anhänger der Reinkarnationslehre hingegen glauben an eine mehr oder weniger lange Abfolge von Existenzen, die, durch das Gesetz des Karmas geregelt, einander ausgleichen und kompensieren. Die Seele wird nach dieser Auffassung nicht *gerichtet*, sondern erhält beliebig viele Chancen, zu wachsen und sich höherzuentwickeln. Indem sie gegebenenfalls ein und dieselbe »noch unerledigte« Situation in verschiedenen Inkarnationen wiedererlebt, hat sie Gelegenheit, immer mehr Weisheit und Selbsterkenntnis zu erwerben. Am Ende dieses Prozesses – nachdem sie die Auswirkungen jeder ihrer frei gefällten Entscheidungen erfahren hat – kehrt sie, an Weisheit und Mitgefühl dem Schöpfer ebenbürtig, zum Licht zurück.

Die Anhänger der Reinkarnationslehre führen gewöhnlich mehrere Argumente zur Begründung ihres Glaubens ins Feld. Erstens, wenn jede Seele nur ein einziges Leben zur Verfügung hätte, um ihre »Erlösungswürdigkeit« unter Beweis zu stellen, dann befänden sich Menschen, die beispielsweise in ärmlichen Verhältnissen, im Krieg oder als Kinder gewalttätiger Eltern geboren werden, in einer weit ungünstigeren Ausgangssituation als jemand, der in Frieden und Wohlstand aufwachsen kann. Wo bliebe dann die vielzitierte göttliche Gerechtigkeit? Zweitens würde die Reinkarnationslehre eine plausible Erklärung für »Wunderkinder« und Genies liefern. Wie kommt ein Mozart oder ein Einstein an seine überragenden schöpferischen – künstlerischen und/oder intellektuellen – Fähigkeiten, außer er hat sie sich in einer Reihe voraufgegangener Existenzen nach und nach angeeignet? Drittens würde die Seelenwanderung die offenkundige »Ungerechtigkeit« des Lebens erklären. Warum wird ein Mensch in reichen, ein anderer in armen Verhältnissen geboren? Warum fällt ein unschuldiger, völlig unbeteiligter Passant einem Bombenanschlag oder einem bewaffneten Raubüberfall zum Opfer?

Im Kontext mehrerer aufeinanderfolgender Inkarnationen betrachtet, erweisen sich scheinbar »zufällige«, sinnlose Ereignisse als notwendige und vollkommen logische Auswirkungen des Karmas – das heißt des Gesetzes von Ursache und Wirkung. Wenn es wirklich stimmt, daß der Mensch erntet, was er sät, dann müssen wir jedes Ereignis, das wir durch Ausübung unseres freien Willens bewirkt haben, früher oder später auch am eigenen Leib erfahren. Wenn wir gemordet haben, werden wir vielleicht dereinst selbst Opfer der Gewalt werden und auf diese Weise die Chance erhalten, die Fähigkeit zum Mitleiden zu entwickeln. Oder vielleicht werden wir als Krankenpfleger oder Chirurg wiedergeboren, um so dem Universum das Menschenleben, das wir einst nahmen, mit Zins und Zinseszins »zurückgeben« zu können. Es ist allerdings, wie schon in einem früheren Kapitel angedeutet, äußerst wichtig, nicht zu einem Karma-Fundamentalisten zu werden, der jedes Mißgeschick achselzuckend als »schlechtes Karma« deklariert. So sehr ich von der Realität des Kausalitätsgesetzes überzeugt bin, glaube ich doch auch, daß die Wege der »kosmischen Gerechtigkeit« weit komplexer und verschlungener sind, als daß sie sich im einzelnen nach den simplifizierenden Kategorien von »Gut« und »Böse« analysieren ließen.

Das am häufigsten *gegen* die Reinkarnationstheorie vorgebrachte Argument besagt, daß sich normalerweise niemand an vergangene Existenzen erinnert. Die Kabbalisten, die Anhänger einer jüdischen mystischen Geheimlehre, erklären diesen Umstand auf eher poetische Weise, indem sie sagen, daß im Augenblick unserer Geburt ein Engel uns einen Trank des Vergessens verabreicht. John Van Auken, der sich lange Zeit mit Edward Cayce, dem vielleicht bekanntesten »Seher« in diesem Jahrhundert, beschäftigt hat, liefert eine »wissenschaftlichere« Erklärung für diese unsere Vergeßlichkeit. In seinem ausgezeichneten Buch *Born Again and Again* stellt er die Hypothese auf, daß im Augenblick des Todes unser Bewußtsein seine Tätigkeit einstellt – genauso wie wir beim Einschlafen das Bewußtsein verlieren. In den vier- und fünfdimensionalen Reichen, in denen wir zwischen den einzelnen Inkarnationen existieren, bedienen wir uns des Unterbewußtseins, also derjenigen psychischen Instanz, die wir von Träumen, Visionen und Intuitionen her kennen.

Im Augenblick der Reinkarnation muß die Seele nun, so Van Auken, ein neues Bewußtsein »anlegen«, um sich wieder in der dreidimensionalen Wirklichkeit zurechtfinden zu können. Dieses Bewußtsein ist somit von demjenigen verschieden, das wir in der vorigen Existenz benutzt haben, ebenso aber auch von dem Unterbewußtsein, mit dem wir träumen und das wir in anderen Wirklichkeiten benutzen. Das also ist der Grund, warum es keine Erinnerungen an frühere Inkarnationen besitzt. Wohl aber haben wir die Möglichkeit, solche Erinnerungen mit Hilfe des Unterbewußtseins wieder hervorzuholen – und genau auf diese Weise kommen gelenkte Regressionen in frühere Existenzen zustande. Gibt es aber auch Fälle, in denen das Unterbewußtsein spontan hervorbricht und Erinnerungen an frühere Leben freigibt, die sich objektiv verifizieren lassen?

Um dieser Frage auf den Grund zu gehen, studierte Roger Woolger die Forschungsergebnisse eines anderen Wissenschaftlers, Dr. Ian Stevenson von der University of Virginia, der seit 1960 solche Fälle sammelt. Wie ein guter Detektiv hat Stevenson weite Reisen unternommen und Augenzeugenberichte über Kinder aus Indien, Sri Lanka, der Türkei und dem Libanon gesammelt, die sich an frühere Inkarnationen zu erinnern scheinen. Er und sein Team interviewten das jeweilige Kind, dessen Angehörige und etwaige Zeugen. Auf diese Weise haben sie faszinierende Fälle dokumentiert, in denen das Kind beispielsweise in ein anderes, ihm unbekanntes Dorf gebracht wird und auf Anhieb imstande ist, Wohnhaus, Arbeitsplatz und persönliche Gegenstände aus einer früheren Existenz zu bezeichnen.

Stevensons Kritiker führen allerdings die Tatsache ins Feld, daß die von ihm recherchierten Fälle aus Ländern stammen, in denen der Glaube an die Wiedergeburt einen festen Bestandteil der religiösen Vorstellungen der Menschen darstellt. Dies könnte zu einem »Verzerrungseffekt« führen, da nicht auszuschließen sei, daß die Kinder aus dem unbewußten Wunsch heraus, anderen (meist den Eltern) eine Freude zu machen, aus beiläufigen Bemerkungen von Personen, die den Verstorbenen kannten, unbewußt Informationen über diesen gesammelt haben und sich in Wahrheit nur daran erinnern. Dennoch sind solche Fälle schwer zu widerlegen. Die Fähigkeit, ohne zu zögern oder sich zu irren, persönliche Gegenstände aus einem früheren Leben zu erkennen, ist übrigens eines der Kriterien, anhand derer jeder neue Dalai-Lama – nachdem bestimmte Zeichen weise Männer zu dem betreffenden Kind geführt haben – auf seine »Authentizität« hin überprüft wird. Der gegenwärtige Dalai-Lama gilt als die 14. Inkarnation des Avalokiteshvara, des Bodhisattvas der Barmherzigkeit.

Woolger selbst referiert den Fall eines Amerikaners, der sich an eine frühere Existenz als französischer Grundbesitzer erinnerte. Da er sich auch an den Namen und das Geburtsdatum dieses angeblichen früheren Ichs erinnerte, reiste der Amerikaner nach Frankreich und fand tatsächlich amtliche Unterlagen über die Geburt der fraglichen Person. Wäre der Grundbesitzer eine ausreichend wichtige Persönlichkeit gewesen, um in Geschichtsbüchern erwähnt zu werden, könnte man damit argumentieren, der Amerikaner habe dessen Namen in der Schule oder sonstwie unbewußt aufgeschnappt. Dies war aber offensichtlich nicht der Fall.

Die Kritiker der Reinkarnationstheorie versuchen diese oft dadurch zu entkräften, daß sie angebliche Erinnerungen an frühere Existenzen auf Informationen zurückführen, die in diesem Leben aufgenommen und vergessen wurden. Unzählige Daten aus den verschiedensten Wissensgebieten – Geschichte, Sprachen, Religionen und anderem mehr – werden bewußt oder unbewußt aufgenommen und auf der »Festplatte des Unbewußten« gespeichert, von wo sie unter den richtigen Bedingungen auch wieder abgerufen und weiterverarbeitet werden können. Bei Gehirnoperationen beispielsweise – die fast immer bei vollem Bewußtsein des Patienten durchgeführt werden – lassen sich durch Reizung bestimmter Areale der Großhirnrinde detaillierte Erinnerungen an völlig unbedeutende Ereignisse, wie einen beliebigen Tag im Kindergarten, wachrufen. Offenbar bleiben selbst so bedeutungslose Einzelheiten wie die Farbe der Schuhe unserer Kindergärtnerin irgendwo in unserem Gehirn gespeichert! Ich glaube durchaus, daß einiges von dem, was in Erinnerungen an vergangene Existenzen auftaucht, in Wirklichkeit solche vergessenen (und vielleicht nie bewußt gewesenen) Wahrnehmungen aus dem gegenwärtigen Leben sein könnten. Die Möglichkeit einer solchen »Vermischung« von Erinnerungen aus näherer und fernerer Vergangenheit schließt in meinen Augen allerdings nicht aus, daß *einige* dieser Erinnerungen in realen früheren Inkarnationen abgespeichert worden sein könnten.

Ein anderes häufiges Argument gegen die Reinkarnationstheorie lautet, daß einfach zu viele Menschen behaupten, in ihren früheren Leben berühmte Persönlichkeiten gewesen zu sein. In Amerika wird diese Täuschung von selbsternannten »Sehern« bestärkt, die im Kabelfernsehen ihre Dienste anbieten und bereit sind, jedem, der ihre horrenden Honorare bezahlt, von – durchweg eindrucksvollen – »vergangenen Existenzen« zu erzählen. Aber der mißtrauenerweckende Eindruck, daß es zu viele Fürsten und zu wenige Bauern gibt, verschwindet, sobald die Rückführung auf ernsthafte, professionelle Weise betrieben wird und nicht als oberflächlicher Zeitvertreib und Egotrip.

Ich würde gewiß nicht jedem empfehlen, sich einer Rückführungstherapie zu unterziehen. Es kann eine emotional erschöpfende, gefahrvolle Arbeit sein, ein sehr altes Trauma in qualvoller Ausführlichkeit neu zu durchleben. Wenn solche Traumata ins Bewußtsein gehoben werden, ohne daß eine gründliche Aufarbeitung folgt, können sie außerdem mehr Schaden als Nutzen anrichten. Wenn Ihre innere Führung Ihnen zu einer Erforschung vergangener

Existenzen rät, versichern Sie sich zuallererst der Hilfe eines qualifizierten Therapeuten. Versuchen Sie es nicht auf eigene Faust, und verlassen Sie sich erst recht nicht auf wohlmeinende, aber unerfahrene Freunde.

Die Suche nach einem geeigneten Experten kann sich naturgemäß – da die Rückführung in vergangene Existenzen nicht eben zu den fest etablierten und allgemein anerkannten Therapieformen gehört – etwas schwierig gestalten. Vielleicht haben Sie Glück, und jemand aus Ihrem Bekanntenkreis kann Sie zumindest auf die richtige Spur setzen. Eine konkrete Möglichkeit, zu der ich Ihnen raten würde, wäre, alle in den »Gelben Seiten« aufgeführten Psychologen und Psychotherapeuten der Reihe nach anzurufen und zu fragen, ob sie selbst solche Behandlungen durchführen oder ob ihnen bekannt ist, wer das tut. Wenn Sie einen Therapeuten gefunden haben, der hypnotische Rückführungen anbietet, versuchen Sie sich zuerst von seiner Qualifikation und seiner Zuverlässigkeit zu überzeugen. Fragen Sie nach seiner spezifischen Ausbildung, bitten Sie ihn um Referenzen, unterhalten Sie sich mit ihm, und fügen Sie dann dem Ergebnis Ihrer rationalen Recherchen noch Ihr intuitives Urteil hinzu. Wenn Sie auch nur die geringsten Bedenken dagegen haben, sich einem bestimmten Therapeuten anzuvertrauen – lassen Sie die Finger davon!

Roger Woolger und mehrere Therapeuten aus meinem Bekanntenkreis, die mit transpersonaler Rückführung arbeiten, versichern, daß die meisten Regressionen völlig durchschnittliche, unauffällige oder aber sogar ausgesprochen unerfreuliche und traumatische Existenzen ergeben und daß »glamouröse« Inkarnationen (als König, Hohepriesterin und so weiter) eher die Ausnahme darstellen. Außerdem scheinen vergangene Existenzen in Gruppen oder Serien aufzutauchen, die miteinander und mit bestimmten Problemen zusammenhängen, die die Person im gegenwärtigen Leben zu lösen versucht. Genauso verhielt es sich übrigens auch in meinem Fall.

Karma-Reinigung – das Heilen von Erinnerungen

Die nächste kosmische Geheimagentin, die mit dem Auftrag ausgesandt wurde, mir bei der Entwirrung der Geschichte meiner Angst zu helfen, versuchte ich zuerst abzuwimmeln. Sie heißt Elizabeth Lawrence, und sie ist eine Mari-El-Heilerin. Mari-El ist ein System zur Heilung alter Erinnerungen ohne Rücksicht darauf, wann oder wo sie entstanden sein mögen. Mari-El hat eine faszinierende Entstehungsgeschichte. Eine Frau namens Ethel Lombardi hatte jahrelang als Reiki-Heilerin gearbeitet (ein System, bei dem der Heiler als Kanal für das göttliche Licht fungiert). Dabei aber verschlechterte sich ihr eigener Gesundheitszustand zusehends.

Auf dem Flug nach Rochester, Minnesota, wo sie sich in der Mayo-Klinik wegen eines schweren Herzleidens behandeln lassen wollte, erlebte sie eine Wunderheilung – eine spontane und vollständige Wiederherstellung ihrer normalen Herzfunktion –, als ein Regenbogen in das Flugzeug eindrang und sie in sein Licht tauchte. Später »empfing« Frau Lombardi Instruktionen über eine neue Art des Heilens durch eine weibliche Energie, die sie als Maria, die Mutter Jesu, erlebte. In diesem System werden Maria und ihre Engel angerufen, damit sie die Heilung überwachen. Die Heilung selbst besteht darin, die in den sieben feinstofflichen Energiezentren des Körpers, den Chakras, gespeicherten traumatischen Erinnerungen hervorzuholen und zu transformieren. Das System wird Mari-El-Heilen genannt, wobei *Mari* für »Maria« steht und *El* ein semitisches Wort für »Gott« ist.

Beth Lawrence ist eine sowohl in traditioneller Psychotherapie als auch in Mari-El-Heilen ausgebildete Seelsorgerin. Obwohl sie nur ein paar Minuten von uns entfernt wohnt, kannte ich sie nicht, bis sie eines Tages anrief und sagte, sie würde mich gern sehen und sich mit mir unterhalten. Sie bot mir eine Mari-El-Behandlung an. Ich war nicht gerade begeistert. Im Laufe der Jahre hat man mir immer wieder vorgeschlagen, die verschiedenartigsten Therapien auszuprobieren, und wenn solche Behandlungen etwas nützen, dann führen sie in der Regel früher oder später dazu, daß eine Flut unerledigten Materials – wie aus der geöffneten Büchse der Pandora – hervorbricht. Ich war zu der Zeit nicht in der Stimmung, mich mit Pandoras unerfreulichen Geschenken auseinanderzusetzen oder einer wildfremden Person meine Seele zu öffnen. Ich lehnte dankend ab. Aber Beth blieb hartnäckig. Schließlich trafen wir uns zum Kaffee und wurden mit der Zeit Freundinnen. Als sich ein Band des Vertrauens herausgebildet hatte, willigte ich ein, mich nach der Mari-El-Methode behandeln zu lassen.

Die Vorstellung, daß alte, unausgeheilte Erinnerungen im Körper und in dessen immateriellem Energiesystem gespeichert sein sollten, leuchtete mir unmittelbar ein. Viele Körpertherapeuten machen diese Erfahrung, wenn sie einen bestimmten Bereich des Körpers behandeln und plötzlich eine Flut von Emotionen – oft von konkreten Erinnerungen begleitet – hervorbricht. Alter Kummer beispielsweise wird manchmal in Form des berühmten »Kloßes im Hals« gespeichert. Vor jeder Sitzung rief Beth ihre Helfer aus der unsichtbaren Welt an, die Mari-El-Engel, und betete um meinetwillen um das bestmögliche Resultat. Dann, während ich entspannt auf dem Fußboden lag, richtete sie ihre ganze Aufmerksamkeit auf mein feinstoffliches Energiefeld. Sie hielt beispielsweise ihre Hände über meine Augen und fragte mich, was ich sah. Und verblüffende Bilder strömten in mein Bewußtsein.

Als erstes tauchten verschiedene schmerzliche Erinnerungen aus meiner Kindheit auf. Ich schilderte Beth, was mir jeweils zu Bewußtsein kam, und sie führte mich durch eine Heilung der betreffenden Erinnerung, indem sie mich fragte, was gerade »geschah«, mir auftrug, mein inneres Kind zu trösten und ihm alles zu erklären, und mir schließlich dabei half, dem Erwachsenen, der mich verletzt hatte, zu verzeihen. Der Prozeß war zutiefst emotional und so real, als ereignete er sich in dem Augenblick. Da es im Reich des Unbewußten weder Zeit noch Raum gibt, besitzen aus diesem Gedächtnisspeicher abgerufene Erinnerungen dieselbe emotionale Intensität, die das auslösende Erlebnis gekennzeichnet hatte.

Im Laufe von vier Sitzungen tauchten Bündel schmerzlicher Erinnerungen aus dem gegenwärtigen Leben auf, die durchweg im Zusammenhang mit ungeheilten Kindheitserlebnissen standen.

Beth rief die Erinnerungen wach, wir heilten sie gemeinsam, und dann räumte sie mit Hilfe ihrer unsichtbaren Helfer die Gedächtnisrückstände aus meinem Energiekörper. Was wir taten, war, altes Karma abzuschließen, es zu klären, um meine Seele von dem Zwang zu befreien, schmerzliche Erfahrungen immer wieder neu zu durchleben.

Auf sanskrit werden die alten Eindrücke, die wir beim Verlassen dieses Lebens mit uns nehmen – die ungeheilten, mit Bedauern, Groll und Angst durchtränkten Erinnerungen – *samskaras* genannt. Diese Erinnerungen sind in unsere Seele eingeätzt wie die Linien einer Radierung. Nach buddhistischer und hinduistischer Anschauung ist der Augenblick des Todes der Zeitpunkt, in dem diese Gedächtnismuster unauslöschlich festgeschrieben werden. Jede unerledigte Angelegenheit, die wir dann noch in uns tragen, lagert sich an uns als *samskara* ab und bestimmt als karmischer Faktor unsere weiteren Geschicke. Die Notwendigkeit (das heißt das unbewußte Bedürfnis), dieses Karma abzuarbeiten und abzuschließen, wird uns zu einer anderen Zeit und an einem anderen Ort – in dieser oder in einer anderen Welt – wieder in eine ähnliche Situation bringen, wodurch wir Gelegenheit haben werden, die Auswirkungen unserer früheren Handlungen zu erleben und sie, immer mehr an Weisheit und Mitgefühl gewinnend, zu transzendieren.

Zwischen den einzelnen Sitzungen mit Beth hatte ich lebhafte Träume, die sich auf die jeweils zum Vorschein gekommenen Erinnerungen bezogen. Fragmente unerledigter Angelegenheiten, an die ich aus Scham nicht zu denken gewagt hatte, drängten darauf, zum Ausdruck gebracht zu werden. Nach der vierten Sitzung wußte ich, daß die Zeit gekommen war, einige sehr schmerzliche Erinnerungen zu heilen: Sie betrafen meinen Autounfall, die ihm vorausgegangene, zutiefst beschämende Tatsache, daß ich die Arbeit eines Kollegen ohne Quellenangabe benutzt hatte, sowie persönliche Schwierigkeiten, die ich mit einem ehemaligen Vorgesetzten gehabt hatte.

Während der fünften und letzten Sitzung brachen diese Erinnerungen mit unglaublicher Intensität hervor. Beth arbeitete gerade in der Gegend meines Solarplexus, des Energiezentrums, in dem das

Selbstwertgefühl lokalisiert ist, als mir plötzlich eine fremdartige Situation zu Bewußtsein kam. Während der Sitzung kamen die »Knochen« der Erinnerung zurück. Ihr »Fleisch« barg ich erst, als ich mich anschließend in einen entspannten meditativen Zustand versetzte, in diese – wie es schien – frühere Existenz zurückkehrte und ganze Szenen schaute, die sich in meinem Gedächtnis entrollten und mir nähere Informationen über einzelne Aspekte des betreffenden Lebens gewährten.

In dieser Erinnerung war ich eine kleine, unscheinbare Frau Mitte 20 und lebte in London während einer Periode religiöser Verfolgungen. Ich war Hebamme, und wie viele Geburtshelferinnen jener Zeit war ich zugleich Heilerin und Kräuterkundige. Ich befand mich mit einer Gruppe von Frauen in einem Kellerraum, einem Versteck, in dem wir eine geheime Versammlung abhielten. Mit einem geflochtenen Korb in der Hand stand ich abseits. Ich war zutiefst beschämt und erwartete ängstlich, daß man mich bestrafte und ausstieß.

Ein kirchlicher Untersuchungsbeamter war in meine bescheidene Wohnung gekommen und hatte mich der Hexerei bezichtigt. Es war klar, daß er die meisten Hebammen in der Gegend kannte und daß wir alle verhaftet und – je nachdem, wie unser gesellschaftlicher Status war – »bekehrt« oder hingerichtet werden sollten. Ich war eine arme Witwe mit zwei kleinen Kindern und ohne weitere lebende Verwandte. Im Falle meiner Hinrichtung, so befürchtete ich, würden meine Kleinen unweigerlich zu Straßenkindern werden, von denen im damaligen London schon so viele ein elendes Dasein fristeten. Ich wußte, daß sie das nicht überleben würden. Der Inquisitor eröffnete mir, man würde mich begnadigen, wenn ich gegen die anderen Frauen aussagte.

Mein seelischer Konflikt war unerträglich. Wenn ich gegen meine Kolleginnen aussagte und offen zugab, daß wir Heilerinnen waren, konnte dies für die guten Frauen den Tod auf dem Scheiterhaufen bedeuten. Tat ich es nicht, würden meine Kinder mit Sicherheit sterben. Unter großer Furcht entschloß ich mich zuletzt, meine Kinder zu retten. Doch tief beschämt erkannte ich zugleich, daß ich auch *mich selbst* retten wollte – ja, daß ich vielleicht auch ohne die

Kinder zu dem gleichen Entschluß gekommen wäre. Der Schmerz dieser Erkenntnis machte sich in grauenvollen, herzzerreißenden Schluchzern Luft. Die Schuldgefühle, die Scham und der Selbsthaß, die ich beim erneuten Durchleben dieser Szene verspürte, waren fast unerträglich – und mir sehr vertraut: Es waren exakt dieselben Gefühle, die ich durchgemacht hatte, als mir bewußt geworden war, daß ich, ohne es zu wollen, meinen Kollegen verletzt hatte.

Beth wies mich an, die zwei Hebammen, die ich verraten hatte, in der Vorstellung in einen Lichtkreis zu stellen. Ich tat es, wenngleich mit großer Beklommenheit, denn mein Herz war schwer, und ich war wie gelähmt vor jahrhundertealten Schuldgefühlen. Von den heftigsten Emotionen erfüllt, erzählte ich diesen Frauen, was mich damals bewegt und warum ich gegen sie ausgesagt hatte. Ich konnte nichts zu meiner Rechtfertigung vorbringen. Es war einfach das Beste, was ich zu dem Zeitpunkt tun konnte. Ich bat sie im Geiste um Vergebung, und die Sanftheit und Milde ihrer Reaktion verblüffte mich zutiefst. Sie wußten, daß ich in eine Situation gedrängt worden war, in der es keine klaren Entscheidungen geben konnte. Sie erklärten, ich müsse begreifen, daß das Problem nicht ein an ihnen begangener Verrat sei, sondern meine Selbstzweifel und mein Selbsthaß. Alle hatten mir schon vor langer, langer Zeit verziehen – nur ich selbst nicht. Ich hielt meine eigene Seele als Geisel gefangen, und es war jetzt an der Zeit, sie freizulassen.

Die zwei Hebammen verrieten mir auch, der Vorgesetzte, zu dem ich ein so gespanntes Verhältnis gehabt hatte, sei niemand anders als der Inquisitor, der mich verhaftet und unter Druck gesetzt hatte. Auch er sei noch mit der Abarbeitung des Karmas aus jener Existenz beschäftigt. Auch er müsse die Situation verstehen, die Verantwortung dafür übernehmen und dann sich selbst verzeihen. Sie schlugen vor, daß wir alle gemeinsam für ihn beten sollten. Das Wiedererleben dieser Erinnerung hatte mir eine ungeheure Erleichterung verschafft, und die unmittelbare Folge davon war, daß der Groll, den ich noch gegen den schwierigen Chef gehegt hatte, restlos dahinschmolz. Ich gewann außerdem wertvolle Einsichten in das Muster paranoider Angst, das sich jedesmal bemerkbar machte, wenn ich glaubte, jemanden verletzt zu haben. Es rührte, wenigstens zum Teil, von der schweren Schuld her, meine Schwestern im Geiste, die Hebammen, verraten zu haben.

Herkunft und Zweck der Geschichten

Die zwei Erinnerungen an vergangene Existenzen, die ich bis dahin geborgen hatte – die eine mit Beths und die andere mit Magalys und Carole Anns Hilfe –, kreisten jeweils um einen Verrat. Diese Erfahrungen fühlten sich äußerst vertraut an, und ich fragte mich, ob sie wirklich Erinnerungen an frühere Leben darstellten oder ob sie lediglich das Ergebnis meiner unbewußten Produktion von Geschichten aus emotional aufgeladenem Material *dieses* Lebens waren. Schließlich findet beim Träumen mit Sicherheit ein ähnlicher Prozeß statt. Die große potentielle Heilkraft der Geschichten stand außer Frage. Was mein Verstand wissen wollte, war einfach, inwieweit der Reinkarnation eine *objektive Realität* zukam. Wohnte meine Seele wirklich einmal im Leib dieser Hebamme im mittelalterlichen London? Hatte ich einst, im alten Ägypten, wirklich eine Schwester, die wahnsinnig wurde, als ich versuchte, sie in Tempelmysterien zu initiieren, für die sie noch nicht vorbereitet war? Ich habe keine Möglichkeit, diese Fragen zu beantworten. Wohl aber habe ich die eine oder andere Idee, woher diese Geschichten kommen könnten und auf welche Weise sie uns nützen.

Dr. Fred Alan Wolf ist ein namhafter Physiker, dessen besonderes Interesse den Zusammenhängen zwischen Naturwissenschaft und veränderten Bewußtseinszuständen gilt. Er hat mehrere Bücher veröffentlicht, in denen er über die Natur des Geistes und des Universums spekuliert. In *The Dreaming Universe* referiert er, was Henri Corbin, ein bekannter französischer Islamwissenschaftler, über das sogenannte »imaginale Reich« schreibt. Wir betreten dieses Reich, so Corbin, wenn wir träumen, während Nahtoderfahrungen und anderer »exsomatischer (außerkörperlicher) Erfahrungen« sowie möglicherweise bei solchen »Übergangserfahrungen« wie den angeblichen Entführungen durch Ufos, die dem beteiligten

Subjekt vollkommen real erscheinen. Der Bewußtseinszustand, der sich während der Hypnose, der Meditation, dem Tagtraum und der tiefen Entspannung einstellt, ist ein Tor in dieses Reich. Nach Auffassung Corbins und anderer ist das imaginale Reich ontologisch real, das heißt, es besitzt objektive Wirklichkeit. *Imaginal* ist nicht gleichbedeutend mit *imaginär*. Andererseits unterscheidet sich die imaginale Wirklichkeit grundlegend von unserer gewohnten Welt des Wachbewußtseins.

Schamanen betreten das imaginale Reich im Interesse anderer Seelen. Vielen schamanischen Traditionen zufolge verlieren wir, wenn wir ein Trauma erleiden, ein Stück unserer Seele. Es bleibt am Trauma haften, irgendwo im imaginalen Reich, jenseits von Raum und Zeit. Wir können uns in dieser Welt nicht vorwärtsbewegen und Neues erleben, weil unsichtbare Bande uns an einen Schmerz und eine Trauer aus einer anderen Zeit und einer anderen Welt gefesselt halten. In vielen Kulturen glaubt man, dieser Seelenverlust sei die unmittelbare Ursache psychischer und körperlicher Krankheiten – eine Auffassung, die ich (wenn auch mit gewissen Einschränkungen) teile. Es ist die Aufgabe des Schamanen, in das imaginale Reich vorzustoßen und den gefangenen Seelenanteil zu befreien.

Das imaginale Reich, in dem Schamanen arbeiten, ist die Realität, in der Regressionen in andere Existenzen stattfinden. Dieses »Land der Seelen« ist gekennzeichnet durch jenen kulturübergreifenden Symbolismus, der in den Mythen aller Völker, im Tarot und in den von C. G. Jung analysierten Archetypen auftaucht. Diese Symbole sind Teil von universalen Geschichten – Ersten Geschichten –, die alle Seelen auf ihrer Rückreise aus der Materie zur Wiedervereinigung mit dem Licht durchleben. Ich glaube, daß alle Geschichten, die im Verlaufe einer hypnotischen Rückführung in vergangene Existenzen auftauchen, im imaginalen Reich der Archetypen real sind, daß aber nur manche von ihnen sich in der dreidimensionalen Wirklichkeit zugetragen haben.

Meine Theorie lautet in etwa wie folgt: In unserer Kultur wird festen, materiellen Objekten allgemein größere Realität zugeschrieben als Gedanken. Dies führt wiederum zu dem übereilten Schluß, die Materie bringe das Geistige hervor. Doch wie wir in früheren Kapiteln anhand einer Fülle von Indizien gesehen haben, überlebt das Bewußtsein – das Vermögen zu denken, zu fühlen und zu reflektieren, das wir als das Ich oder Selbst erleben – den Tod des Gehirns und kann auch zu dessen Lebzeiten völlig unabhängig von ihm über große Entfernungen hinweg wirken. Materie ist lediglich eine tiefer schwingende Form von Gedankenenergie. Und Energie kann, wie Einstein lehrte, weder erschaffen noch zerstört werden.

Die esoterischen Lehren vieler alter Kulturen beschreiben die »eigentliche« Wirklichkeit als ein Reich der Gedankenenergie, aus der Ideen sich konkretisieren und in die dichtere Welt der physischen Erscheinungen »hinabfallen«. Mit anderen Worten: Alles, was materiell wirklich ist, besitzt zunächst eine Wirklichkeit im imaginalen Reich. Und lange nachdem unsere physische Existenz ein Ende gefunden hat, wirken die Taten, die wir begangen, und die Gedanken, die wir produziert haben, als sogenannte Elementale (Gedankenenergie) im imaginalen Reich fort. Verglichen mit diesem ist die dreidimensionale Wirklichkeit eine unbeständige, kurzlebige Ebene der Schöpfung, eine Phantomwelt, die sich im Augenblick unseres Erwachens, dem Tod, wie ein Traum verflüchtigt.

Die materielle Welt, in der wir nach der objektiven Wirklichkeit vergangener Existenzen suchen, ist daher nur die Projektion einer dauerhafteren Wirklichkeit, in der alle Geschichten, die je erlebt, und viele weitere, die möglicherweise nicht *physisch* erlebt wurden, »aufgeschrieben« sind und ewig weiterexistieren. Da alle Geschichten in diesem Reich wurzeln, glaube ich, daß die intensiven Erfahrungen, die wir bei Regressionen in vergangene Existenzen machen, objektive Realität besitzen – mögen sie nun irgendwann auch *materiell* wirklich gewesen sein oder nicht.

Dies würde erklären, warum mehrere Personen eine kathartische (emotional läuternde), zutiefst heilsame Regression in ein und dieselbe Inkarnation haben und sich an dasselbe Leben als, sagen wir, Maria Magdalena, Jeanne d'Arc oder eine andere mythisch bedeutsame Gestalt »erinnern« können. Diese Existenzen sind Archetypen – Urgeschichten –, die ewig in der imaginalen Wirklichkeit existieren und die *jeder* von uns im Zuge der Evolution seiner Seele in mehr oder weniger gleichbleibender Form durchlebt.

Im Verlauf des Prozesses, durch den unsere Seelen zu – wie John Van Auken sie nennt – »Gefährten Gottes« heranwachsen, müssen wir uns der Versuchung stellen, unsere Willensfreiheit zu mißbrauchen, die verschiedenen Reiche des Bewußtseins meistern und uns dafür entscheiden, unseren individuellen Willen nach dem göttlichen auszurichten und damit zu Mitschöpfern zu werden. Indem wir Stück für Stück dieses gigantische Puzzle des Seelenwachstums zusammensetzen, erleben wir nach und nach *jeden* Archetypus, verkörpern wir früher oder später *jede* archetypische Rolle: die des Liebenden und des Geliebten, des Verräters und des Verratenen, des Elternteils und des Kindes, des Opfers und des Täters, des Weisen und des Narren, des Lehrers und des Lernenden, des Heiligen und des Sünders.

Jenseits der Dualität – die festgefahrene Seele befreien

Unsere Seele kann sich allerdings unterwegs »festfahren«, wenn wir, anstatt unsere jeweilige Aufgabe zu Ende zu führen und weiterzuziehen, in einer der Geschichten steckenbleiben. In ebensolchen Fällen kann eine moderne schamanische Seelenrettungsaktion – also eine hypnotische Rückführung in eine frühere Existenz – von größtem Nutzen sein, indem sie hilft, uns bewußtzumachen, wie wir uns in das Fahrgleis eines karmischen Wiederholungszwangs hineinmanövriert haben, und indem sie uns die nötigen Mittel zu unserer Befreiung schenkt.

Die dreidimensionale Wirklichkeit wird aus den höheren Dimensionen auf dem Wege der Polarisierung erschaffen, also der Aufspaltung der Ganzheit in Gegensätze: männlich und weiblich, rechts und links, Nacht und Tag, Gut und Böse, oben und unten, ich und du, menschlich und göttlich – und, um wieder dorthin zurückzukehren, wo ich in meinen eigenen Regressionen steckengeblieben war, in Verräter und Verratener. Die Identifikation mit jeweils einem dieser Gegensätze führt stets zu demselben Resultat: Man bleibt irgendwo »stecken«.

Eines meiner Lieblingsgedichte heißt »Der Donner, Vollkommener Geist« und handelt von der Integration dieser Gegensätze. Es befand sich zusammen mit 51 anderen alten Manuskripten in einem großen Tonkrug, der im Jahre 1945 von einem Bauern in der Nähe der ägyptischen Wüstenstadt Nag-Hammadi durch Zufall entdeckt wurde. Diese kostbaren Papyri waren vor fast 1800 Jahren von koptischen Mönchen vergraben worden, die sie auf diese Weise vor der Vernichtung durch die christliche Orthodoxie bewahren wollten. Wenn Sie näheres über die Nag-Hammadi-Manuskripte erfahren möchten, empfehle ich Ihnen die Lektüre von Elaine Pagels hervorragendem Werk *Versuchung durch Erkenntnis. Die gnostischen Evangelien.* Oder Sie können die Texte selbst lesen – in vollständiger englischer Übersetzung unter dem Titel *The Nag Hammadi Library*, auf deutsch nur auszugsweise veröffentlicht (beispielsweise in *Die gnostischen Evangelien* oder in *Koptisch-gnostische Schriften aus den Papyrus-Codices von Nag-Hamadi*, von Leipoldt und Schenke, zu finden).

»Der Donner, Vollkommener Geist« ist ein langes Gedicht aus *The Nag Hammadi Library*, in dem die Stimme einer uralten weiblichen Weisheit spricht, die von sich sagt, sie sei von »der Macht« ausgesandt. Sie ermahnt uns, sie niemals und nirgends zu verkennen, sondern stets wachsam zu sein. Ihr rätselhaftes Gedicht ist eine Warnung, nicht in der Dualität verhaftet zu bleiben. Sieben Seiten umfassend, besteht es durchwegs aus paradoxen antithetischen Aussagen:

> Denn ich bin die Erste und die Letzte.
> Ich bin die Verehrte und die Geschmähte.
> Ich bin die Hure und die Heilige.
> Ich bin die Gattin und die Jungfrau.
> Denn ich bin das Wissen und die Unwissenheit.
> Ich bin die Scham und die Dreistigkeit.
> Ich bin schamlos: Ich bin verschämt.
> Ich bin die Stärke, und ich bin die Angst.
> Ich bin der Krieg, und ich bin der Frieden.
> Merke auf mich auf.
> Ich bin die Erniedrigte und die Großgewaltige.

Die apokryphe Johannesgeschichte referiert eine ähnliche Lehre in Form eines Gesangs, den Jesus beim letzten Abendmahl seinen Jüngern vorgetragen haben soll. Hier eine Probe daraus:

> Ich will gerettet werden, und ich will retten. Amen.
> Ich will verletzt werden, und ich will verletzen. Amen.
> Ich will essen, und ich will gegessen werden. Amen.
> Wer da nicht tanzet, der weiß nicht, was sich begibt. Amen.

Um die Ganzheit zu kennen, müssen wir die »Gegensätze tanzen«. Ich erkannte für mich die Wahrheit dieses universalen Prinzips, als die Saga meiner Reinkarnationserinnerungen sich im Laufe der folgenden Monate immer weiter entrollte. Nur wenn ich den Standpunkt der Verräterin und der Verratenen zugleich einnehmen und beibehalten konnte – die Bereitschaft, zu vergeben und mir vergeben zu lassen –, konnte ich diese bestimmte Dualität überwinden. Das Festhalten an irgendeinem dieser Gegensätze hingegen fördert »karmische Schleifen«, die dunkle Nächte der Seele endlos über Zeit und Raum hinweg wiedererschaffen.

SIEBTES KAPITEL

Vergebung und Freiheit – das Erzählen einer uralten Geschichte

Seit damals kehrt zu ungewisser Stund'
Zurück der alte Schmerz,
Und bis daß meine düstre Mär erzählt,
Da brennt in mir das Herz.
Samuel Taylor Coleridge
»Die Ballade des alten Seemanns«*

Als mein Sohn Justin ungefähr sechs war, las ich ihm eines Abends – mit, wie ich meinte, »kindgemäßen« Kürzungen und Umformulierungen – die Bergpredigt aus dem Matthäusevangelium vor. Am Ende entschuldigte ich mich, da ich befürchtete, daß es etwas langweilig für ihn gewesen sein könnte, und versprach, ihm bald eine illustrierte Kinderbibel zu kaufen. Justin saß auf meinem Schoß und hatte den Kopf an meine Schulter gelehnt. Er war so still, daß ich schon glaubte, er sei eingeschlafen. Als ich mich entschul-

* Als ich in Roger Woolgers *Die vielen Leben der Seele* diese Passage aus der »Ballade des alten Seemanns« las, empfand ich sie als vollkommenen Ausdruck meiner immer wiederkehrenden Ängste, deren Wurzeln zu einer uralten Geschichte zurückreichten, die erzählt werden mußte, wenn ich Frieden finden wollte.

digte, drehte er sich aber um und sah mir in die Augen. »Wozu willst du mir ein Bilderbuch kaufen?« fragte er und fuhr dann in sachlichem Ton fort: »Ich seh' alle Bilder im Kopf. Ich war doch dabei. Ich hab' mit anderen Männern in einer Höhle in der Wüste gewohnt. Am Tag war es heiß, und nachts war es kalt. Wir haben nicht viel gegessen, und wir haben auf einen großen Lehrer gewartet.«

Dann schilderte er sehr ausführlich das tägliche Leben der Essener (Johannes der Täufer war einer dieser asketischen jüdischen Mystiker gewesen). Mit großer Ehrfurcht sagte er, er habe sich an dem Tag, als Jesus die Predigt hielt, die ich ihm gerade vorgelesen hatte, in der Menge befunden. Allerdings, fügte er hinzu, sei die Predigt nicht auf einem Berg, sondern auf einem ebenen Gelände gehalten worden. (Interessanterweise kommt im sechsten Kapitel des Lukasevangeliums eine ganz ähnliche, wenn auch kürzere Predigt vor, und von ihr heißt es tatsächlich, Jesus habe sie »auf einem ebenen Feld« gesprochen.) Außerdem, fuhr Justin fort, nachdem er sich seine Decke geholt und es sich wieder auf meinem Schoß gemütlich gemacht hatte, hätte ich die besten Sachen weggelassen, die Jesus sagte, um zu erklären, daß wir lieb zueinander sein sollten.

Als Justin älter wurde, verdichtete sich, wie das bei uns allen geschieht, der Schleier zwischen dieser und der anderen Welt. Abgesehen von seinem außergewöhnlich mitfühlenden Herzen war er nicht mystischer veranlagt als die meisten von uns. Aber noch als Achtjähriger war er jederzeit bereit, von seinen Gottesvisionen zu sprechen, von der Anwesenheit seines verstorbenen Großvaters, davon, wie es gewesen sei, auf Jesu Schoß zu sitzen, und von anderen Dingen, die aus dem Mund eines Kindes absolut erstaunlich klangen.

Durch Justins Bemerkung, ich hätte die besten Teile der Bergpredigt – beziehungsweise, wie er sie lieber genannt hätte, der »Feldpredigt« – weggelassen, neugierig gemacht, las ich diesen wunderschönen Text noch einmal aufmerksam durch. In Matthäus 5, Vers 18 sagt Jesus: »Denn wahrlich, ich sage euch: Bis daß Himmel und Erde vergehe, wird nicht vergehen der kleinste Buchstabe noch ein Tüpfelchen vom Gesetz, bis daß es alles geschehe.« Anschließend erklärt er im einzelnen, wie »alles« geschehen solle, mit anderen Worten, wie wir unser Karma überwinden sollen.

Jesus sagt, das alte Gesetz (das in den Zehn Geboten formulierte mosaische Gesetz) habe uns verboten zu töten, doch das sei nicht genug, um in das Himmelreich zu kommen. Wir müßten vielmehr unseren Zorn und Groll fahrenlassen und von jenen Vergebung suchen, die wir verletzt haben. »Darum: wenn du deine Gabe auf dem Altar opferst und du wirst allda eingedenk, daß dein Bruder etwas wider dich habe, so laß allda vor dem Altar deine Gabe und gehe zuvor hin und versöhne dich mit deinem Bruder und alsdann komm und opfere deine Gabe«, andernfalls, fährt Jesus fort, wirst du »in den Kerker geworfen. Wahrlich, ich sage dir: Du wirst nicht von dannen herauskommen, bis du auch den letzten Heller bezahlst« (Matthäus 5, 23–26).

Das, wodurch »der letzte Heller bezahlt« und der karmische Kreislauf der Wiedergeburten beendigt wird, ist Vergebung: Wir sollen uns selbst vergeben, unseren Mitmenschen und auch Gott, mit dem wir wegen der scheinbaren Ungerechtigkeit unseres Schicksals und unserer Leiden gehadert haben könnten. In der Bergpredigt übergab Jesus den Menschen das Gebet, das später das Vaterunser genannt wurde, als eine tägliche Übung in Vergeben. Unglücklicherweise gibt die schlechte Übersetzung von Jesu ursprünglich aramäischen Worten ins Griechische und vom Griechischen ins Deutsche seine Lehren nur unvollkommen wieder. Vergleichen Sie einmal die Lutherversion des Vaterunsers mit Auszügen aus der weit einfühlsameren und originalgetreueren Übertragung, die Neil Douglas-Klotz in seinem Buch *Das Vaterunser. Meditationen und Körperübungen zum kosmischen Jesusgebet* gibt:

Darum sollt ihr also beten:
Unser Vater im Himmel [O Gebärer(in)!
  Vater-Mutter des Kosmos.]
Dein Name werde geheiligt.
Dein Reich komme.
Dein Wille geschehe auf Erden wie im Himmel.

Unser täglich Brot gib uns heute. [Gewähre uns täglich, was wir an Brot und Einsicht brauchen.]
Und vergib uns unsere Schuld, wie wir vergeben unseren Schuldigern. [Löse die Stränge der Fehler, die uns binden, wie wir loslassen, was uns bindet an die Schuld anderer.]
Und führe uns nicht in Versuchung, sondern erlöse uns von dem Übel. [Laß oberflächliche Dinge uns nicht irreführen, sondern befreie uns von dem, was uns zurückhält.]
Denn dein ist das Reich und die Kraft und die Herrlichkeit in Ewigkeit.
Amen.
(Matthäus 6, 9–13, nach der Lutherübersetzung; »Das Vaterunser«, S. 75)

Beide Übertragungen von Jesu Worten betonen die Wichtigkeit des Vergebens. Im Kommentar zu seiner herrlichen Übersetzung gibt Douglas-Klotz mehrere mögliche weitere Bedeutungen des aramäischen Wortes *waschboklân*, das gewöhnlich mit »Vergeben« wiedergegeben wird. »Gegenseitiges Aufnehmen«, »Rückkehr zum ursprünglichen Zustand«, »Umarmen mit Leere« und »Neuaufbau von einfachen Verbindungen zu anderen« vermitteln dem Leser eine bessere Vorstellung vom Loslassen und Lösen alter Knoten, die Jesus im Sinn hatte, als er das Gebet aussprach. Analog dazu kann das traditionell mit »Schuld« übersetzte Wort mit »verborgene Vergangenheit«, »heimliche Schuld« oder »jede ›innere Frucht‹, die einen schlechten Einfluß auf den Geist und die Seele hat« wiedergegeben werden.

Ein neuer Begriff vom Vergeben

Das sich in solchen Umschreibungen äußernde Verständnis vom Vergeben strahlt die sanfte Seelentiefe und Güte aus, die Justin vor 2000 Jahren in Gegenwart Jesu erlebt zu haben glaubt. Der volltönende Klang der aramäischen Worte prägt sich dem Körper ein und ruft dadurch Emotionen hervor, die eine englische oder deutsche Übersetzung nur in weit abgeschwächterer Form zu übermitteln vermag. Ich kann Ihnen die in *Das Vaterunser* beschriebenen Übungen, die die aramäischen Laute als »Mantras« für körperzentrierte Meditationen verwenden, nur wärmstens empfehlen. Vergebung, ein Zustand tiefen Loslassens, wird im Körper als die Freiheit tiefen Entspanntseins und tröstlichen Behagens erlebt.

Mentale Begriffe des Vergebens sind weniger unmittelbar als der körperliche Akt des Loslassens, und sie sind häufig verwirrt und verwirrend. Vergeben hat nichts mit dem irregeleiteten *Entschuldigen* verantwortungslosen, verletzenden Handelns zu tun. Ebensowenig bedeutet es ein oberflächliches »Darreichen der anderen Backe«, welches nichts anderes bewirkt, als daß wir uns wie arme Opfer und Märtyrer fühlen. Es bedeutet vielmehr das Zuendeführen und Abschließen einer alten Angelegenheit, was uns ermöglicht, die Gegenwart ohne das Gift der Vergangenheit zu erfahren.

Auf uns selbst bezogen impliziert Vergebung eine gewissenhafte Bestandsaufnahme aller verletzenden Handlungen, die wir bewußt oder unbewußt begangen haben mögen, sowie deren etwaige Wiedergutmachung. Im Verlaufe dieses Prozesses – den ich in *Ich bin, wie ich bin* ausführlich erläutert habe – lernen wir einiges über Verantwortung, Empfindsamkeit, Einfühlungsvermögen und Güte. Diese Lektionen sind dann verinnerlicht – und der Prozeß abgeschlossen –, wenn wir uns in dem Sinne vergeben, daß wir aufhören, uns an das zu klammern, was wir getan haben, und statt dessen feiern, was wir geworden sind.

Auf andere Menschen bezogen ist Vergebung ein Prozeß, durch den wir danach streben, uns innerlich von der anderen Person zu befreien, deren Sklave wir bleiben, solange wir uns zu ihrem Richter aufwerfen. Als unmittelbare Reaktion auf Schmerz ist Zorn etwas Natürliches und durchaus »passend«, aber wenn wir uns seiner weiter bedienen, um uns ins Recht zu setzen, indem wir den Verursacher unseres Schmerzes ins Unrecht setzen, lähmt und beeinträchtigt er uns. Bisweilen zürnen wir jemandem auch über seinen Tod hinaus, als ob wir »es ihm dadurch zeigen« könnten! Oder vielleicht hätscheln wir unseren Zorn im irrigen Glauben, er gebe uns Kraft und Macht und befreie uns von der Rolle des wehrlosen Opfers. Aber in dem Fall werden wir lediglich zum *Opfer unseres Zorns*, und das schwächt uns eher, als daß es uns wirklich stärkte.

Einmal gab ich in einer Schule für straffällige Jugendliche Anschauungsunterricht in Sachen Muskelkraft. Viele der Jungen gehörten zu Gangs aus der Innenstadt, und ein Metalldetektor an der Tür war das einzige, was verhinderte, daß sie Schußwaffen und Messer mit in das Klassenzimmer nahmen. Als ich die Jungen fragte, was sie ihrer Meinung nach stärker mache, Liebe oder Zorn, bestand ihre einzige Reaktion in kunstvoll gelangweilten oder angewiderten Mienen und einem gelegentlichen verächtlichen Grinsen.

Ich sagte, wenn sich ein Freiwilliger zur Verfügung stelle, könnten wir die Frage gleich praktisch entscheiden. Ich dachte schon, niemand würde sich melden, aber schließlich kam ein junger Mann zu mir nach vorn. Ich bat ihn, seinen stärkeren Arm waagerecht auszustrecken und in dieser Haltung zu belassen, während ich versuchen würde, ihn herunterzudrücken. Ich konnte kaum glauben, wie schwach er war – er schaffte es kaum, der senkrecht einwirkenden Kraft meines kleinen Arms standzuhalten (ich bin gerade einssechzig groß und eher schmächtig), der auf seinen drückte.

Ich hatte diesen »Trick« schon bei Workshops mit kleinen, mageren Frauen durchgeführt, und die hatten stärkere Arme gehabt als dieser muskulöse Teenager, an dessen Lebenskraft die Wut schon erheblich gezehrt hatte. Dann forderte ich ihn auf, seine ganze Kraft aufzubieten und dabei konzentriert an etwas zu denken, das ihn wirklich rasend machte. Er schloß die Augen für einen Moment und nickte, als er bereit war. Ich brauchte nur zwei Finger, um seinen ausgestreckten Arm herunterzudrücken! Seine wütende Miene wich einem Ausdruck der Verblüffung. Dann bat ich ihn, an etwas zu denken, was er liebte, und führte den Test ein zweitesmal durch. Seine ursprüngliche Kraft – oder sollte ich eher sagen: Schwäche – war zurückgekehrt. Wenn dieser unglückliche Jugendliche es geschafft hätte, eine wirklich liebevolle Erinnerung in sich wachzurufen, dann hätte die Demonstration vielleicht genauso funktioniert wie immer. Wenn er sich auf die Macht der Liebe eingestimmt hätte, wären seine Muskeln so hart wie Stahl geworden.

Wenn ein Halbstarker wie dieser Sie zu Boden werfen und mit Ihrer Brieftasche davonrennen würde, wären Sie anfangs wahrscheinlich wütend, und Ihre Wut könnte Ihnen wertvolle Dienste leisten. Vielleicht würde sie Ihnen zu der Einsicht verhelfen, daß es nicht besonders klug ist, durch bestimmte Stadtviertel allein zu gehen, oder den Entschluß in Ihnen reifen lassen, einen Kurs in Selbstverteidigung zu besuchen. Wenn Ihr Zorn sich in Mitleid verwandelte, könnte er Sie dazu führen, sich dem einen oder anderen Hilfsprogramm für gefährdete Jugendliche anzuschließen oder sich allgemein für die sozial Benachteiligten zu engagieren. Doch wenn Sie weiter an Ihrem Zorn festhielten, würde er früher oder später zu einer Belastung, einem schweren Hemmschuh werden. Vielleicht würde er zu Vorurteilen gären, zu chronischem Selbstmitleid oder zu Rachsucht. Diese Einstellungen könnten Ihren Seelenfrieden untergraben und Sie physisch wie emotional schwächen. Auf der spirituellen Ebene würde Ihr Zorn karmische Fesseln erzeugen, die Sie in näherer oder fernerer Zukunft in ähnliche Situationen zerren würden.

Ob wir dem jugendlichen Straßenräuber vergeben oder auch nicht – und uns damit entweder für Freiheit oder für Sklaverei entscheiden –, die Verantwortung für seine Taten bleibt letztlich *bei ihm*. Unsere Entscheidung, an unserem Zorn und unserer Selbstgerechtigkeit festzuhalten oder aber beides loszulassen, ist kein Beweismittel, anhand dessen Gott über eines anderen Menschen Schuld oder Unschuld entschiede. Wir sind nicht der Richter, und Gott ist nicht die Jury. Jeder von uns besitzt den Schlüssel zu seinem eigenen Schicksal.

Mir lieferte die Entwirrung einer dritten Reinkarnationserinnerung den Schlüssel zu der Selbstvergebung und Vergebung anderer, die mir endlich gestattete, eine neue Tür in meinem Leben zu öffnen und mich von meiner lebenslangen panischen Angst zu befreien, anderen Menschen weh zu tun.

Das Tor in die Freiheit

Das Tor in die Freiheit begann sich für mich während der jüdischen Bußtage von 1991 spontan abzuzeichnen. Ich bin keine »fromme« Jüdin im orthodoxen Sinne des Wortes, versuche aber, zyklisch wiederkehrende Feiertage (sprich heilige Tage) aller Traditionen einzuhalten sowie viele jährliche Gelegenheiten, näher zu Gott zu kommen, wahrzunehmen. Zu solchen Feiertagen gehören Zeiten der Aussaat und Zeiten der Ernte, der freudigen Danksagung und der stillen Zwiesprache. Es gibt Zeiten, das Absterben des Alten und die Geburt neuen Lichtes im Inneren zu feiern.

Die jüdische »heilige Zeit« ist eine zehntägige Periode, die mit Rosch Ha-Schana (dem Neujahrsfest) beginnt und mit Jom Kippur (dem Versöhnungstag) endet. Archetypisch betrachtet sind diese sogenannten Bußtage eine Zeit der Gnade, während der alles vergangene Karma geklärt werden kann. Praktisch und traditionell sind es Tage der inneren Einkehr, der Selbsterforschung und Reue. Man führt sich das verflossene Jahr vor Augen und tut alles Erforderliche, um mit ihm ins reine zu kommen. Die Seele wird geläutert, indem man die Verantwortung für seine Taten übernimmt, jede etwaige erforderliche Wiedergutmachung leistet und sich selbst, andere Menschen und Gott um Vergebung bittet. Ebenso vergibt man anderen und empfängt Gottes Vergebung.

Ich meditierte eines Morgens während dieser Zeit, zu der nach altjüdischem Glauben (einem heute leider vielfach vergessenen Glauben) die Pforten des Himmels geöffnet sind. Als Teil meines gewohnten Vorbereitungsrituals vor der eigentlichen tiefen, stillen Meditation wartete ich in meinem inneren mentalen Heiligtum auf die Ankunft meiner Geistführer, bereit, jeden Ratschlag entgegenzunehmen, den sie für mich haben mochten. Nach einer kleinen Weile traf der Führer ein, den ich M nennen werde, und teilte mir mit, wir hätten in der Stadt der Lichter etwas Wichtiges zu erledigen.

Entdeckt hatte ich diese himmlische Stadt viele Jahre zuvor während der Meditation – und war wieder weggeschickt worden.

Ich erinnere mich noch immer an die tiefe Ehrfurcht, die mich erfüllte, als ich mich ihr zum erstenmal näherte, und an die überwältigende liebevolle Macht, die von ihr ausstrahlte. Ein gütiger alter Mann, den ich erst Jahre später als einen meiner Führer erkennen sollte, erwartete mich am Stadttor und warnte mich davor weiterzugehen. Ich sei noch nicht bereit, erklärte er, mich an einem Ort aufzuhalten, wo alle Gedanken sich augenblicklich manifestierten.

Ich trat schleunigst den Rückzug an, wobei mir wieder einmal bewußt wurde, wie wenig Macht ich tatsächlich über meine eigenen Gedanken besaß und was für eine Katastrophe es wäre, wenn sie alle Wirklichkeit würden. Im Laufe der Jahre hatte ich diese Stadt wiederholt von ferne betrachtet, und zu einigen wenigen Gelegenheiten hatte ich mich auch in eine ihrer äußeren Arkaden hineingewagt. An diesem Morgen aber wurde ich von meinem Führer über einen Fußweg aus strahlenden Lichtwürfeln in sie hineingeleitet. Wir begaben uns direkt zum Saal der vergangenen Existenzen, wo sich ein Buch mit meinem Namen befand, das die vollständige Geschichte meiner Seele seit ihrer Geburt im Einen Licht enthielt. Man zeigte mir auch einen Computer, in den jedes beliebige psychologische Muster eingegeben werden konnte, wodurch ein damit zusammenhängendes früheres Leben augenblicklich abgerufen wurde.

Das Muster der Angst, ich könnte unbewußt jemanden verletzen oder verraten, war dank der ersten zwei erinnerten früheren Existenzen im Laufe des vergangenen Jahres etwas abgeklungen, aber es kam noch immer von Zeit zu Zeit wieder zum Vorschein, und ich wußte, daß mein Weg zur Freiheit noch lange nicht zu Ende war. Also tippte ich »paranoide Angst« in den kosmischen Computer ein, und prompt erschien auf dem Monitor das Bild einer schönen jungen Frau, die einen dunklen Korridor entlang in ein Verlies geführt wurde. M erklärte, jetzt mehr von diesem Leben zu sehen, würde mich zu sehr erschüttern, aber die Zeit, das von dieser Inkarnation dargestellte karmische Muster zu beseitigen, sei nicht mehr fern.

Während ich über Jom Kippur, den Versöhnungstag, meditierte, wurde ich zur Stadt der Lichter zurückgeführt, wo ich meine Vorsätze für das neue Jahr in das Buch meines Lebens eintrug. Ich beteuerte, daß dies das Jahr sei, in dem ich alles Negative aus der Vergangenheit transzendieren würde. Affirmationen, die bewußt in Gottes Gegenwart ausgesprochen werden, sind machtvolle Gebete.

Die Antwort auf mein Gebet kam in Form zweier Freunde, deren Liebe und Zuneigung mich über Raum und Zeit hinweg erreichten und mir halfen, mir selbst und anderen zu verzeihen und mich von altem Karma zu befreien. Ich erzähle deswegen diese Geschichte, weil sie ein großes kosmisches Gesetz veranschaulicht: »Klopfet an, so wird euch aufgetan.« Die Tür, die sich jedem Menschen auf sein aufrichtiges Gebet hin öffnet, ist einzigartig, weil wir alle einzigartig sind. Ich will gewiß nicht jedem empfehlen, eine Rückführungstherapie zu machen. In den meisten Fällen reicht die Aufarbeitung der Probleme *dieses* Lebens bereits vollkommen aus, um uns zu neuen Ebenen der Einsicht zu führen und altes Material zu erledigen. Für mich aber bedeutete die Vergegenwärtigung vergangener Existenzen einen wichtigen Wendepunkt.

Eine sehr alte Geschichte

Am Wochenende des Herbstäquinoktiums, eines der zwei jährlichen Übergangszeiten, an denen Licht und Dunkelheit einander vollkommen die Waage halten, sollte die fünfte Begegnung des Gemeinschaftsheilzirkels stattfinden, der sich regelmäßig bei Myrin und mir traf. Unsere liebe Freundin Tricia Stallman näherte sich dem Ende ihres sanften, schönen Lebens. Sie und ihr Mann Alvin hatten gebeten, daß wir den Heilzirkel diesmal bei ihnen abhalten möchten, da sie zu schwach sei, um das Bett zu verlassen. Trotz ihrer schwindenden Kräfte war Tricia von gewohnter Heiterkeit. Sie lag oben im Bett, und ungefähr 50 von uns saßen unten im Wohnzimmer. Als unsere Lieder begannen, unsere Trauer über Trishs bevorstehenden Abschied von diesem Erdenleben widerzuspiegeln, hämmerte sie auf den Fußboden und ließ uns ausrichten, wir möchten ein bißchen mehr Schwung in die Sache bringen – *noch* sei sie nicht tot!

Während der langen Rückfahrt nach Hause sprachen Myrin und zwei unserer Freundinnen über Trishs Seelenfrieden und ihre Heilung. Wir alle hofften, daß wir ebenso heil wie sie sein würden, wenn für uns die Zeit zu sterben käme. Unsere Angelegenheiten sollten auch abgeschlossen, unser Herz sollte in Frieden und unsere Seele frei von allem Bedauern und Grollen sein, das uns gefangenhalten könnte. Die Diskussion über Heilung und die Befreiung von dem, was die buddhistische Philosophie das »Rad der Wiedergeburten« nennt, wurde nach unserer Ankunft zu Hause fortgesetzt. Unter den Anwesenden war auch unsere Freundin Elena Burton, eine Ärztin und jungianische Analytikerin. Myrin und ich kannten Elena seit zwei Jahren. Sie war ein häufiger Gast und benutzte unser Haus oft für kurze Retreats (Einkehrtage). Obwohl ich wußte, daß Elena im Rahmen ihrer Arbeit auch Rückführungen in frühere Existenzen durchführte, hatten wir seltsamerweise nie richtig darüber gesprochen.

Elena erklärte uns, sie behalte sich diese Methode für besondere Fälle vor, nämlich dann, wenn der Klient alle anderen Forschungsrouten bereits ausprobiert habe und ein dringendes, klar umrissenes Problem vorliege. In meinem Kopf leuchtete ein Licht auf. Ich war genau ein solcher Fall, und die beste Therapeutin, die ich mir überhaupt vorstellen konnte – eine, die wir kannten und der wir bedenkenlos vertrauten –, wohnte in unserem Haus. Wir setzten eine Regressionssitzung für den Morgen des folgenden Tages an, der das eigentliche Äquinoktium und zudem ein Vollmondtag war.

Wir wählten einen behaglichen, geweihten Ort für die Sitzung – den Fußboden des Arbeitszimmers, das auch mein Heiligtum ist. Seine Wände sind ganz mit Büchern bedeckt. Mein treuer Computer steht allzeit bereit auf dem großen weißen Schreibtisch, von dem aus ich auf einen Kirschbaum sehe. Rechts vom Schreibtisch befindet sich eine Meditationskapelle, ein kleiner Eckraum, der eigentlich ein Wandschrank mit ausgehängter Tür ist. Es ist ein schlichtes Heiligtum – mit einem niedrigen Tisch, darauf eine Kerze, ein Kelch und ein paar heilige Gegenstände. Bilder von Verwandten, Freunden, Tieren und Heiligen schauen aus verschiedenen Ecken hervor, und ein leichter Weihrauchduft hängt in der Luft.

Elena baute ein »Nest« auf dem rosenfarbenen Plüschteppich, indem sie eine Decke auf einer Meditationsmatte ausbreitete, so daß ich für die Dauer der – wie sich herausstellen sollte, fast dreistündigen – Rückführung bequem läge. Nach einem kurzen Gebet am Heiligtum deckte mich Elena mit einer rosa-blauen Patchworkdecke zu. Ihre Stimme war sanft, beruhigend und sachlich. Wir würden eine Reise in die Seele unternehmen, erklärte sie, eine Reise zu Heilung und Erkenntnis. Als meine Atmung dank ihrer weisen, stillen Ausstrahlung langsam und regelmäßig geworden war, fragte sie mich, ob ich irgendein bestimmtes Krafttier um Hilfe bitten wolle. Sofort fand ich mich auf dem Rücken eines vertrauten Tier-Freundes wieder (man glaubt, es sei besser, die Identität dieser Helfer geheimzuhalten – also können Sie sich diesen hilfreichen Geist vorstellen, wie immer Sie möchten) und begann durch eine dunkle, feuchte Unterwelt zu reisen.

Nach einiger Zeit tauchten wir in einer trostlosen, windgepeitschten Landschaft wieder auf. Einsame Moore zogen sich bis an ein bleiernes Meer hin, das sich endlos bis zum Horizont erstreckte. Der Wind heulte durch die steinernen Fensterhöhlen einer kleinen verlassenen Burg, deren Eingangshalle von hohem Unkraut überwuchert war. »Wo bist du?« fragte Elenas Stimme aus einer anderen Welt.

»An der Nordküste Englands«, antwortete ich fröstelnd und seltsam unbehaglich. Mit meinem inneren Auge konnte ich »sehen«, daß im Kellergewölbe der Burg, unter dem Fußboden aus festgestampfter Erde, ein Skelett begraben lag. Elena fragte mich, ob ich bleiben und diese Burg auskundschaften oder lieber in eine andere Zeit weiterreisen wolle. Da ich mich nicht entschließen konnte, wies sie mich an, die Seele desjenigen zu fragen, dessen Skelett da begraben lag. Wie es im imaginalen Reich zumeist der Fall ist, brauchte ich nicht erst nach der Seele zu suchen. Meine Absicht, sie zu finden, reichte aus, um augenblicklich einen Mann erscheinen zu lassen, den ich als den Vater meiner damaligen Inkarnation erkannte.

Diesen geliebten Mann von Angesicht zu Angesicht zu sehen versetzte mich in ein Leben im England des 13. Jahrhunderts zurück, jener Zeit, als die fernen Schrecken der Kreuzzüge zu verblassen begannen, nur um in Gestalt religiöser Verfolgungen in der Heimat wiederaufzuflammen. In dieser Lebenszeit war ich die Tochter – und das jüngste der drei Kinder – eines unbedeutenden Monarchen, dessen Küstenreich ausgedehnt, aber landwirtschaftlich unterentwickelt und arm war. Hellseherisch begabt, wurde ich seit frühester Kindheit von entsetzlichen Visionen heimgesucht, in denen mein nächstälterer Bruder George plante, meinen Vater und meinen ältesten Bruder William, der andernfalls das ganze Land geerbt hätte, meuchlings zu töten.

Mein Vater tat die Visionen als Einbildungen meiner überhitzten Phantasie ab und ermahnte mich, niemandem davon zu erzählen. Auch wenn er mir selbst nie recht glaubte, befürchtete er, ich könnte von der Kirche der Hexerei bezichtigt werden, wenn sich herumspräche, daß ich hellsehen konnte. Meine Mutter war einfach zu schwach und zu leicht erregbar, um mir zuzuhören. Deprimiert durch die kalte, öde englische Küstenlandschaft und verzehrt von Heimweh nach ihrem Elternhaus im sonnigen Südfrankreich, war sie den größten Teil des Tages in Träume von ihrer Jugend versunken. Ich war mit meinen Ängsten allein und hätte vielleicht den Verstand verloren, wenn Martha nicht gewesen wäre, meine gütige Amme.

Mit 17 Jahren, also spät für jene Zeiten, wurde ich mit einem Italiener verheiratet, der merkwürdigerweise den Namen Morgan trug. Er hatte sich während der Kreuzzüge hervorgetan und war auf Geheiß der Kirche nach England gekommen. Er war der erste Mensch in meinem Leben, der meine hellseherischen Fähigkeiten ernst nahm. In seinem Land, vertraute er mir an, fälle kein Mächtiger eine Entscheidung, ohne zuvor die Meinung eines Sehers eingeholt zu haben. Er sei glücklich, sich auf meinen Rat verlassen zu können. Was die Angelegenheit mit George und meinem Vater anging, bräuchte ich mir keine Sorgen zu machen. Er würde meinen Vater und meinen älteren Bruder beschützen. Endlich fand ich etwas Seelenfrieden.

Aber mein Glück war von kurzer Dauer. Schon bald war ich mit unserem ersten Kind schwanger, der kleinen Anna. Je weiter die Schwangerschaft gedieh, desto trüber wurde mein zweites Gesicht und ging schließlich bei der Geburt vollends verloren. Morgan war außer sich, sowohl wegen der Geburt eines Mädchens – er hatte sich einen Stammhalter gewünscht – als auch wegen des Verlusts meiner hellseherischen Fähigkeiten. Wir entfremdeten uns mehr und mehr. Ein knappes Jahr nach Annas Geburt bekam ich ein zweites Kind, Michael. Ich hatte gehofft, Morgans Freude über den ersehnten Erben würde unsere Beziehung wiederherstellen, aber er zog sich sogar noch mehr von mir zurück.

Trotzdem führte ich in meiner eng umgrenzten Welt ein verhältnismäßig zufriedenes Leben. Martha, meine alte Amme, hatte mich nach meiner Eheschließung in Morgans Haus begleitet und kümmerte sich jetzt um Anna und Michael, die schöne, aufgeweckte Kinder waren. Eines Tages saß ich mit den dreien in unseren Gemächern, als meine hellseherischen Fähigkeiten wiederkehrten und ich eine entsetzliche Vision hatte – eine Vision, die ich jetzt mit überwältigender emotionaler Intensität wiedererlebte.

Als ich zu schluchzen und zu stöhnen anfing, ermutigte mich Elena liebevoll, meinen Kummer herauszulassen und ihr zu sagen, was sich ereignete. In der Vision war ich mit meinem Vater eins. Es war so, als befände sich meine Seele in seinem Körper und als ob ich alles aus seiner Perspektive erlebte. Mein Ehemann Morgan hatte ihn gerade mit einer Lanze durchbohrt, und im selben Augenblick mußte mein geliebter Vater mit ansehen, wie sein Sohn George seinen anderen Sohn William ermordete. Es gibt keine Worte, um die Entsetzlichkeit dieses abscheulichen Verrats auszudrücken. Das Grauen der Szene vertiefte sich für mich noch weiter durch die letzten Gedanken meines sterbenden Vaters. Da mein Mann sein Mörder war, glaubte er, nicht nur George hätte ihn verraten, sondern auch ich.

Hier ereignete sich ein kurzer Zeitsprung »nach vorn«, der mich zumindest aus dem unmittelbaren Bannkreis dieses fürchterlichen Traumas entfernte. Ich durchlebte noch einmal die traurigen Monate nach der Ermordung meines Vaters und meines Bruders. Dann ließ mich Elena einen Zeitsprung in die letzte Woche meines damaligen Lebens tun. Mein Bruder und mein Mann hatten mich der Geistlichkeit als Hexe ausgeliefert. Ich wurde für schuldig befunden und zum Tod durch Verschmachten verurteilt. Als ich durch einen langen Gang in ein Verlies geführt wurde, in dem schon andere Frauen gefangengehalten wurden, erkannte ich die Szene wieder: Es war dieselbe, die mir während der Meditation im Saal der vergangenen Existenzen gezeigt worden war, bevor M mir davon abgeraten hatte, mehr von diesem Leben zu sehen.

Die Frauen in diesem Verlies hörten sich meine Geschichte voller Anteilnahme und Mitleid an und trösteten ihre Leidensgenossin, die ein Leben lang versucht hatte, ihren Vater und ihren Bruder zu beschützen, nur um zuletzt als Verräterin zu gelten. Noch am selben Tag starb eine der Frauen. Es war ein heller, heiterer Tod: Licht und übernatürlicher Frieden erfüllten den Raum. Aus einer anderen Dimension versprach sie mir, im Augenblick meines Todes zurückzukommen und mich sicher ins Jenseits zu geleiten. Dann führte mich Elena weiter zum Ende dieser Inkarnation, zum Augenblick des Sterbens. Dort söhnte ich mich in Gegenwart des Lichtes mit meinem Vater aus.

Nachdem ich diese Geschichte neu durchlebt hatte, blieb ich erschöpft liegen, umsorgt von Elena, deren liebevolle Ausstrahlung mich stark an den Kreis von Frauen in jenem Verlies erinnerte. Später analysierten Elena und ich die Regression unter dem Aspekt des Verrats. In jener Existenz war ich die Verratene gewesen, doch am meisten hatte mich geschmerzt, von meinem Vater für eine Verräterin gehalten zu werden. Elena erinnerte mich wieder daran, daß die Seele notwendig beide Rollen durchleben und sie dann durch Vergebung transzendieren müsse.

Die Unfähigkeit, mir in diesem Leben Taten oder Unterlassungen zu verzeihen, die nach Verrat aussahen, hing unauflöslich mit dem unterschwelligen Zorn zusammen, den ich seit 800 Jahren gegen George und Morgan hegte. Keine schlechte Groll-Leistung, oder? Die Bergpredigt läßt diesbezüglich keine Zweifel aufkommen: Um Vergebung – also Freiheit – erlangen zu können, müssen wir selbst vergeben. Durch eine Unversöhnlichkeit gefesselt, die mir, bis die Rückführung meine Erinnerungen weckte, vollkommen unbewußt gewesen war, führte ich noch immer das Drama des Verratens und Verratenwerdens in einer seiner endlosen Variationen wieder auf. Diese Erkenntnis erlaubte mir, mich über die Abgründe der Zeit hinweg zurückzuwenden und jenen alten Akteuren im Theater der Seelen zu vergeben, wodurch ich zu einer neuen, höheren Form des gütigen Wohlwollens gegenüber mir selbst fand.

Alte Erinnerungen geben uns nicht nur die Chance, alte Angelegenheiten abzuschließen – sondern auch die Gelegenheit, die Liebe und Schönheit zu erkennen, die selbst in den schwärzesten Zeiten zu finden sind. Die Erinnerung an diese zentrale Existenz erweckte in mir aufs neue eine tiefe Dankbarkeit gegenüber dem Kreis von Frauen, die vor langer Zeit einander zu einem sicheren Übergang verholfen hatten. Dieselbe tiefe Dankbarkeit bringe ich dem Kreis von Frauen entgegen, dem anzugehören mir in *diesem* Leben vergönnt ist. Einigen von ihnen sind Sie bereits auf den vorausgegangenen Seiten begegnet. Eine weitere werden Sie jetzt kennenlernen, wenn sie die Traumwelt überquert, um einen weiteren Faden in den Bildteppich der Ganzheit zu weben.

Der Kreis von Frauen

Ungefähr eine Woche nachdem Elena mich in ein früheres Leben geleitet hatte, steuerte eine andere gute Freundin und Kollegin, Robin Casarjian, ein paar praktische Tips bei, wie ich die Schatten der Angst verscheuchen könnte. Robin arbeitet als Therapeutin und ist die Verfasserin eines wundervollen Buches – *Forgiveness: A Bold Choice for a Peaceful Heart*. Sie hilft den Menschen nicht nur durch Einzelsitzungen und Seminare, sondern ist auch die Gründerin und Leiterin der Lionheart Foundation, einer Stiftung, die in Gefängnissen Workshops zum Thema Vergebung veranstaltet. Im Laufe der Jahre ist Robin stets eine treue und liebevolle Helferin und ein Vorbild an Vergebung, Vertrauen und Ausgeglichenheit gewesen.

Robin, Elena und ich sollten in einem Tagungszentrum im westlichen Massachusetts einen Wochenend-Workshop mit dem Titel »Tiefenheilung: Die Wunde der Unwürdigkeit schließen« leiten. Robin und ich fuhren zusammen hin und unterhielten uns dabei so angeregt, daß wir es schafften, uns zu verfahren. Wir kamen, völlig erschöpft, am Freitag abend an, gerade noch rechtzeitig, um Elena zu begrüßen, einen Happen zu essen und in die Abendveranstaltung zu gehen, die unter meiner Leitung stattfinden würde. Es wurde Mitternacht, ehe wir uns in unsere – aneinander angrenzenden – Zimmer zurückziehen konnten.

In dieser Nacht hatte ich einen Traum, den ich für mich »Das Karma endet« überschrieben habe. Er beginnt als ein Alptraum, in dem ich von einer Energie verfolgt werde, die nur unvollständig zerstört worden ist und fortwährend in Gestalt kleiner Geschöpfe zurückkehrt, die an die Besen im »Zauberlehrling« erinnern. Je mehr ich versuche, sie zu zerstören, desto mehr vervielfältigen sie sich! Zuletzt verschwinden alle Kreaturen, aber ich bin auf der Hut und erwarte ihre Rückkehr. Ich bin die Anführerin einer Gruppe von Menschen, die alle an diesem Abenteuer teilhaben und daraus eine Menge zu lernen scheinen. Für den Augenblick sind wir sicher, aber wir rechnen damit, daß sich die Energie als nächstes als ein angriffslustig herabstoßender Schwarm Möwen manifestieren wird. Statt dessen sehen wir sie auf der Straße anmarschiert kommen, als ein Zug mechanischer Mäuse aus Fliegendraht. Sie sind kein bißchen furchterregend.

Man braucht kein Traumexperte zu sein, um zu erkennen, daß »Das Karma endet« mit der Abarbeitung eines alten Energiemusters in Verbindung steht, das unvollständig aufgelöst worden war und fortwährend in Form beängstigender Anfälle zurückkehrte. Als ich der Energie endlich entschlossen gegenübertrat, büßte die Angst ihre Macht ein und wurde zu einem Lehrmeister, indem sie als ein komischer Schatten ihrer selbst zurückkehrte.

Auch Robin hatte in jener Nacht einen Traum. Auf dem langen Weg von unserer Unterkunft zum Saal, wo das Frühstück serviert wurde, sagte sie uns, der Traum scheine sie eigentlich überhaupt nicht betroffen zu haben. Er schien sich vielmehr auf *meine* Probleme zu beziehen. Im Traum erörtert Robin, die ein äußerst umsichtiger und diskreter Mensch ist, konkrete Details der Probleme ihrer Klienten mit einem Therapeuten, der ihre Tätigkeit als erfahrenerer Kollege beaufsichtigen soll. Der Therapeut erzählt diese intimen Details gedankenlos jemand anders weiter, und die Sache spricht sich bis zum betroffenen Klienten herum, der verständlicherweise wütend wird. Robins Reaktion im Traum spiegelt die verantwortungsvolle und vertrauenswürdige Grundhaltung wider, die ihr Wachleben kennzeichnet. Es hat sich eine sehr bedauerliche Geschichte ereignet, die dazu geführt hat, daß ihr Klient unbeabsichtigt verletzt wurde. Sie wünscht sich, es wäre nicht geschehen, aber es *ist* geschehen. Also sagt sie sich: »Das ist nun einmal passiert, und was immer passiert – ich werde damit fertig.«

Dieser einfache Traum führte genau die Art von Zwischenfall vor, die mir noch vor kurzem die schrecklichsten Ängste und Seelenqualen bereitet hätte. In dem Augenblick, in dem Robin ihn erzählte, ereignete sich etwas wie eine »Gefühlsverschiebung«. Mit einemmal begriff ich die Wahrheit, die der Verfasser eines mittelalterlichen Gralsepos in der ersten Zeile seines Versromans ausspricht, auf einer neuen, tieferen Bewußtseinsebene. Dieser Vers lautet: »Jede Handlung zeitigt gute und böse Auswirkungen zugleich. Das Beste, was wir tun können, ist, das Gute zu beabsichtigen.« Ich mußte loslassen – aufhören, mich darum zu sorgen, was aus jeder Handlung resultieren könnte, und einfach *das Gute beabsichtigen*. Und wenn es zu unerwünschten, negativen Resultaten kam, nun: »Das ist nun einmal passiert, und was immer passiert – ich werde damit fertig.«

Und so ist es auch. Robins Affirmation wurde zu einem praktischen Werkzeug, das ich immer dann einsetze, wenn ich wieder einmal anfange, mir auszumalen, eine Handlung von mir könnte negative Folgen haben, und die Versuchung verspüre, alte Muster der Angst neu aufleben zu lassen. Ich weiß, daß wir das Universum nicht kontrollieren können. Wir mögen uns noch so sehr bemühen – Schwierigkeiten und widrige Umstände werden dennoch auftreten. Unentwegt lernen wir, wachsen wir, stoßen wir gegen die Wände unserer selbstgezimmerten Käfige, wenn der Drang nach Freiheit in unserer Brust aufwallt. Und wenn wir uns erinnern, daß die Macht der Liebe uns trägt und daß, wann immer wir darum beten, sichtbare und unsichtbare Helfer erscheinen und uns beistehen, dann werden wir auch den Mut finden, uns von den Fesseln der Vergangenheit zu befreien.

ACHTES KAPITEL

Nachtvision – Mut, Hoffnung und Optimismus

Es gibt keine Garantien. Vom Standpunkt
der Angst aus ist keine stark genug.
Vom Standpunkt der Liebe aus ist keine nötig.
Emmanuel

Kennen Sie die Geschichte des feigen Löwen aus dem *Zauberer von Oz*? Angeführt von der furchtlosen Dorothy, begaben sich er, der Strohmann und der Blechmann zu dem Zauberer von Oz, damit er ihnen jeweils Mut, Verstand und ein Herz schenkte. Der Zauberer entpuppte sich insofern als ein Scharlatan – er bezeichnete sich selbst sogar als einen Gauner –, als er keine magische Kraft oder sonstige Macht besaß, von außen Veränderungen zu bewirken. Er war allerdings ein wahrer Lehrer, was seine Fähigkeit anbelangte, Veränderungen von *innen* herbeizuführen.

Der kleine Mann, der sich als der große Oz verkleidet hatte, sagte zum feigen Löwen: »Ich bin überzeugt, daß du genau die richtige Portion Mut hast. *Dir fehlt nur Selbstvertrauen* [Hervorhebung von mir], verstehst du? Es gibt kein lebendiges Wesen, das bei Gefahr keine Angst hätte. Wahrer Mut ist die Fähigkeit, der Gefahr trotzdem ins Auge zu blicken, und diese Eigenschaft besitzt du in ausreichendem Maße.«

Der Löwe glaubte allerdings nicht, daß Mut etwas Inneres sei, also mußte sich der Zauberer des Placebo-Effekts bedienen, um ihn zu kurieren. Oz setzte dem Löwen eine Schüssel mit einer grünen Flüssigkeit vor und befahl dem betreten dreinschauenden Tier, sie auszutrinken. »Was ist da drin?« fragte der Löwe mißtrauisch.

»Wenn du es hinuntergeschluckt hast, wird es Mut sein«, erklärte Oz. »Du weißt ja wohl, daß man den Mut tief innen in sich trägt, nicht wahr?« Durch diese List dazu gebracht, sich an das zu erinnern, was sich bereits in ihm befand, zog der Löwe los und übernahm seine rechtmäßige Stellung als mutiger König des Waldes.

Stufe 1: Willensstarker Mut

Die Sorte Mut, die der Zauberer von Oz den Löwen lehrte, ist das, was ich Stufe 1 nenne oder den »willensstarken Mut«. Ich persönlich lernte diese Art von Mut erstmals kennen, als ich mich im Alter von zehn Jahren entschloß, mein Zwangssyndrom aus eigener Kraft zu überwinden. Zum zweiten Mal entdeckte ich sie ein halbes Leben später, als ich eine 20jährige College-Studentin war und der Schlangen-Alptraum aus meiner Kindheit wieder anfing, mich heimzusuchen. Da ich befürchtete, wieder in ritualistische Verhaltensweisen zu verfallen, begab ich mich widerwillig in ärztliche Behandlung.

Der Eilzug summte beruhigend auf den Schienen, während er die knapp 20 Kilometer zwischen Bryn Mawr, wo ich studierte, und Philadelphia, wo sich die Praxis des Psychiaters befand, den ich mir als Verbündeten erwählt hatte, zurücklegte. Ich brauchte zwei Sitzungen, um ihm die Geschichte meiner 20 Lebensjahre zu erzählen. Als wir uns zur dritten Sitzung trafen, wollte ich eigentlich sofort mit dem wiederkehrenden Alptraum beginnen, in dem meine Mutter mich ins gefährliche Wasser schickte, aus dessen Tiefe dann die Riesenschlange auftauchte. Der Psychiater war allerdings pragmatischer eingestellt als ich. Ich war auf die Symbolik, auf das Geheimnisvolle aus – er auf meine Mutter. Die Sitzung endete damit, daß er mir den Telefonhörer herausfordernd entgegenstreckte und vorschlug, daß ich sie mit der Sachlage konfrontierte.

»Was halten Sie davon, wenn ich sie jetzt anrufe?« Er sah mir fest in die Augen. »Vielleicht kann ich sie direkt ans Telefon bekommen. Sie könnten ihr ganz genau erklären, was mit Ihrer Beziehung nicht stimmt – wie Sie sich wirklich fühlen, was Sie sich wirklich wünschen.« Ich weiß noch, wie die kalten Finger der Angst meine Eingeweide zusammenpreßten. Ich war bereit, mit einer symbolischen Schlange zu ringen, aber der Gedanke an ein offenes Gespräch mit einer realen Mutter war mehr, als ich verkraften konnte.

Fluchtartig verließ ich seine Praxis und kehrte nie wieder zurück. Mein Alptraum, meine objektlose Angst und ich waren wieder auf uns gestellt. Die Situation war nicht neu für mich. Ich war daran gewöhnt, mit der Angst zu leben, also redete ich mir gut zu – mehr oder weniger so, wie ich es als Zehnjährige auch schon getan hatte.

»Du mußt dich jetzt zusammenreißen. Du mußt zu deinem gewohnten Leben zurückkehren. All diese anderen Frauen (meine College-Kommilitoninnen) kommen gut zurecht. Du bist kein bißchen schlechter als sie. Reiß dich jetzt am Riemen, und mach dich an das, was vor dir liegt, bevor du wirklich alles hoffnungslos vermasselst.«

Ich handelte aus dem einzigen Mut heraus, den ich damals kannte – der Mobilisierung eines starken Willens, der mir gestattete, trotz der Angst zu funktionieren. Diese Strategie ermöglichte es mir zwar, in Bewegung zu bleiben, aber sie hielt mich dort fest, wo ich war, und verhinderte die Heilung meiner Beziehung zu meiner Mutter – ein Umstand, den ich aufrichtig bedaure. Wie viele privilegierte Frauen in jener Zeit war sie in dem Glauben erzogen worden, »Erfolg« bedeute für eine Frau, einen reichen Mann zu heiraten. Das Beste für ihre Tochter zu tun bedeutete, mich tadellose Manieren zu lehren, dafür zu sorgen, daß ich die richtigen Privatstunden bekam (Klavier, Ballett, Gesang, Diktion, Tanz), jeden Fehler an meinem Körper oder meinem Verhalten zu kritisieren und zu korrigieren, um meine Chancen zu verbessern, den Märchenprinzen anzulocken, und mir systematisch jede intellektuelle Neugier auszutreiben, die ihrer Meinung nach auf einen Mann einschüchternd wirken könnte. All das tat sie mit eiserner Hand.

Im nachhinein begreife ich, daß sie damit aufrichtig versuchte, mir ein gutes Leben zu verschaffen – eben so, wie sie es verstand. Aber mit 20 fühlte ich mich gegängelt, kritisiert, frustriert, mißverstanden, unterdrückt und eingesperrt. Ich wollte Wissenschaftlerin werden und meinen High-School-Freund heiraten, von dem sie nichts hielt. Die Kluft zwischen ihr und mir erschien unüberbrückbar. Mein Leben mußte nach ihren Vorstellungen verlaufen, oder sie würde es – und mich – als gescheitert ansehen.

Trotz ihrer Striktheit war sie in vielerlei Hinsicht eine außergewöhnliche Frau: loyal, stark und mit einem absolut bewunderungswürdigen Sinn für Humor begabt. Sie war bereits dem Tode nah – und ich Anfang 40 –, als wir endlich unsere Beziehung heilten. Ich vermisse die Jahre der Intimität, die wir hätten miteinander verleben können, wenn ich damals nicht aus dem Sprechzimmer des Psychiaters geflohen wäre und sein Angebot ausgeschlagen hätte, mich etwas über die zweite Stufe des Mutes zu lehren – die Bereitschaft, aufrichtig zu sein, mich altem Schmerz zu stellen, die Vergangenheit zu heilen und ich selbst zu werden.

Stufe 2: Psychologischer Mut

Als Säuglinge sind wir vollkommen hilflos. Aufs engste mit unserer primären Bezugsperson – häufig der Mutter – verbunden, haben wir kein Gefühl gesonderter Identität. Mami und ich sind eins. Im bestmöglichen Fall ist die Mutter Babys »Spiegel«. Wenn Baby brabbelt, brabbelt Mutter zurück. Wenn Baby vor Hunger weint, antwortet Mutter mit Milch. Wenn Baby müde ist und Schlaf braucht, läßt Mutter Baby ruhen. Wenn Baby fasziniert mit seinen eigenen Zehen spielt, freut sich Mutter über diese Faszination, ohne das Spiel zu unterbrechen. Aber wenn Mami nicht mit unserem natürlichen Rhythmus synchronisiert ist – abwesend, wenn wir sie brauchen, oder zudringlich, wenn wir Bewegungsfreiheit benötigen –, dann fühlen wir uns vom Leben getrennt. Ein Spalt oder eine Kluft tut sich zwischen uns und unserem wichtigsten Gegenüber auf, und dieses »Loch in der Seele« begleitet uns durch das ganze Leben wie eine schmerzende Leere, die nichts auszufüllen vermag.

Das Loch, das in der Seele des Säuglings entsteht, weitet sich in der frühen Kindheit häufig noch mehr. Meine überängstliche und übereifrige Mutter setzte sich oft über mein Bedürfnis nach Raum zum Atmen hinweg und versuchte, mich zu ihrem Bild zu formen. Ich war dann und nur dann liebenswert, wenn ich ihren Vorstellungen entsprach. Eine gute Mutter zu sein bedeutete in ihren Augen, mich zur Anpassung an eine Norm zu nötigen, nicht aber mir die Entfaltung meiner Einzigartigkeit zu erleichtern. Wie ich in *Ich bin, wie ich bin* erörtere, ist eine solche an Bedingungen geknüpfte Liebe durch die implizite Gefahr, im Falle eines »Versagens« verlassen zu werden, für ein kleines Kind etwas Entsetzliches. Eine solche Liebe fühlt sich lebensbedrohlich an.

Um uns vor dieser Bedrohung zu schützen, entwickeln wir eine Fülle von Masken oder »falschen Selbsten«, die uns Aufmerksamkeit verschaffen sollen. Der Perfektionist, das Opfer, der Witzbold, der Retter, der Heilige, der Zuvorkommende, der Tunichtgut – das sind einige typische falsche Selbste, die uns in unserer Kindheit der elterlichen Akzeptanz und Aufmerksamkeit versichert oder uns halbwegs beschützt haben könnten. Wenn wir uns aber im Laufe der Zeit angewöhnen, diese Masken für unser wirkliches Ich zu halten, dann enden wir als unter chronischen Ängsten leidende, innerlich leere Erwachsene. Das Loch in unserer Seele klafft immer weiter auf, und wir versuchen es vielleicht mit Süßigkeiten, Alkohol, Drogen, unbefriedigenden Beziehungen, Arbeitswut, Sex oder materiellen Gütern zu stopfen.

»Leere« ist das Wort, das mein Lebensgefühl im Alter von 20 Jahren am treffendsten beschreibt. Ich wußte nicht, wer ich war. Nach außen hin ein perfektionistischer Überflieger, war ich innerlich angefüllt mit Scham und Selbstzweifeln. Meine Selbsterforschung hatte mich zu dem Schluß geführt, ich sei in meinem tiefsten Inneren eine Versagerin und eine Hochstaplerin. Wenn die Leute wüßten, wer ich wirklich bin, so dachte ich, dann würden sie mich hassen. Kein Wunder, wenn ich ständig Angst hatte!

Das Erkennen und Abtragen unserer Masken ist ein notwendiger Teil der Entwicklung psychologischen Mutes und der Aufdeckung unserer wahren Identität. In *Ich bin, wie ich bin* empfehle ich, mit dem eigenen inneren Kind zu arbeiten – dem jüngeren Selbst (oder Komplex von Selbsten), das im Inneren weiterexistiert und sich nach Respekt, Geborgenheit, Verständnis und der Chance sehnt, zu einem weisen, liebevollen Erwachsenen zu reifen. »Sam« beispielsweise war schon über 40, als er wegen Behandlung seines Asthmas und seiner chronischen Bronchitis zum erstenmal in meine Praxis kam. Als ich ihn fragte, ob er sich an irgendwelche Ereignisse erinnern könne, die zeitlich mehr oder weniger mit dem Ausbruch seines Asthmas zusammenfielen, nickte er traurig. Seine frühe Kindheit war idyllisch gewesen, bis in seinem neunten Lebensjahr die Welt für ihn plötzlich zusammenbrach. Sein Vater kam bei einem Arbeitsunfall ums Leben. Seine Mutter, mit Sam und drei weiteren, kleineren Kindern alleingelassen, verfiel in Depressionen. Die Geschwister wurden getrennt und zu verschiedenen Verwandten geschickt, bei denen sie drei Jahre lang lebten, bis die Mutter sich wieder erholt hatte.

Sams Reaktion war typisch für ein Kind – er machte sich Vorwürfe. Er glaubte, seiner Mutter nicht genug geholfen und damit ihren Zusammenbruch verschuldet zu haben. Er war fest entschlossen, von nun an ein in jeder Hinsicht guter Junge zu sein und sich auf diese Weise von seiner eingebildeten Schuld reinzuwaschen. Sam achtete peinlich darauf, seine Sachen nicht zu beschmutzen, um seiner Tante, zu der er nach dem Zusammenbruch der Mutter gezogen war, nicht noch mehr Arbeit mit der Wäsche zu machen. Er half im Haus, wo und wann immer er konnte, und opferte dafür, sowie um sich für die Schule vorzubereiten, häufig seine ganze Freizeit. Sam vergaß vollständig, wie es ist, sich zu freuen – er unterdrückte seine Spontaneität und schloß sie tief in seinem Inneren ein. Schließlich, so hatte er in seinem kindlichen Verstand argumentiert, wäre seine Mutter nie krank geworden, wenn er ernsthafter gewesen wäre und ihr mehr geholfen hätte. Wenn er nach dem Tod seines Vaters seine neue Aufgabe als »Mann im Haus« besser erfüllt hätte, wäre seine Familie nicht auseinandergerissen worden. Die innere Anspannung, unter der Sam zu jener Zeit litt, manifestierte sich nach außen hin als Asthma.

Später, als Sam herangewachsen war, verschlimmerte sich seine Atemnot oft, wenn andere Leute auf ihn wütend waren oder wenn er auch nur befürchtete, sie enttäuscht zu haben. In solchen Situationen brachen die unverdienten, ungesunden Schuldgefühle, die er seit seiner Kindheit mit sich herumtrug, als heftige Angst hervor – ein emotionales Überbleibsel aus der Zeit, als seine Familie auseinandergebrochen war. Sam versuchte, seine Schuldgefühle und Angstzustände in Schach zu halten, indem er sich nach Kräften bemühte, ein Muster an Gefälligkeit, Bescheidenheit, Nettigkeit und Hilfsbereitschaft zu sein. Aufgrund dieser Selbstverleugnung war er es gewöhnt, seine persönlichen Bedürfnisse stets hintanzustellen. Jede einzelne seiner Handlungen war von der Angst diktiert, jemanden zu enttäuschen.

Der Kummer und die Scham, unter denen Sam als Kind gelitten hatte, waren noch immer in seinem Körper und seinen Verhaltensweisen eingeschlossen. Sie waren nie geheilt worden, das heißt, er hatte nie jenen vierstufigen Prozeß durchlaufen, der darin besteht, den in der Kindheit erlebten Verlust zu betrauern, die Wut zu akzeptieren, die mit jedem Verlust natürlich einhergeht, die Situation aus der Perspektive des Erwachsenen zu verstehen und sich selbst und allen damals Beteiligten zu verzeihen. Dieser Prozeß der Tiefenheilung öffnet das Herz und erzeugt Mitgefühl mit sich selbst und mit anderen.

Als Sam zu trauern begann, begegnete er Teilen seiner selbst, zu denen er den Kontakt verloren hatte. Teile seiner Ganzheit, wie Freude und Wut, waren in seiner Kindheit verleugnet und dem Schatten überantwortet worden: Robert Blys »Seesack«, den wir mit uns durchs Leben schleppen, bis wir den Mut finden, ihn zu öffnen und auszuleeren. Wie Bly in *Die dunklen Seiten des menschlichen Wesens* schreibt, »verbringen wir die ersten 20 Jahre unseres Lebens damit zu entscheiden, welche Teile von uns selbst wir in den Seesack stecken sollen, und den Rest unseres Lebens damit zu versuchen, sie wieder herauszuziehen«.

Der Prozeß des Abtragens der Masken und des Hervorziehens

unserer Ganzheit aus dem Seesack ist psychologischer Mut in Aktion. Alten Schmerz im Zuge solch einer graduellen Selbstentdeckung zu akzeptieren und zu transformieren kann bisweilen auch die Heilung physischer Leiden begünstigen. In Sams Fall beispielsweise stand das Asthma eindeutig in Zusammenhang mit seinem Kindheitstrauma und der daraus folgenden Aufspaltung seiner Persönlichkeit in Maske und Schatten. Daher beschränkte ich mich nicht darauf, Sam verschiedene Techniken zur körperlichen Selbstregulierung – wie Meditation, Bauchatmung und die Verwendung der kreativen Imagination zur Weitung seiner Bronchien – zu lehren, sondern erteilte ihm außerdem den Auftrag, seinen inneren Achtjährigen zu heilen.

Im Verlaufe des Heilungsprozesses nahmen sowohl Sams asthmatische Beschwerden als auch seine Ängste signifikant ab. Als ich ihn sechs Monate nach unserer ersten Begegnung wiedersah, hatte sich seine ganze Erscheinung grundlegend geändert. Er war gelöster und fröhlicher. Die Anspannung war aus seinem Gesicht gewichen, und er sah um zehn Jahre jünger aus. Wie es auch bei Sam der Fall gewesen war, ist der Entschluß, uns unserem physischen oder seelischen Schmerz zu stellen, der erste Schritt zum psychologischen Mut – dem Willen, bewußt zu sein, unsere verlorenen Selbste wiederzufinden und das Loch in unserer Seele zu flicken.

Im Zuge dieses faszinierenden, fordernden Prozesses der »Seelenreparatur« und Selbstentdeckung ist es unvermeidlich, daß wir anfangen, die uralten Fragen »Wer bin ich?« und »Was ist der Sinn des Lebens?« aus der neugewonnenen größeren Perspektive zu betrachten. In ebendieser Erweiterung unseres »inneren Horizonts« findet sich der spirituelle Mut. Diese dritte Stufe offenbart sich uns durch einen natürlichen graduellen Prozeß, wenn die Filter, durch die wir bis dahin das Leben gesehen hatten, von unseren Augen fallen und wir beginnen, erste flüchtige Einblicke in die unendliche Liebe zu gewinnen, aus der das ganze Drama gesponnen ist.

Stufe 3: Spiritueller Mut

Der mystische Dichter William Blake schrieb: »Würden die Pforten der Wahrnehmung gereinigt, so erschiene dem Menschen alles, wie es ist: unendlich.« Psychologischer Mut impliziert genau solch eine Reinigung der Pforten der Wahrnehmung, wodurch es uns möglich wird, die Dinge so zu sehen, wie sie wirklich sind, statt sie durch die verzerrende Linse der Vergangenheit zu betrachten. Je mehr wir uns von Erwartungen befreien, desto mehr sehen wir, was ist, und desto eher können wir kreativ darauf reagieren.

In diesen Augenblicken vollkommen gegenwärtiger Teilhabe am Leben – diesen Augenblicken der Gnade – empfinden wir Liebe, Dankbarkeit, Ehrfurcht, Glück, Geborgenheit und Mitgefühl. Es gibt keine Angst. Wir wissen dies, wenn eine übermächtige Freude uns erfüllt, die schiere Schönheit einer Gebirgslandschaft uns fortreißt oder wir uns in den Augen unseres oder unserer Geliebten verlieren. Wir wissen dies, wenn wir unser kleines Selbst aufgeben und im Tanz oder Gesang unser größeres Selbst finden. Wir wissen dies, wenn ein völlig unerwarteter Glücksfall uns entzückt und wir wieder einmal daran erinnert werden, daß »der Zufall«, wie ein alter Spruch besagt, »nur Gottes Methode ist, anonym zu bleiben«. Unglücklicherweise neigen wir dazu, dies im Alltag wieder zu vergessen. Spiritueller Mut erwächst aus unserer Bereitschaft, aus unserem Willen, *nicht* zu vergessen, uns weiter zu *erinnern*, hinter all den scheinbar »weltlichen« und sogar schrecklichen Facetten des Lebens weiter nach dem Heiligen zu suchen.

Spiritueller Mut ist mehr als der bloße Glaube daran, daß das Universum ein freundlicher Ort ist und daß wir – allem gegenteiligen Anschein zum Trotz – letztlich geborgen sind. Er ist das *innere Wissen* darum, daß es so ist. Dieses Wissen ist die Summe all unserer Erfahrungen, Träume, glücklichen Zufälle und Vergegenwärtigungen – sei es durch Meditation und Gebet, sei es durch den »Schauder des Wiedererkennens« und die Aha-Erlebnisse vermittelt, die uns dann zuteil werden, wenn jemand anderes Geschichte unsere Erinnerung weckt und Teil unseres Seelenwissens wird.

Einen beträchtlichen Auftrieb erhielt mein eigener Mut dank einer bemerkenswerten Serie von Ereignissen, die den Tod meiner Mutter, im März 1988, umgaben. Obwohl ihr Tod – sie starb an Lungenemphysem und Stauungsinsuffizienz – langsam kam und, bedingt durch das fortschreitende Versagen ihrer Lungen- und Herztätigkeit, das ihren Körper wie einen Wasserballon anschwellen ließ, mit Sicherheit sehr unangenehm war, beklagte sie sich fast nie. Sie war zeit ihres Lebens ein Mensch, der seine Emotionen für sich behielt, und sie gab sie auch angesichts des Todes nicht preis. Die Weise, wie Mom in ihren letzten Stunden alte Angelegenheiten erledigte, war schlicht und direkt. Nach einer letzten Untersuchung befanden wir uns zusammen im Fahrstuhl, auf dem Weg zu ihrem Zimmer, als sie zu mir aufsah und sagte: »Ich habe eine Menge Fehler in meinem Leben gemacht. Wirst du mir verzeihen, Joanie?«

Ich drückte ihr die Hand und antwortete im selben schlichten Ton: »Ich verzeihe dir, Mom. Auch ich habe eine Menge Fehler gemacht. Wirst du mir verzeihen?« Sie nickte, und wir begaben uns schweigend in ihr Zimmer. Mein Bruder war da mit seinen Kindern. Mein Mann und meine zwei Söhne waren da. Andere Verwandte, Freunde und die zwei treuen Frauen, die meine Mutter während ihrer langen Krankheit gepflegt hatten, waren auch da – alle waren sie gekommen, um Abschied zu nehmen.

Die Sonne ging schon unter, warf lange Schatten über den kalten Abend jenes Sankt-Patricks-Tages, der schon eine Ahnung vom kommenden Frühling vermittelte. Die Fenster des Krankenhauses sahen auf die Skyline von Boston, und in der violetten Dämmerung begannen die Lichter der Großstadt aufzublinken. Es war das letztemal, daß wir einen Sonnenuntergang zusammen erleben würden. Wir hielten uns bei der Hand. Sie lag reglos und schwer auf den weißen Laken, ringsum von Kissen gestützt, da sie so schwach war, daß sie sonst zur Seite gefallen wäre. Diese furchterregende Frau sah so verletzlich aus und doch so friedlich.

»Mom«, begann ich und blickte in verblüffend liebe und unschuldige Augen, Augen, die früher vor Schalkhaftigkeit geglitzert und oft auch vor Zorn geblitzt hatten. »Mom, ich möchte, daß wir uns gegenseitig etwas schenken. Ich möchte mit dir eine besondere

Eigenschaft tauschen, eine Seeleneigenschaft, die wir aneinander bewundern.« Ich zögerte einen Augenblick, fragte mich, ob diese vernünftige, nüchterne Frau mich für verrückt halten würde. Sie tat es offensichtlich nicht. Berührt von ihrer Verletzlichkeit und einem Gefühl wechselseitigen Vertrauens, fuhr ich fort: »Ich habe schon immer deinen Mut bewundert. Bitte schenk ihn mir.«

Sie lächelte mich an und drückte mit schwindender Kraft meine Hand. »Ich schenke dir Mut«, sagte sie. »Und ich bitte dich um Mitgefühl.«

Es war soviel Liebe in diesem Augenblick. Sie sah mich als mitfühlend an. (Als ich übrigens diesen letzten Satz tippte – *she saw me as compassionate* –, kehrte mein Unbewußtes die Buchstaben von *saw,* »sah«, um. Ich tippte: *she was me as compassionate*, »sie war ich als mitfühlend«. Dieser Verschreiber vermittelt das Wesen unserer seelischen Bindung vielleicht besser, als es alle Worte tun könnten.) Ich fühlte mich wahrgenommen, anerkannt, geschätzt. Ich hätte nie gedacht, daß sie Mitgefühl bewunderte, ebensowenig hätte ich erwartet, daß sie diese Eigenschaft in mir gesehen haben könnte, da ich in den 43 Jahren unserer Beziehung ihr gegenüber häufiger wütend als mitfühlend gewesen war. Vielleicht überraschte es sie ihrerseits, daß ich sie als mutig ansah, aber das tat ich wirklich. Sie war die Verkörperung dieser ersten Art von Mut – eines unbezwingbaren Willens, der Fähigkeit, unbeirrt weiterzumachen, was auch immer geschehen mochte.

Für den Rest des Abends war Mom immer nur zeitweise bei Bewußtsein. Manchmal sprach sie davon, sie sehe das Licht, manchmal kam sie ganz als die alte wieder zu sich, scherzte noch ein wenig, ehe sie mit der Hilfe von Morphium in einen letzten Schlaf versank. Unser Sohn Justin, mein Bruder Alan und ich blieben diese lange Nacht bei ihr, da sie sich abmühte, ihre Seele zu gebären. Wir sangen für sie, hielten sie in unseren Armen, beteten für sie, saßen bei ihr und wanderten abwechselnd die Korridore des Krankenhauses entlang.

Schließlich saß ich in ihrem Zimmer und meditierte, als mich plötzlich eine leuchtende Vision überkam, die mich aus dem normalen Wachbewußtsein in ein anderes Reich zog. Es war eine strahlende Erfahrung, die jede Zelle meines Körpers mit einem wunderbaren Gefühl der Lebendigkeit erfüllte, und ich wußte, daß ich eine tiefere Wirklichkeit gewahrte, als uns normalerweise zu sehen vergönnt ist.

In der Vision lag ich in den Wehen und mühte mich ab, ein Kind zu gebären. Gleichzeitig war ich aber auch das Kind, das den Geburtsvorgang durchmachte. Auch wenn die Geburt oberflächlich betrachtet mit Schmerzen und Angst einherging, war sie ein zutiefst freudiges, friedvolles und transzendentes Erlebnis. Als die Mutter spürte ich die Heiligkeit meiner Rolle, eine Pforte ins Leben zu sein. Als das Kind war ich beim Anblick des hellen, geheimnisvollen und ehrfurchtgebietenden Lichtes, das ich am Ende des langen, dunklen Tunnels der Geburt sah, von entzückter Scheu erfüllt. Aus der gleichzeitigen Perspektive von Mutter und Kind fühlte ich mich vollkommen eins mit meiner Mutter. Unser gemeinsames Leben ergab – mit all seinen Freuden, Kümmernissen, Ängsten und Zornausbrüchen – einen vollkommenen Sinn. Ich war mir ihres Bewußtseins bewußt, das sich den dunklen Tunnel entlangbewegte und diese Welt verließ und schon jetzt über die Herrlichkeit ihrer Rückkehr ins Licht frohlockte. Sie hatte mich in diese Welt hereingeboren, und ich hatte das Gefühl, ich hätte sie aus ihr hinausgeboren.

Ich schlug die Augen auf und sah ein Zimmer, das ganz von Licht erfüllt und von einer unbeschreiblichen, friedvollen Kraft durchpulst zu sein schien. Mein 21jähriger Sohn Justin war auch im Zimmer. Er drehte sich zu mir um und sagte mit ehrfürchtiger Stimme: »Es kommt mir vor, als hielte Großmutter die Tür zur Ewigkeit geöffnet, damit wir kurz hineinsehen können. Spürst du es auch?«

Auch wenn Moms Körper noch ein paar Stunden weiteratmete, bis schließlich ein Sauerstoffschlauch entfernt wurde, hatten wir das Gefühl, als sei ihre Seele in der Stille der Nacht wieder ins Jenseits hineingeboren worden. Die Erinnerung an unseren letzten Austausch und an die außergewöhnliche Vision blieb in meinem Herzen und erschuf einen neuen Bezugsrahmen, in dem unser bisweilen schwieriges Verhältnis mit einemmal ganz und vollkommen erschien. Es ging nicht mehr um Vergebung – nicht darum, daß sie mir oder ich ihr verzieh. Die tiefe Bejahung und Identifikation mit ihr, die ich während dieser letzten Stunden verspürte, hinterließen in mir eine erweiterte Anschauung unseres gemeinsamen Lebens. Diese umfassendere Vision – eine ganzheitliche Schau, in der sogar Schmerz und Enttäuschung im Gewebe der göttlichen Liebe einen vollkommenen Sinn ergeben – bildet tatsächlich den Kern, das Herz, der dritten Art von Mut: des spirituellen Mutes. Als ich sie an dem Abend um das Geschenk des Mutes bat, hatte ich keine Ahnung, welch eine Offenbarung mir zuteil werden würde.

In den Wochen nach ihrem Dahinscheiden träumte ich mehrmals von Mom. Auch wenn diese Träume sehr unterschiedlich waren – lustig, geheimnisvoll, beglückend, schmerzlich, symbolisch und heilsam –, war jeder von ihnen wie ein vollkommenes Juwel. In einem der Träume erinnerte sie mich daran, daß sie oft »ein Miststück gewesen war« und daß ich »besser nicht anfangen sollte, sie zu idealisieren«! In einem anderen Traum nahm ich ihr Geschenk entgegen, den Mut, der es mir ermöglichte, den Schmerz dieses Lebens und der früheren Existenzen, die ich in den vorigen Kapiteln geschildert habe, bewußt anzunehmen. Die Empfindung des Mutes, der mir im Traum geschenkt wurde, prägte eine neue Geschichte in meine Seele ein und entließ mich mit einer veränderten Perspektive ins Wacherleben.

Im Traum bin ich im Gebirge, unterwegs zu dem Ort, wo ich einen Workshop abhalten werde. Mir fällt eine verborgene Tür im Hang des Berges auf. Ich trete ein und stehe in einem Raum voller Leute. Man sagt mir, es sei ein Café, aber ich entdecke bald, daß ich in eine Schule für Spione geraten bin. Es sind mehrere alte Frauen da. Sie erzählen mir, die Schule habe sie bis an die Grenzen ihres Durchhaltevermögens getrieben – bisweilen sogar noch darüber hinaus. Diese Frauen strahlen vor Weisheit, Zuversicht, Kraft, Mitgefühl und Macht. Ich verspüre in mir den glühenden Willen und Wunsch, mich den gleichen Prüfungen zu unterwerfen, die sie erduldet haben. Mir dämmert, daß ich gerade in eine Schule des Mutes aufgenommen worden bin.

Es kommt der Zeitpunkt der Abschlußprüfung. Während die Klasse durch einen Raum geht, zieht es mich zu einer Gruppe spielender Kinder. Als ich wieder aufschaue, sehe ich, daß die Klasse ohne mich weitergegangen ist. Ich muß den Weg zur abschließenden Prüfung auf eigene Faust finden. Ich weiß nur so viel, daß ich nach einem Loch im Boden suchen muß. Wieder draußen, komme ich zu einem hohlen Baumstamm. Darinnen gähnt ein riesiger, dunkler, feuchter Abgrund. Zu meiner eigenen Überraschung springe ich sofort hinein und gebe mich vollkommen der wäßrigen Finsternis hin. Unerwartet lande ich auf einem Floß und schieße mit halsbrecherischer Geschwindigkeit einen dunklen unterirdischen Wasserlauf entlang. Ich verspüre eine absolute Zuversicht und weiß irgendwo tief innen, daß sich mein Verhältnis zur Angst und zum Unbekannten geändert hat. Noch während ich in einer Landschaft atemberaubender Helligkeit und Schönheit auftauche, wache ich auf, glücklich und bei klarstem Bewußtsein.

Ich schrieb den Traum in mein Tagebuch und stand dann auf, um Kaffee zu kochen. Neben der Kaffeekanne lag ein runder Sticker von der Art, die von selbst klebt, wenn man hinten die Folie abzieht. Er hatte einen Durchmesser von ungefähr acht Zentimetern, war rot und trug eine schnörkelige weiße Aufschrift, die auf den ersten Blick »Coca-Cola« zu lauten schien. Aber das war eine Täuschung. In Wirklichkeit ergaben die Buchstaben das Wort *courage*, »Mut«. Das rote Tapferkeitsabzeichen erwartete mich mit dem Morgenkaffee. Ich fragte meine Söhne und meinen Mann, wo es her sei. Niemand wußte etwas darüber. Jetzt ist es in meinem Arbeitszimmer über meinem Computer befestigt. Ich kann es sehen, während ich schreibe. Ich sehe es oft an oder rufe es mir ins Gedächtnis zurück, wenn die Angst mein Gesichtsfeld einengt und ich die spirituelle Perspektive verloren habe.

Mut und Klarheit

Als ich über meinen Traum vom Mut nachdachte, fragte ich mich immer wieder, was es wohl bedeutete, in eine Schule für Spione aufgenommen zu werden – also wörtlich, *eine Schule für klares Erkennen dessen, was wirklich geschieht*. Die Antwort wurde mir in Form eines Aha-Erlebnisses zuteil, als ich ein Buch des Psychotherapeuten Kenneth Kelzer las, betitelt *The Sun and the Shadow: My Experiment with Lucid Dreaming.* Ein »luzider Traum« oder »Klartraum« ist ein Traum, bei dem uns bewußt ist, daß wir träumen. Die meisten Menschen haben irgendwann im Laufe ihres Lebens ein derartiges Erlebnis gehabt, und mit entsprechender Übung (wie bei Kelzer und anderen beschrieben) kann es die Mehrzahl von uns lernen, mit einiger Regelmäßigkeit in den luziden Traumzustand zu gelangen. Ich selbst bin nur ein knappes halbes dutzendmal luzid geworden, und ich kann mich an jeden dieser Träume in allen Einzelheiten erinnern. Der Augenblick, in dem man plötzlich erkennt: »Aha, Enten haben keinen roten Pelz, ich träume offensichtlich«, fühlt sich an wie ein plötzliches Erwachen in eine vollkommen neue Ebene der Bewußtheit hinein.

Der luzide Zustand fühlt sich »wirklicher als wirklich« an. Unsere Sinneswahrnehmungen sind geschärft, und alles wirkt gegenwärtiger und strahlender als im normalen Traumzustand und im Wacherleben, fast so, als leuchte es von innen heraus. Unser Körper fühlt sich zutiefst lebendig an. Unsere Bewußtheit ist auf allen Ebenen auf angenehme Weise erhöht, und es scheint, als sei ein Schleier, der normalerweise die Schönheit und Magie des Lebens verhüllt, gelüftet worden, so daß alle Dinge in ihrer ursprünglichen Herrlichkeit erstrahlen. Ich empfinde einen luziden Traum als ein besonderes Geschenk, einen Freifahrschein für einen kurzen Heimaturlaub in einem Zustand größerer Bewußtheit und Freiheit.

In seinem Buch weist Kelzer darauf hin, daß wir, wenn wir während eines Traumes luzid werden, automatisch alle Angst hinter uns lassen. Seine Ausführungen faszinierten mich, weil sie sich vollkommen mit meinen eigenen Erfahrungen deckten. Als ich an meine Klarträume zurückdachte, konnte ich erkennen, daß der Mut, den ich in einigen von ihnen verspürt hatte, nicht auf einem Zustand des Wollens basiert hatte, in dem ich den schrecklichen Dingen, die sich da ereigneten, aktiv entgegengetreten wäre und ansonsten das Beste gehofft hätte. *Der Mut strömte vielmehr aus einem Zustand veränderter Wahrnehmung – einer echten Klarheit –, in dem ich irgendwo wußte, daß die furchterregende Situation tatsächlich eine erregende Gelegenheit darstellte, meine Bewußtheit und meine Weisheit zu erweitern. Außerdem wußte ich, daß ich vollkommen sicher und geborgen war.*

Der transzendente, spirituelle Mut, der uns im Zustand des luziden Träumens erfüllt, hat zumindest drei für mich erkennbare Wurzeln. Erstens *wissen* wir in diesem besonderen veränderten Bewußtseinszustand, daß wir träumen. Es ist offensichtlich, daß alle etwaigen beängstigenden Ereignisse lediglich Teil eines flüchtigen Schauspiels sind. Zweitens wird man sich während der Luzidität eines Quells gewaltiger innerer Kraft bewußt. (Einmal, als ich von einer furchterregenden Traumgestalt verfolgt wurde, erkannte ich plötzlich, daß ich träumte, und wurde luzid. Mein ganzer Traumkörper begann zu prickeln, und ich fühlte mich überlebendig, übermächtig. Ich beschloß, nicht mehr wegzulaufen und mich meiner Verfolgerin zu stellen, die aufgrund ihrer übernatürlichen Kräfte besonders gefährlich war. Ich fühlte mich unbesiegbar und war augenblicklich imstande, der Bedrohung auf kreative Weise ein Ende zu bereiten.) Drittens geht mit der Luzidität die Gewißheit einher, daß die Überwindung der Angst durch einen beliebigen kreativen Akt echtes Seelenwachstum darstellt.

In ihren alten spirituellen Texten beschreiben die Tibeter den »Traum-Yoga«, worunter die bewußte Pflege der Luzidität während des Träumens verstanden wurde. Da das Leben selbst als eine Art Traum galt, wurde die Pflege der Luzidität als ein hervorragendes Mittel angesehen, auch ein Erwachen aus dem Traum des Lebens zu erreichen und damit die Fähigkeit, furchtlos und mitfühlend zu handeln. Das *Totenbuch der Tibeter* schildert die sogenannten Bardo-Zustände – »Reiche«, die die Seele besucht, nachdem sie den physischen Leib verlassen hat und dem klaren Licht liebender Bewußtheit begegnet ist. Wenn ein solcher »Erwachter« es vermag, auch nach Verlassen des gestorbenen Körpers luzid zu bleiben, kann seine Seele die Bardo-Zustände unangefochten durchwandern, da sie deren illusorischen Charakter durchschaut und sich stets nach dem wahren Licht orientiert. Auf diese Weise zerbrechen die Ketten des Karmas, und der Kreislauf der Wiedergeburten hat ein Ende.

In *The Sun and the Shadow* faßt Kelzer die Erfahrung, während eines potentiell beängstigenden Traums luzid zu werden und dadurch neuen Mut in sich zu verspüren, mit folgenden Worten zusammen:

> Viele luzide Träume haben etwas Magisches an sich. Dieser bestimmte besaß das Potential, zu einem Alptraum zu werden, aber in dem Augenblick, in dem ich luzid wurde, erlebte ich eine totale innere Transformation. All meine Angst verflüchtigte sich von einem Augenblick zum anderen, und ich fühlte mich voller Mut. Die vollkommene Klarheit des Sehens schenkte mir in diesem Traum eine sofortige Transformation. Dies ist einer der wichtigsten Grundsätze, die ich anhand dieses bestimmten Klartraums erkannt habe. *Vollkommen* zu sehen bedeutet, Mut zu haben. Vollkommen zu sehen bedeutet, keine Angst zu haben. (S. 5)

Ein Kuriosum ist die Tatsache, daß wir im Zustand des luziden Träumens klarer sehen können, als wir es normalerweise im Wachzustand vermögen. Unsere normalen wachen Wahrnehmungen sind von vergangenen Erfahrungen umwölkt und durch die kulturelle Gehirnwäsche getrübt, die uns lehrt, statt in der Erkenntnis der Liebe in ständiger Vermeidung der Angst zu leben. Die dunklen Nächte der Seele fordern uns auf, aus unseren Träumen der Begrenztheit aufzuwachen und die Freiheit, die unser Schicksal ist, einzufordern. Wie der Apostel Paulus schrieb: »Jetzt sehen wir noch dunkel, wie durch einen Spiegel rätselhaft; einst aber von Angesicht zu Angesicht« (1. Korinther 13, 12).

Klar sehen: Von Angesicht zu Angesicht mit dem Licht

Wann aber werden wir, wie Paulus prophezeit, »von Angesicht zu Angesicht« sehen? Kurze Erlebnisse klaren Sehens haben wir immer wieder während des ganzen Lebens, nicht nur im »klaren

Licht«, das – nach Aussage sowohl vieler alter Weisheitslehren als auch jener fünf Prozent aller Amerikaner, die vom klinischen Tod wiedererwacht sind – die Erfahrung des Sterbens begleitet. Vielen Berichten zufolge werden Augenblicke klaren Sehens – des Eintretens eines Geisteszustands, in dem alles »wirklicher als wirklich« erscheint – in sehr unterschiedlichen Situationen erlebt: bei präkognitiven Visionen, die dem physischen Tod vorausgehen, bei transzendenten Visionen, die in keiner Beziehung zum Sterben stehen, in luziden Träumen, während der Meditation, bei blitzartigen Intuitionen und in jenen »heiligen Momenten« oder Epiphanien, die uns allen von Zeit zu Zeit zuteil werden.

Wenn diese »Augenblicke« klaren Sehens lange genug dauern, begreifen wir, daß wir einen Blick hinter den Schleier getan haben, der die Erscheinungswelt, in der wir leben, von einer reicheren, volleren Welt trennt, die buchstäblich zu leuchten oder von Licht erfüllt zu sein scheint. Wenn wir sagen, uns »geht ein Licht auf«, meinen wir tatsächlich, daß wir mit einemmal etwas verstehen – oder tiefer, wahrer verstehen. Wenn wir das Licht schauen, gibt es keine Angst mehr, weil wir über sie hinaus in den Glanz geblickt haben, der die Liebe selbst ist. In Gegenwart der Liebe ergibt alles einen Sinn. *Wir werden der Weisheit gegenwärtig.*

Der Kinderarzt Melvin Morse ist einer der führenden Forscher auf dem Gebiet der Nahtoderfahrungen. Er fing an, sich dafür zu interessieren, als mehrere Kinder, die er medizinisch wiederbelebt hatte, übereinstimmend von dem übernatürlichen Licht berichteten, das sie »auf der anderen Seite« erblickt hatten. In seinem wunderschönen Buch *Zum Licht. Was wir von Kindern lernen können, die dem Tod nahe waren* geht Dr. Morse auf die Schwierigkeiten ein, die es den meisten Kindern (und den Erwachsenen nicht minder) bereitet, dieses Licht zu beschreiben, da Begriffe wie »allwissend«, »allvergebend« und »alliebend« die Herrlichkeit der tatsächlichen Erfahrung in keiner Weise wiederzugeben vermögen.

Einer der Fälle, die Dr. Morse beschreibt, betrifft ein kleines Mädchen namens Terry, das, nachdem es versehentlich mehrere starke Schmerztabletten verschluckt hatte, ins Koma gefallen und beinahe gestorben war. Als Erwachsene beschrieb sie ihre Kindheitserfahrung, die damit begann, daß sie während des Komas ihren Körper verließ und sich durch einen Tunnel voll Wasser entfernte. Obwohl es im Tunnel dunkel war, verspürte sie keinerlei Angst. Der Tunnel gabelte sich, sie schwamm unter einem Bogen hindurch und tauchte urplötzlich in einem Licht auf, das sie als »so wunderschön« beschrieb, »daß es nicht als Licht bezeichnet werden konnte. Es war Liebe und Frieden und Freude und vollkommene und absolute Glückseligkeit«. Als sie von dieser Erfahrung zurückkehrte, erklärte sie, sie sehe »überall Stücke dieses Lichts. Ich konnte sehen, wie alles in der Welt zusammenpaßt.«

Wie Dr. Morse berichtet, sind Kinder, die eine Nahtoderfahrung gehabt haben, auffällig reif, weise und mitfühlend gegenüber ihren Mitmenschen. Als Heranwachsende greifen sie fast nie zu Drogen oder Alkohol, da sie irgendwie ahnen, daß diese Substanzen sie nicht näher an das Licht heranführen, sondern es eher verdüstern. In seinem Buch führt Morse auch Fälle an, in denen Kinder das Licht sahen, ohne eine Nahtoderfahrung zu haben. Der Oxforder Gelehrte Edward Robinson beschreibt beispielsweise eine spirituelle Erfahrung, die er als Vierjähriger hatte, als er einmal mit seiner Mutter am Strand spazierenging. Die Blumen schienen »von einem hellen Feuer zu strahlen«, und Robinson wußte, daß dieses Feuer das »lebendige Gewebe des Lebens« war. In diesem Moment erfüllte ihn ein intuitives Wissen um seinen besonderen Platz in der Ordnung der Dinge und die Gewißheit, daß alles »letztlich gut« war.

Könnten wir alle, wie Robinson, unseren besonderen Platz in der Ordnung der Dinge »sehen« und zugleich erkennen, daß das Gewebe des Lebens die Liebe und alles letztlich und im höchsten Sinne *gut* ist, dann hätten wir keine Angst mehr. Dann besäßen wir jene Art von spirituellem Mut und Optimismus, die aus der unmittelbaren Wahrnehmung des *Seienden, wie es ist*, erwächst.

Ich glaube durchaus, daß es Möglichkeiten gibt, die Art von spirituellem Mut, die einigen wenigen von uns durch Visionen, Träume und Nahtoderfahrungen als Gnadengeschenk zuteil wird, gezielt zu erlernen. Darauf werden wir im dritten Teil dieses Buches näher eingehen. Natürlich benötigen wir nicht allzuviel Mut, bevor wir nicht mit der Angst konfrontiert werden, und das ist vielleicht auch der höchste Zweck oder Sinn unserer Angst – sie motiviert uns, durch eine tiefempfundene Suche nach dem Heiligen wahren Mut zu finden. Aber bis wir den Mut und den Optimismus entwikkeln, die daraus erwachsen, daß wir die Dinge klar sehen, können wir die Hoffnung hegen, daß unser Schmerz und unsere Angst in Wahrheit eine Initiation in das Licht darstellen.

Hoffnung und Ergebung

Mit dem Wort »Hoffnung« bezeichnen wir normalerweise ein auf die Zukunft gerichtetes Gefühl. Wir hoffen, gesund zu bleiben oder, wenn wir krank sind, wieder gesund zu werden. Wir hoffen, daß unsere Kindern gut geraten, daß die Welt bald zum Frieden findet, daß wir immer genug Geld haben werden, um unsere Rechnungen zu bezahlen. Diese Art von Hoffnung ist zielgerichtet und wird – wie der Mut der Stufe 1 – von unserem Willen gespeist. Wir sind nur dann »glücklich«, wenn wir das bekommen, was wir uns wünschen, wenn unser Wille geschieht. Wie der spirituelle Mut stellt sich die spirituelle Hoffnung aber auch am ehesten dann ein, wenn wir jeden Willen fahrenlassen und uns der Zuversicht öffnen. Bruder David Steindl-Rast, ein Benediktinermönch, der zu einer kontemplativen Bewegung zur Vereinigung östlicher und westlicher Spiritualität gehört, schreibt in seinem Buch *Fülle und Nichts* über die Hoffnung:

> Man meint vielleicht, daß Hoffnung der höchste Grad an Optimismus sei, eine Art Superoptimismus. Ich stelle mir da jemand vor, der höher und höher zur obersten Zinne des Optimismus klettert, um dort sein kleines Fähnchen der Hoffnung zu schwingen. In Wirklichkeit aber beginnt Hoffnung, wenn unserem Pessimismus der Boden unter den Füßen versinkt. Wo können wir schon hinfallen, wenn nicht in Gottes mütterlichen Schoß? Das ist der Grund, warum der heilige Paulus uns sagt, daß »Drangsal Geduld bewirkt, die Geduld Bewährung, die Bewährung Hoffnung (Römer 5, 3f.)«. (S. 120)

Steindl-Rast weist darauf hin, daß die Prüfungen, die wir durchmachen, uns von unbegründetem Optimismus befreien. Wenn »unserem Pessimismus der Boden unter den Füßen versinkt«, sind wir gezwungen, die Vorstellung aufzugeben, wir seien »Macher«, die das Leben durch Ausübung ihres individuellen Willens bewältigen können. Der erste Schritt jedes Zwölf-Schritte-Programms betrifft genau diesen »Initialzusammenbruch«. Bei den Anonymen Alkoholikern lautet dieser erste Schritt: »Wir haben zugegeben, daß wir dem Alkohol gegenüber machtlos sind und unser Leben nicht mehr meistern konnten.« Wir könnten diese Haltung der Ergebung auf jeden Lebensbereich anwenden, in dem wir darum gerungen haben, uns zu verändern, und gescheitert sind.

Auf den ersten Blick könnten Hoffnung und Ergebung wie recht widersprüchliche Prinzipien erscheinen. Aber wenn wir, wie Steindl-Rast schreibt, »in Gottes mütterlichen Schoß« fallen, erkennen wir, daß wir genau im Schoß der Hoffnung gelandet sind. Hoffnung, erklärt er, ist ein geduldiges Warten auf Gott, eine Stille, die es uns ermöglicht, die innere Stimme der Führung zu vernehmen. In *Fülle und Nichts* sagt er:

> Solange wir auf eine Verbesserung der Situation warten, machen unsere Ambitionen einigen Lärm. Und wenn wir auf eine Verschlechterung der Situationen warten, dann werden unsere Ängste laut. Die Stille, die in jeder beliebigen Situation auf das Aufleuchten des kommenden Herrn wartet – das ist die Stille biblischer Hoffnung. Diese Stille verträgt sich nicht nur gut mit tatkräftigem Dienst an der Welt, wenn das unsere gottgegebene Aufgabe ist. *Sie ist sogar unbedingt nötig, wenn wir klar und deutlich hören wollen, was unsere Aufgabe eigentlich ist* . . . Die Stille der Hoffnung ist der Ausdruck einer vollkommenen Energiekonzentration auf die aktuelle Aufgabe.
>
> Die Stille der Hoffnung ist deshalb die Stille der Integrität. Hoffnung integriert. Sie macht ganz. (S. 122, Hervorhebung von mir)

Die Buddhisten kennen eine ähnliche Methode, in Zeiten der Not Hoffnung zu fassen und sich, wie sie es nennen würden, »rechten Handelns« zu befleißigen. Anstatt dem Universum zu erklären, was die Situation bedeutet und was zu deren »Verbesserung« geschehen sollte, bemüht sich der Buddhist um eine grundsätzliche Offenheit – um eine »Ich-weiß-nicht«-Haltung. »Ich weiß nicht« läßt Raum für Stille, und Stille läßt Raum für Weisheit.

So gesehen ist Hoffnung mitnichten ein auf die Zukunft gerichteter Wunsch, sondern eine *Tiefe des Verstehens*, die sowohl Vergangenheit und Zukunft transformieren als auch zu bewußtem Handeln führen kann, das dazu beiträgt, künftige Ereignisse zu beeinflussen.

Spirituelle Hoffnung ist also in Wirklichkeit eine Frage der Perspektive. Das Wort »Perspektive« leitet sich vom lateinischen *perspicere* ab, »hindurchschauen, mit dem Blick durchdringen«. Hoffnung hat etwas mit jenem Mut zu tun, der aus klarem Sehen erwächst. Wenn wir mutlos sind, verhält es sich genau umgekehrt. Unser Sehvermögen ist getrübt, wir haben keine Hoffnung und fühlen uns verloren. In seinem Buch *Gesund durch die Kraft der Vorstellung* erzählt der Psychiater Gerald Epstein, wie er Colette Aboulker-Muscat kennenlernte, eine international bekannte israelische Psychotherapeutin, die wegen ihrer Fähigkeit berühmt ist, Menschen durch die kreative Anwendung der Vorstellungskraft physisch wie emotional zu heilen. Von der freudschen Analyse enttäuscht, die Veränderungen – wenn überhaupt – oft nur sehr langsam herbeiführt, suchte Epstein Madame Aboulker-Muscat auf, um aus eigener Anschauung zu erfahren, wie sie mit Hilfe des Wachträumens neue Perspektiven eröffnet, die wiederum zu veränderten Glaubens-, Verhaltens- und physiologischen Funktionsmustern führen.

Madame Aboulker-Muscat erzählte Epstein, Freud habe sich bisweilen einer bestimmten Methode der Analyse bedient, die als »freie Assoziation« bezeichnet wird: Der Patient stellt sich vor, er sitzt in einem fahrenden Zug, betrachtet die Landschaft, die an ihm vorüberzieht, und erzählt dem neben ihm sitzenden Analytiker, was er jeweils sieht. Hier wandte sich Madame Aboulker-Muscat Epstein zu und fragte unvermittelt: »In welche Richtung fährt der Zug?« Epstein vollführte eine waagerechte Armbewegung, um die Raumachse anzudeuten, entlang der ein Zug normalerweise fährt. Abrupt änderte Frau Aboulker-Muscat Epsteins Perspektive, indem sie ihre Hand aufwärts bewegte. »Gut. Aber was ist, wenn der Zug plötzlich in diese Richtung fährt?«

Epstein schreibt:

> Heute, fünfzehn Jahre später, kann ich nicht mehr genau wiedergeben, was mir in diesem Augenblick durch den Kopf ging. Ich bin nicht sicher, ob ich es damals wußte. Was mir bewußt war und was ich immer noch für die Erkenntnis dieses Augenblicks halte, war ein überwältigendes Gefühl der Selbsterkenntnis – ein sogenanntes »Aha-Erlebnis«. Es war eine Offenbarung. Die vertikale Bewegung schien mich aus dem horizontalen, üblichen Muster der alltäglichen Beziehung von Ursache und Wirkung hinauszuheben. Ich wagte den Sprung in die Freiheit und erkannte, daß die Aufgabe der Therapie – die Aufgabe, Mensch zu sein – darin besteht, den Menschen zu helfen, ihre Freiheit zu erlangen, sich über den Status quo hinwegzusetzen und sich neue Dimensionen zu erschließen. Dazu sind wir alle in der Lage, wir können Zugang zu unserer Fähigkeit finden, zu erneuern und Neues zu erschaffen. Genau das ermöglicht die Vorstellungskraft. (S. 10 f.)

Die Hoffnung ist diese »Fähigkeit, zu erneuern und Neues zu erschaffen«, von der Epstein spricht. Sie stellt sich dann ein, wenn wir uns über die vertraute Raumachse erheben und das Leben aus einer neuen Perspektive, von einer höheren Warte aus sehen. Harris Dientsfrey, der in seinem schönen Buch *Where the Mind Meets the Body* auf diese Geschichte über Epstein eingeht, bemerkt: »Vom Zug aus, der sich in der Horizontalen bewegt – Freuds Zug –, kann man nur die Details der Gegenwart erkennen, die vorüberrauschen, um zur Vergangenheit zu werden. Vom Zug aus, der sich senkrecht von der Erde weg in den Himmel bewegt – Aboulker-Muscats Zug –, sieht man Ereignisse, die auf der Erde je nachdem vergangen, gegenwärtig und künftig, in der Luft aber alle gegenwärtig sind, mit einem einzigen Blick.«

Die Linse der Hoffnung, durch die Vergangenheit, Gegenwart und Zukunft eine neue Bedeutung annehmen können, wartet stets auf die triumphierende Geburt der Neuheit. Als unser jüngster Sohn Andrei 16 war, stand er im Zenit (oder, je nach Blickrichtung, im Nadir) seiner Pubertät. Launisch und verwirrt, war er oft alles andere als ein angenehmer Gesellschafter. Trotzdem sah ich mit den hoffnungsvollen Augen einer Mutter stets das Beste in ihm – das sich dann auch allmählich zu manifestieren begann, als er in seinen letzten zwei Oberschuljahren zu einem reifen, mitfühlenden jungen Mann aufblühte. Ich mußte lächeln, als ich die folgenden Zeilen bei Steindl-Rast las:

> Hoffnung betrachtet alles so, wie eine Mutter ihr Kind anschaut, mit einer *Leidenschaft für das Mögliche*. Diese Art zu sehen ist schöpferisch. Sie erschafft den Raum, in dem sich Vollkommenheit entfalten kann. Mehr noch, die Augen der Hoffnung schauen durch alles Unvollkommene hindurch in das Herz aller Dinge und finden dort Vollkommenheit. (*Fülle und Nichts,* S. 125; Hervorhebung von mir)

So gesehen ist Hoffnung tatsächlich eine Form von Segen. Zu segnen bedeutet zu mehren, es bedeutet, etwas zu gestatten, sich in seiner Ganzheit zu entfalten. Zu hoffen heißt, einen heiligen Raum zu schaffen, einen Raum des Möglichseins, worin die Güte des Universums ihren Ausdruck finden kann. Die Haltung, die wir in diesem heiligen Raum einnehmen, ist Bereitschaft, Offenheit und Nichthängen an einem bestimmten Resultat. In seinem Klassiker *Die Revolution der Hoffnung* faßt Erich Fromm das geduldige, weise Warten der Hoffnung in eine herrliche Metapher:

> Hoffnung . . . ist weder ein untätiges Warten noch ein unrealistisches Herbeizwingenwollen von Umständen, die nicht eintreffen können. Sie gleicht einem kauernden Tiger, der erst losspringt, wenn der Augenblick zum Springen gekommen ist

> ... Hoffen heißt, jeden Augenblick bereit sein für das, was noch nicht geboren ist, und trotzdem nicht verzweifeln, wenn es zu unseren Lebzeiten nicht zur Geburt kommt. (S. 23)

In den folgenden Kapiteln werden wir uns mit Meditation, Kontemplation und Gebet befassen, diesen altehrwürdigen Methoden zur Förderung der Hoffnung – der Bereitschaft, geduldig auf die innere Stimme zu warten, die uns zum Weg der Freiheit und des Mutes führen wird, indem sie die Augen des Herzens öffnet: die Augen, die den Weg am klarsten zu sehen vermögen.

TEIL III

Praktiken zum Gewahrwerden des Heiligen

Bittet, so wird euch gegeben;
suchet, so werdet ihr finden;
klopfet an, so wird euch aufgetan.

Denn wer da bittet, der empfängt;
und wer da suchet, der findet;
und wer da klopft, dem wird aufgetan.

Jesus, in Matthäus 7, 7–8

NEUNTES KAPITEL

Meditation und Gebet der Sammlung

Man sieht nur mit den Augen des Herzens gut.
Das Wesentliche ist für die Augen unsichtbar.
Antoine de Saint-Exupéry,
Der kleine Prinz

Ende des Jahres 1990, direkt nach Weihnachten, erhielt ich einen kurzen Brief von einem jungen Mann, den ich kenne. Er schrieb mir aus einem Bostoner Krankenhaus, wo er wegen eines Darmleidens, der sogenannten Crohn-Krankheit oder Enteritis regionalis, behandelt wurde. Fritz, so der Name des jungen Mannes, wollte mir von einer rätselhaften Begebenheit erzählen, die sich ein paar Tage vorher zugetragen hatte. Er betrachtete sie als eine spirituelle Erfahrung. Der Krankenhauspsychiater betrachtete sie als eine mit seiner Behandlung zusammenhängende Störung des biochemischen Gleichgewichts. Kurz nach seiner Entlassung aus dem Krankenhaus trafen Fritz und ich uns, und er erzählte mir folgende Geschichte:

Fritz hatte im Bett gesessen, als er plötzlich einen starken Energieschub verspürte, der seine Wirbelsäule hinauffuhr. Anders als die westliche Medizin und Psychologie haben die östlichen Weisheitslehren und Naturwissenschaften durchaus eine Erklärung für derlei Phänomene. Die feinstoffliche Körperenergie wird in China *ch'i*, in Japan *ki* und in Indien *kundalini* genannt. Es ist dieselbe Energie, die durch die Akupunkturmeridiane fließt und in den Chakras gespeichert wird. Vielleicht können Sie sich daran erinnern, einmal ein sogenanntes Aha-Erlebnis gehabt und dabei ein Kribbeln entlang der Wirbelsäule verspürt zu haben. In dem Fall haben Sie das Aufsteigen dieser subtilen Energie erlebt, das plötzliche Erkenntnisse begleitet und eine tiefere Ebene der Wahrnehmung öffnet, die nicht durch die physischen, sondern durch die spirituellen Sinne, die Augen des Herzens, vermittelt wird.

Durch den plötzlichen Schub aufwärtsschießender Energie öffnete sich Fritz spirituelles Auge. Da saß er in seinem Krankenhausbett und sah dieselben Dinge, die er schon seit Tagen mit seinen physischen Augen sah, nahm sie aber jetzt auf eine völlig neue Weise wahr. Er beobachtete die Krankenschwestern, die mit Wagen voller Pillen und Injektionsspritzen vorbeieilten, aber aus seiner neuen Perspektive *wußte* er auf der tiefsten Ebene seines Seins, daß alles vollkommen war. *Alles, was geschah, war vollkommen.* Denken Sie einen Augenblick darüber nach. Haben Sie je die Einsicht gehabt, daß das ganze wunderschöne, schreckliche, wahnsinnige Schauspiel des Lebens *vollkommen* ist? Bisweilen überkommt uns diese Erkenntnis während heiliger Momente, jener kurzen Lücken im zeitlichen Kontinuum, wenn uns ein Gefühl der Ewigkeit beschleicht und wir das wesenhafte Ganzsein des Lebens ahnen.

Fritz befand sich in einer für einen heiligen Augenblick recht ungewöhnlichen Situation: in einem Krankenhausbett, mit einem Gummischlauch am Arm, durch den eine kalorienreiche Nährlösung in seine Adern tropfte. Im Zustand der Vollkommenheit aufgehoben, wußte Fritz mit einemmal um seine eigene innere Reinheit. Stellen Sie sich das vor! Was wäre es wohl für ein Gefühl, plötzlich zu erkennen, daß man – trotz aller Fehler, die man je gemacht, trotz all der Gelegenheiten, da man sich dumm, wertlos, schlecht oder ganz einfach »nicht gut genug« gefühlt hat – in seinem innersten Selbst vollkommen, wertvoll, rein und absolut makellos ist? Dies ist die Erfahrung, die uns die Schau oder Erkenntnis des Höheren Selbst gewährt: der wahren Natur dessen, was wir sind.

Wenn Sie selbst eine solche Erfahrung noch nie gemacht haben – und die meisten von uns haben das nicht –, dürfte es für Sie schwierig sein, sie sich vorzustellen. Als Fritz mir von seinem Erlebnis erzählte, leuchteten seine Augen, und sein Gesicht war sanft und weich. Er strahlte die Reinheit aus, die er erfahren hatte, und eine unsagbare Demut.

Dank einem besonders glücklichen Zufall wußte ich genau, was Fritz meinte, und zwar nicht nur intuitiv oder durch Empathie, sondern weil ich im Jahre 1989, während einer von einem südamerikanischen Schamanen geleiteten Zeremonie, genau denselben Zustand erfahren hatte. Man hatte uns Ayahuasca gegeben, einen aus einer Lianenpflanze gewonnenen Trank, der seit Tausenden von Jahren von vielen mittel- und südamerikanischen Stämmen im Rahmen ihrer religiösen Riten verwendet wird. Das Getränk enthält eine psychedelische Substanz, die ein Tor in das imaginale Reich der Ersten Geschichten und der unmittelbaren Wahrnehmung des Heiligen öffnet.

Die erste Wirkung des Ayahuasca war Übelkeit und eine starke motorische Unruhe, aber nach ungefähr 20 Minuten setzte ich mich hin und schloß die Augen. Ich wurde mir phantastischer Ströme von Energie bewußt, die sich durch meinen ganzen Körper bewegten. Die Erfahrung war »multisensorisch«: Ich *fühlte* die Energie, *sah* sie als Licht und Farbe und *hörte* sie als eine unbeschreiblich schöne Musik. Wie Fritz fühlte ich die Kundalini aufsteigen. Vom unteren Ende der Wirbelsäule ausgehend, bewegte sie sich aufwärts in meinen Unterleib. Zum erstenmal erlebte ich, was mit »Feuer im Bauch« gemeint ist. Die Energie war eine starke, wilde Art von Mut, wie ein Feuer in meiner Seele. Es war die absolute Zuversicht und Gewißheit, daß ich eine Aufgabe in diesem Leben hatte, daß ich mich im Einklang mit ihr befand und daß ich jede Hilfe erhalten würde, die ich zu ihrer Erfüllung benötigte. Als die Energie mein Herz erreichte, wurde ich – in Ermangelung eines treffenderen Ausdrucks – in meine eigene Seele »eingelassen«. Ich weinte hemmungslos, als ich erkannte, daß sie vollkommen rein war.

Auch wenn alle alten Schriften uns versichern, daß das eigentliche Selbst rein und makellos ist, fällt es schwer, sich vorzustellen, wie es sein könnte, diese Wahrheit tatsächlich unmittelbar zu erfahren. Die meisten von uns sehen statt mit den Augen des Herzens (also vom Standpunkt des Selbst aus) mit den (grundsätzlich auf Fehler, Mängel und Ängste gerichteten) Augen des begrenzten Ichs. Wie Sie sich also vorstellen können, bedeutet die plötzliche Erkenntnis der eigenen wesenhaften Reinheit eine drastische Änderung der Wahrnehmung. Während Fritz und ich uns an unsere jeweilige Erfahrung erinnerten, nahm ich das Leben für einige wenige Augenblicke wieder durch die Augen des Herzens wahr, erahnte ich wieder die Vollkommenheit in allen Dingen. Die *Ischa-Upanischad* sagt: »Wer im Selbst alle Wesen wahrnimmt und sein Selbst in allen Wesen, hegt keinen Zweifel mehr . . . Was bedeutet für den, der die Einheit erkennt, noch Verwirrung und Kummer?« *

Als Fritz mit der Schilderung seiner Erfahrung fortfuhr, nahm mein verblüfftes Interesse noch weiter zu, denn auch die nächste »Phase« entsprach vollkommen meinem eigenen Erlebnis. Nachdem er seine wesenhafte Reinheit und die absolute Vollkommenheit aller Dinge erkannt hatte, begann er sein Ich wahrzunehmen. Das Ich oder Ego ist derjenige Teil von uns, der sich vom Ganzen getrennt wähnt. Wie ein verängstigtes Kind, das sich vor dem Alleinsein fürchtet, projiziert es Angst und Schuldgefühle, um seine scheinbare Kontrolle über die Ereignisse aufrechtzuerhalten. Auf diese Weise bewahrt sich das Ich die Illusion von Sicherheit und bezahlt diese Täuschung mit der Trennung vom Selbst, vom anderen und vom Göttlichen.

---

* In seinem Kommentar zu diesem Vers schreibt Swami Paramananda in *The Upanishads*: »Wer das Selbst überall wahrnimmt, schreckt vor nichts zurück, weil er sich durch sein höheres Bewußtsein mit allem Leben verbunden fühlt. Wenn ein Mensch Gott in allen Lebewesen sieht und alle Lebewesen in Gott und ebenso Gott in seiner eigenen Seele, wie könnte er da noch irgendein Geschöpf hassen? Kummer und Verwirrung beruhen auf dem Glauben an die Verschiedenheit, der die Ursache von Konkurrenzkampf und allen Formen von Eigensucht ist. Mit der Erkenntnis der Einheit verschwindet das Gefühl von Verschiedenheit, und die Ursache allen Leidens ist beseitigt.«

Es ist eine faszinierende Erfahrung, sich des essentiellen reinen Selbst und des Ichs gleichzeitig bewußt zu werden. Dabei kann es vorkommen, daß das Ich sich mit dem Gedanken einmischt: »Das ist alles Unsinn, du bist nicht rein« und uns dann wieder an all unsere Fehler erinnert oder uns auf einen Horrortrip durch die Angst führt. Während meiner Kundalini-Erfahrung merkte ich, daß es mir problemlos gelang, die Tricks des Ichs zu durchschauen und einfach loszulassen und mich wieder in die Reinheit zurückzuziehen. Diese erstaunliche Hin- und Herbewegung zwischen Ego und Selbst ereignet sich – wenngleich auf weniger auffällige Weise – auch während des Wachens, wenn wir von Phasen, in denen wir entspannt und ganz in die Gegenwart eingestimmt sind, zyklisch in solche wechseln, in denen wir uns an vergangene und künftige Zweifel und Ängste klammern. Indem wir die Fähigkeit entwikkeln, diese normalen Bewußtseinsverlagerungen zu *beobachten*, uns ihrer *bewußt* zu werden, lernen wir mit der Zeit, uns willentlich vom Ich in das Selbst zurückzuziehen.

Die Meditation ist die älteste bekannte Methode, das Ich zu umgehen und mit den Augen des Herzens – des Selbst – sehen zu lernen, aber sie wird auch zu einer Vielzahl anderer – medizinischer, psychologischer und spiritueller – Zwecke verwendet. Dementsprechend existiert eine verwirrende Vielfalt an Meditationstechniken, die jeweils spezifische, wenngleich miteinander verwandte Ergebnisse anstreben. Eine gute Einführung in die verschiedenen Formen der Meditation bietet Daniel Golemans Buch *Meditation: Wege nach innen.*

Gegen Ende dieses Kapitels werde ich Ihnen ein paar einfache Meditationstechniken erklären. Aber bevor wir in die Praxis einsteigen, sollten wir uns ein wenig mit den theoretischen Aspekten der Meditation befassen.

Meditation und die Entspannungsreaktion

Nach der allgemeinsten Definition ist Meditation die *absichtliche Konzentration auf einen bestimmten Bewußtseinsinhalt.* Dabei kann dieser Bewußtseinsinhalt sowohl weltlicher als auch religiöser Natur sein. Wenn wir völlig in einer beliebigen Tätigkeit aufgehen, haben wir die Neigung, jedes Zeitgefühl zu verlieren und äußere, sachfremde Reize wie Telefonläuten, Türklingel oder Stimmen auszublenden. Wenn ich zum Beispiel schreibe, könnte nach Aussage meiner Familie das ganze Haus abbrennen, und ich würde unbeirrt weitertippen, ohne das mindeste zu bemerken. Vielleicht ist es auch Ihnen schon passiert, daß Sie so in Ihrer Gartenarbeit, Ihrer Lektüre oder möglicherweise sogar der Abfassung Ihrer Steuererklärung versunken waren, daß sich Ihre Atmung verlangsamte und Sie die totale Konzentration eines Panthers erzielten, der sich an sein Abendessen heranschleicht! In diesem Bewußtseinszustand blüht die Kreativität – die Intuition führt zu einer tieferen Weisheit, die natürliche Selbstheilungskraft des Körpers ist aktiviert, unser höchstes physisches und geistiges Potential manifestiert sich, und wir verspüren ein tiefes psychisches Wohlbefinden. Dies sind die Früchte der weltlichen Meditation, mag sie sich nun spontan einstellen oder infolge der bewußten Absicht, über eine beliebige Aktivität zu meditieren – etwa spazierenzugehen, die Schönheiten der Natur zu betrachten oder sich mit geschlossenen Augen auf einen kontinuierlich wiederholten mentalen Reiz zu konzentrieren.

Zur weltlichen Meditation kam ich ursprünglich wegen ihres medizinisch-therapeutischen Nutzens. Ihre positiven *psychischen* und *spirituellen* Auswirkungen wurden mir erst später, im Laufe der Zeit, bewußt. Wie ich schon in *Gesundheit ist lernbar* erzählt habe, begann ich gegen Ende der 60er Jahre aus schierer Verzweiflung zu meditieren, als selbst die beste konventionelle medizinische Behandlung nichts gegen meine unzähligen streßtypischen Krankheiten – darunter Migräne, Colon irritabile, Bluthochdruck, chronische Bronchitis, Angstzustände, Immunstörungen und Schwindelanfälle – auszurichten vermochte.

Als Studentin der Harvard Medical School hatte ich damals Zugang zu ausgezeichneten Ärzten. Doch mit Medikamenten ließen sich meine gesundheitlichen Probleme nicht beheben. Das einzige, was mir helfen konnte, war zu lernen, den Perfektionismus und die Unsicherheit des Ego loszulassen, durch die mein »Streß« und meine nervösen Störungen in Wirklichkeit verursacht wurden.

Mein Nervensystem war wie ein zu hochtourig drehender Motor im Leerlauf, stets bereit, auf eine Bedrohung zu reagieren. Da praktisch jede Interaktion mit einem anderen Menschen bedrohlich erschien, befand sich mein Nervensystem in einem Zustand chronischer Überreaktion auf das Leben. Ich lernte es, einfache Atem- und Meditationstechniken anzuwenden, um meine nervöse Erregung abzumildern – Techniken, die ich in *Gesundheit ist lernbar* ausführlich besprochen habe. Schon sechs Monate nachdem ich angefangen hatte, regelmäßig zu meditieren, waren all meine physischen Symptome verschwunden: ein Ergebnis, das mir damals wie ein Wunder erschien.

Der physiologische Nutzen der Meditation wurde erstmals von Herbert Benson, M. D., und R. Keith Wallace, Ph. D., wissenschaftlich untersucht. Sie stellten fest, daß die Transzendentale Meditation – die im wesentlichen in der Konzentration auf ein Mantra oder heiligen Laut besteht – Herz- und Atemfrequenz herabsetzte und den Sauerstoffverbrauch verringerte. Hinzu kamen reproduzierbare hormonale Veränderungen und eine Zunahme der Alphawellen im EEG. Die Wissenschaftler beschrieben diese erholsamen, wohltuenden Veränderungen als einen »wachsamen hypometabolischen (von vermindertem Stoffwechsel gekennzeichneten) Zustand«. Ebendiesen Zustand bezeichnete Benson später als die »Entspannungsreaktion«, das physiologische Gegenstück der Kampf-oder-Flucht-Reaktion. Durch weitere Experimente wies Benson nach, daß jede einfache Form – weltlicher oder spiritueller – konzentrierender Meditation im Prinzip die gleichen positiven körperlichen Veränderungen zeitigt.

Jüngere Untersuchungen haben gezeigt, daß manche Formen von Immunschwäche – wie eine verminderte Aktivität der Killerzellen (Lymphozyten, die den Körper nach Krebszellen absuchen und diese vernichten) und der T-Lymphozyten (»Helferzellen«, die die Bildung von Antikörpern gegen eindringende Bakterien, Parasiten und Pilze unterstützen) – unter bestimmten Umständen mit Hilfe so einfacher Meditationstechniken wie der progressiven Muskelentspannung signifikant gelindert werden können. Was besonders wichtig ist: Diese positiven Auswirkungen stellen sich bereits nach wenigen Wochen ein und durchaus auch bei unerfahrenen Meditierenden, die fast immer davon überzeugt sind, sie meditierten »nicht richtig«. Wenn ich bei Workshops frage, wer von den Anwesenden meditiert, heben in der Regel sehr viele Leute die Hand. Wenn ich dann frage, wie viele von ihnen glaubten, sie meditierten »gut«, gehen die meisten Hände wieder herunter.

Die meisten Meditierenden stellen zu ihrem Leidwesen fest, daß ihre Aufmerksamkeit sich sehr undiszipliniert aufführt und wie ein wild gewordener Affe von Gedanke zu Gedanke hüpft. In der Regel entgleitet ihnen ihr Konzentrationsgegenstand (Bild, Mantra und so weiter) schon bald, und sie verlieren sich in Gedanken. Nach ein, zwei Minuten »kommen sie dann wieder zu sich« und denken: »Oje, ich sollte doch eigentlich meditieren!« Das ist absolut natürlich und hat zudem einen praktischen Nutzen: Jedesmal, wenn wir den Gedankenfluß loslassen und zu unserem Konzentrationsgegenstand zurückkehren, trainieren wir die »Muskeln« unserer Aufmerksamkeit. Bemerkenswerterweise stellen sich selbst dann noch positive körperliche Veränderungen ein, wenn der größte Teil der Meditation mit Denken verbracht wird. Wenn die Meditationspraxis abgebrochen wird, verschwinden diese Veränderungen in der Regel binnen weniger Wochen.

Die durch Meditation herbeigeführte Entspannungsreaktion hat sich bei einer Vielzahl streßbedingter Störungen und bei chronischen Schmerzzuständen als therapeutisch nützlich erwiesen. Jon Kabat-Zinn, Ph. D., ein Kollege von mir am University of Massachusetts Medical Center in Worcester (Massachusetts), hat ein klinisches Programm entwickelt, das auf der sogenannten »Achtsamkeit« beruht, einer buddhistischen Form von Meditation. In seinem Buch *Gesund durch Meditation* erklärt Dr. Kabat-Zinn, daß die uralte Praxis der Achtsamkeit – des konstanten vollkommenen

Gewahrseins dessen, was gerade geschieht – chronische Schmerzen lindern und eine Vielzahl physischer Störungen abmildern kann.

Die schmerzlindernde Wirkung dieser Meditation rührt nicht nur von den durch sie verursachten physiologischen Prozessen her, sondern auch von den spezifischen mentalen Veränderungen, die die Achtsamkeit bedingt. Die Übung der Achtsamkeit fördert die Entwicklung einer *beobachtenden Aufmerksamkeit*, die Schmerzen zur Kenntnis nimmt, ohne sich emotional zu engagieren. Der Beobachter des – physischen oder psychischen – Schmerzes zu sein ist ein völlig anderer Zustand, als dessen Erleider, dessen Opfer zu sein. Als Resultat dieser »perspektivischen Verschiebung« wird das subjektive Leiden gelindert und der (sich bei Schmerzzuständen häufig einstellende) Teufelskreis von Hilflosigkeit, Wut und Anspannung durchbrochen. Dr. Kabat-Zinns Streßreduktions- und Entspannungsprogramm lieferte die Inspiration und ein frühes Modell für die »Mind/Body Clinic«, die ich 1980 mit einigen Kollegen gründete und bis 1988 in zwei Lehrkrankenhäusern der Harvard Medical School leitete. *Gesundheit ist lernbar* basiert auf den Erfahrungen, die wir in der Klinik machten, und behandelt vor allem die physiologischen und psychologischen Aspekte der konzentrierenden Meditation, der Achtsamkeit und der kreativen Imagination.

Kürzlich erhielt ich einen Brief von einem Mann, der dieses Buch mit, wie er schrieb, großem Gewinn gelesen hatte, aber irgendwie meinte, ich »hielte etwas zurück«. Später las er *Ich bin, wie ich bin* und stellte fest, daß die Spiritualität, die in meinem ersten Buch implizit gewesen war, in meinem zweiten expliziert wurde. Die Pflege des Körpers und Heilung der Psyche (auf die der englische Originaltitel *Minding the Body, Mending the Mind* anspielt) stützt sich auf das tiefere Fundament der Heilung unserer Beziehung zum Spirituellen – und zwar sowohl zu unserer individuellen Seele als auch zum universalen Geist, an dem wir alle teilhaben. Im Laufe der Jahre haben viele meiner Patienten, genau wie ich, die Meditationspraxis aus rein gesundheitlichen Gründen aufgenommen – und sie dann wegen der von ihr bewirkten zunehmenden Heilung der Seele und Öffnung für den Geist fortgesetzt.

Meditation, Bewusstsein und Geist

Der spanische Mystiker, Dichter und Theologe Johannes vom Kreuz lehrte, daß *inneres Schweigen – die innere Stille, zu der die Meditation führt – der Ort ist, wo der Geist »heimlich die Seele salbt und unsere tiefsten Wunden heilt«.*

In diesem Sinne ist die Meditation eine Form spiritueller Psychotherapie, die, wie ich glaube, die »weltliche Psychotherapie« ergänzt, aber nicht ersetzt. Manchmal bleibt der Schmerz bestehen, selbst nachdem wir unsere Vergangenheit begriffen haben. Die Meditation fordert uns dazu auf, alten Schmerz loszulassen und zu genesen. Eine Phase dieser Genesung besteht in der Entdeckung der inneren Reinheit – des göttlichen Geliebten, der sowohl in uns als auch außerhalb von uns wohnt –, die Fritz und mir zuteil wurde.

Der heilige Johannes vom Kreuz sagte:

> Du fragst: »Da Er, den meine Seele liebt, in mir ist, warum finde oder erfahre ich Ihn nicht?« Der Geliebte ist versteckt. Dein Bräutigam ist gleich dem verborgenen Schatz im Acker, für den der Kaufmann alles verkaufte, was er hatte (Matthäus 13, 44), und dieser Acker ist deine Seele. Um Ihn zu finden, mußt du all deine Habe und Geschöpfe vergessen und dich in den inneren, geheimen Kammern deines Geistes verbergen. (*Meditations with John of the Cross*, S. 64)

Dieses Vergessen all unserer »Habe und Geschöpfe« ist eine fordernde Aufgabe. Beträchtlich schwieriger wird sie noch in Zeiten, da uns irgend etwas intensiv beschäftigt, wodurch unsere Aufmerksamkeit vom eigentlichen Meditationsgegenstand abgezogen und auf dieses Etwas fixiert wird.

Ein Beispiel: Nach fast 20jähriger Ehe (und Meditationspraxis) beschloß ich, unser Wohnzimmer neu einzurichten. Ich hatte noch nie zuvor ein Zimmer im strengen Sinne des Wortes »eingerichtet«. Unser Mobiliar war stets ein buntes Sammelsurium von Erbstükken, Flohmarktfunden und Sperrmüllschätzen gewesen –

ein Stil, den meine Mutter als »Frühen Ramsch« zu bezeichnen pflegte.

Wochenlang tanzten mir während der Meditation Visionen von Sesseln, Sofas, Couchtischchen, Bildern, Kostenvoranschlägen und Grundrißzeichnungen vor den Augen. Ich arrangierte im Geiste die Aquarien meines Mannes um. Orientteppiche flogen durch mein Bewußtsein. Ich bemerkte mein Anhaften an diesen materiellen Dingen und ließ los, nur um wenige Atemzüge später von vorbeitanzenden Jalousien abgelenkt zu werden. Die innere Stille wartete auf einer viel tieferen psychischen Ebene, weit unter dem oberflächlichen Wunsch nach Erwerb und Besitz. Während dieser Renovierungsperiode brauchte ich oft eine 15- bis 20minütige »Einstiegsmeditation«, um alle Gedanken an die Wohnzimmereinrichtung zu erledigen, sie loszulassen und endlich zu einer tieferen Ebene relativer innerer Stille zu gelangen.

Und »die Geschöpfe«, von denen der heilige Johannes spricht? Angst, Zorn, Schuldgefühle, Scham und andere starke Emotionen sind die typischen Kreaturen, die in der Meditation auftauchen, um uns ins Gedächtnis zurückzurufen, woran wir uns klammern und was der Heilung bedarf. Unerledigtes Material hat die Neigung, an die Oberfläche zu steigen, sobald das Bewußtsein sich beruhigt. Da viele von uns gewöhnt sind, sich durch Arbeit, Fernsehen, Alkohol, Drogen oder auf andere Weise von sich selbst abzuhalten, ist die Meditation eine Zeit, zu der all die Dinge, die sie zu verdrängen gehofft hatten, in hellen Scharen herbeigeströmt kommen. »Großartig, jetzt hat sie nichts mehr, womit sie sich ablenken kann! Auf sie!« Und schon kommen die Harpyien angeflattert.

Vielleicht ist es Ihnen, wie mir, auch schon so ergangen, daß Sie sich zum Meditieren hinsetzen und die Erinnerung an einen alten oder neuen Zorn Sie überfällt. Wenn Sie versuchen, das Gefühl zu leugnen oder zu verdrängen – »O nein, jetzt darf ich nicht wütend sein. Dieser Zorn zerstört meinen Seelenfrieden« – oder wenn Sie es willkommen heißen und, um Einsichten bemüht, in Ihrem Bewußtsein drehen und wenden – »Das muß ein Überbleibsel der Gefühle sein, die ich als Kind meiner Mutter entgegenbrachte. Ich habe ihre kritische Natur verinnerlicht und projiziere sie jetzt« –, dann beschäftigen Sie sich mit dem Zorn, und er wird zu Ihrem Meditationsgegenstand.

Wie also soll man mit diesen mächtigen »Geschöpfen«, die den Zugang zum Herzen bewachen, dann umgehen? Nach Auffassung der Buddhisten, beruhigt man einen wütenden Stier nicht dadurch, daß man ihn einsperrt, sondern dadurch, daß man ihn auf eine große Weide hinausläßt. Die Idee dabei ist, daß man im Bewußtsein möglichst viel freien Raum um den »Stier« – in diesem Fall um die zornigen Gedanken – schafft, indem man ihn zur Kenntnis nimmt und ihn dann ziehen läßt, um sich anschließend wieder auf seinen jeweiligen Meditationsgegenstand zu konzentrieren. Wenn Sie eine intuitive Erkenntnis bezüglich der Ursachen Ihres Zorns haben, warten Sie das Ende der Meditation ab, um sich näher mit ihr zu befassen. Wenn sie wichtig ist, werden Sie sich an sie erinnern – wenn nicht, dann eben nicht. Die vielleicht klarsten Instruktionen, wie mit störenden Gedanken umzugehen sei, auf was das Bewußtsein konzentriert werden sollte und wie der Meditationsprozeß als solcher zu verstehen sei, werden bei der Praxis des zentrierenden Gebets oder *Gebets der Sammlung* gegeben.

Gebet der Sammlung – dem Göttlichen gegenwärtig werden

Das beste Buch über Meditation, das ich je gelesen habe, stammt von Pater Thomas Keating, einem Zisterzienserabt, der zur Zeit dem Kloster St. Benedict in Snowmass, Colorado, vorsteht. Er ist einer der Begründer der Bewegung des Gebets der Sammlung *(centering prayer)*. Nachdem ich viele Jahre lang unterschiedliche Formen der Meditation praktiziert hatte, wählte ich zuletzt das Gebet der Sammlung als »meine Technik«, die ich wegen ihrer Klarheit, Einfachheit und Wirksamkeit auch gern immer wieder lehre.

Das Gebet der Sammlung ist eine Form der Meditation, deren »Gegenstand« die göttliche Gegenwart ist. Bei vielen anderen Formen der Meditation – seien es indisch-fernöstliche oder jüdischchristliche Methoden, sei es die eher körperlich ausgerichtete Übung der »Entspannungsreaktion« – wird die Aufmerksamkeit in der Regel auf ein Wort oder eine Wortfolge zentriert. Die zentrierende Lautfolge (das »Mantra«) wird entweder, wie Dr. Benson in *Gesund im Streß: Eine Anleitung zur Entspannungsreaktion* empfiehlt, im Takt der Atemzüge oder aber, wie bei der von Maharishi Mahesh Yogi gelehrten Transzendentalen Meditation, unabhängig vom Atemrhythmus wiederholt.

Das Gebet der Sammlung unterscheidet sich insofern von den meisten Formen konzentrierender Meditation, als bei ihm zwar auch ein – vom Meditierenden gewähltes – heiliges Wort wiederholt wird, die Aufmerksamkeit sich aber nicht auf dieses richtet, sondern auf das innere Schweigen. Das Wort – etwa »Frieden«, »Schalom«, »Jesus«, »loslassen« oder was immer sonst dem Meditierenden zusagt – wird nicht fortwährend wiederholt, sondern nur dann, wenn die Aufmerksamkeit abzuschweifen beginnt, gleichsam als Gedächtnisstütze, die das Bewußtsein daran erinnert, wieder zum inneren Schweigen zurückzukehren. Das Wort, sagt Keating, ist nicht in sich, von seinem Wesen her, heilig, sondern insofern es unsere Absicht bestärkt, in Gottes Gegenwart zu verbleiben:

> Es ist ein heiliges Wort, denn es steht *symbolisch für deine Absicht, dich dem Geheimnis der Gegenwart Gottes jenseits aller Gedanken, Bilder und Gefühle zu öffnen. Nicht der Inhalt, sondern die Funktion bestimmt seine Wahl.* Es soll lediglich die Richtung der inneren Bewegung auf Gott hin anzeigen. (*Das Gebet der Sammlung,* S. 174; Hervorhebung von mir)

Der *Prozeß der Sammlung*, bei dem das heilige Wort als Wegweiser zur inneren Stille verwendet wird, ist *in sich* das Gebet – ungeachtet des jeweils wiederholten Wortes. Wie die meisten Formen formeller Meditation erfordert auch das Gebet der Sammlung, daß man sich an einen ruhigen Ort setzt, die Augen schließt, den Körper entspannt und seine Aufmerksamkeit zentriert.

Manche Menschen schaffen es, dadurch zur inneren Stille zu gelangen, daß sie sich auf die Stille konzentrieren, die überall wesenhaft gegenwärtig ist. *(Schließen Sie jetzt, in diesem Moment, die Augen, atmen Sie ein paarmal »loslassend« – tief seufzend – durch, und lauschen Sie für eine Minute auf die Stille, die jenseits aller Geräusche gegenwärtig ist.)* Wenn es Ihnen gelungen ist, in die Stille einzudringen, besteht durchaus die Möglichkeit, daß selbst vor Ablauf dieser einzigen Minute Gedanken sich störend eingeschlichen haben. Beim Gebet der Sammlung würden Sie in so einem Fall Ihr heiliges Wort wiederholen, um sich selbst daran zu erinnern, die Gedanken loszulassen und zur Stille zurückzukehren.

Manche treten in die Stille ein, indem sie das heilige Wort so lange wiederholen, bis ihr Denken zur Ruhe kommt. Wann immer die Aufmerksamkeit abzuschweifen droht, wird das Wort dann erneut wiederholt.

Ich persönlich versetze mich am liebsten auf die folgende Weise in die Gegenwart Gottes: Ich schließe die Augen und nehme mir ein, zwei Minuten, um mich an einen »heiligen Augenblick« zu erinnern – einen Augenblick, da ich mich der Natur, mir selbst, einem Tier oder einem anderen Menschen vollkommen gegenwärtig gefühlt habe. Ich koste die Bilder, Geräusche, Düfte und inneren Gefühle des Friedens, der Liebe und des Verbundenseins, die die Erinnerung in mir wachruft. Dann lasse ich die Erinnerung los und schwelge in der göttlichen Gegenwart, die verbleibt. Das heilige Wort verwende ich, wie schon beschrieben, um mich wieder zur Stille zu führen, sobald meine Aufmerksamkeit sich selbständig zu machen beginnt.

Welcher Technik Sie sich auch bedienen mögen, um in die Stille zu gelangen – Sie werden früh genug auch wieder aus ihr »herausfallen«. Ihr Verstand wird sehr bald anfangen, zu hinterfragen, zu zweifeln, zu werten, zu kritisieren, zu kommentieren und Sie wieder aus der Einheit herausziehen. Die Meditation ist gewissermaßen eine mentale Kampfkunst, weil sie uns lehrt, den Verstand zu umgehen und uns in die Stille zurückgleiten zu lassen. Eben dazu verhilft uns die Wiederholung eines heiligen Wortes.

Wenn die Aufmerksamkeit sich verselbständigt, soll man zum heiligen Wort zurückkehren und sich so an seine Absicht erinnern, in der Einheit des Selbst zu verweilen. Keating empfiehlt:

> Ertappst du dich bei einem anderen Gedanken, kehre zum heiligen Wort als dem Mittel zum Zweck zurück. Die Wirksamkeit des Gebetes hängt nicht davon ab, wie deutlich oder wie oft du es formulierst, *sondern vielmehr davon, wie behutsam es in die Phantasie eingeführt wird und wie rasch* du zu ihm zurückkehren kannst, wenn du bei irgendeinem anderen Gedanken hängengeblieben bist.
>
> Gedanken gehören unvermeidlich zum Gebet der Sammlung. Unsere gewöhnlichen Gedanken sind wie Boote, die sich auf dem Fluß so eng aneinanderdrängen, daß wir das Wasser, das sie trägt, nicht sehen können. *Gedanke ist im Zusammenhang mit diesem Gebet jede Wahrnehmung, die über den inneren Bildschirm des Bewußtseins läuft.* Wir nehmen sie für gewöhnlich als eine Abfolge von Objekten wahr: Bilder, Erinnerungen, Gefühle, Gegenstände der Außenwelt. Lassen wir für kurze Zeit den Bewußtseinsstrom langsamer fließen, wird zwischen den Booten Raum frei, und es erscheint die Wirklichkeit, auf der sie schwimmen. (S. 175f., Hervorhebung von mir)

Der Prozeß der Meditation, den Keating so schlicht und elegant beschreibt, *ist eine Verlagerung der Aufmerksamkeit von den Gedanken, die auf dem Fluß des Bewußtseins treiben, zum Fluß selbst hin.* Dieser Fluß ist die göttliche Gegenwart. Das ist die grundlegende Neuorientierung, die die Meditation leistet. Anstatt unser Leben wie bislang mit der Abfolge von Booten (Gedanken) gleichzusetzen, die den Fluß hinabtreiben, beginnen wir, es mit dem Fluß selbst zu identifizieren. Dadurch tritt die Wahrheit, daß die Boote vorübergehen, der Fluß aber immer gegenwärtig ist, ins Blickfeld, und unsere Anschauung dessen, was wirklich, und dessen, was unwirklich ist, verändert sich.

Beachten Sie bitte, wie Keating »Gedanke« definiert: »jede Wahrnehmung, die über den inneren Bildschirm des Bewußtseins läuft«. Und wie soll man mit diesen Gedanken verfahren? Die Empfehlung ist stets dieselbe: Schenken Sie ihnen sowenig Aufmerksamkeit wie möglich – handle es sich bei ihnen nun um das übliche Sammelsurium alltagsbezogener Themen und zufälliger Assoziationen, um Körpergefühle, um Sequenzen anziehender oder abstoßender Traumbilder oder um scheinbar weltbewegende Einsichten und Offenbarungen. Eine subtile Form von Denken, auf die Keating eigens eingeht, ist die Selbstbesinnung oder *Reflexion.*

> Wenn du in tiefen Frieden versinkst und frei geworden bist von bestimmten Gedanken, kann in dir der Wunsch nach Reflexion auftauchen. Du denkst vielleicht: »Endlich komme ich weiter.« Oder »Dieses Gefühl ist einfach großartig« oder »Wenn ich nur geistig festhalten könnte, wie ich hierher gekommen bin, damit ich es, sooft ich will, wiederholen kann« . . . Du hast die Wahl zwischen der Reflexion über das Geschehen und dem Loslassen der Erfahrung. Läßt du los, kommst du in tieferes inneres Schweigen, reflektierst du, kommst du heraus und mußt wieder von vorn anfangen. So wird es immer wieder Neuanfänge geben. (S. 178)

Keating weist darauf hin, daß sich in der Gegenwart Gottes zu befinden wie atmen ist. Wir können soviel Luft haben, wie wir wollen – solange wir nicht versuchen, sie zu besitzen und uns an sie zu klammern! An irgendeinem Punkt kann es uns gelingen, uns in die Stille sinken zu lassen, und dann verschwindet alles, einschließlich des heiligen Wortes. Was in diesem »Raum« geschieht, ist von Fall zu Fall verschieden. Man kann, wie im Tiefschlaf, vollends das Bewußtsein verlieren und aus der Zeit heraussteigen. Man kann eine Erfahrung von der Art haben, wie sie Fritz und mir zuteil wurde. Man kann in das Licht eingehen. Bis es soweit ist, halten wir uns an Keatings wunderbar klare Empfehlung: »Lasse jeden Gedanken zu, klammere dich an keinem fest, reagiere auf keinen gefühlsmäßig. Kehre immer wieder zum heiligen Wort zurück, ganz gleich welches Bild, welches Gefühl, welche Reflexion oder welches Erlebnis deine Aufmerksamkeit anzieht« (S. 182).

Diese Form der Meditation ist überhaupt nicht kompliziert, und ihre Regeln sind klar. Sie eignet sich sowohl für den Anfänger als auch für denjenigen, der schon sein Leben lang meditiert. Die einfache Praxis des Loslassens wird Ihnen helfen, sich der Gegenwart des Göttlichen in der Natur, in Ihnen selbst und in anderen Menschen bewußt zu werden. Die Liebe und die Freude, die dem Geist *(spirit)* inneliegen – die die eigentliche Essenz des Geistes sind –, werden anfangen, Ihr ganzes Leben zu durchdringen. Wo Liebe und Freude den Grund unseres Seins ausmachen, können Schmerz und Angst nur vorübergehend existieren, wie den Fluß hinabtreibende Boote. Und wenn unsere Aufmerksamkeit sich gelegentlich doch wieder auf diese Boote fixiert, werden wir den Mut und die Hoffnung haben, König Salomos Worte zu verstehen: »Auch dies wird vergehen.«

Eine einfache Meditationspraxis

1. Die Umgebung

Sitzen Sie an einem ruhigen, behaglichen Ort, der friedvoll und einladend auf Sie wirkt. Die richtige Atmosphäre zieht Sie automatisch in die Gegenwart Gottes. Bei warmem Wetter meditiere ich im Freien, am Ufer eines kleinen Teiches, den wir in unserem Garten angelegt und mit japanischen Goldfischen und Kaulquappen bevölkert haben (letztere haben sich längst zu lautstark quakenden Ochsenfröschen entwickelt). Die Spiegelungen auf der Wasseroberfläche, der Duft der Erde und die mit den Jahreszeiten wechselnden Farben und Formen der Pflanzen bilden einen wunderbaren Rahmen für die Meditation.

Seitdem wir in diesem Haus wohnen, habe ich endlich einen eigens der Meditation vorbehaltenen Raum, wohin ich mich bei unfreundlicher Witterung zurückziehen kann. Vorher habe ich mich zu diesem Zweck auf eine Kommode, in eine Ecke der Küche oder in eine Nische im Korridor gesetzt. Vor einigen Jahren hängte ich die Türen eines Wandschranks in meinem Arbeitszimmer aus und strich den Innenraum mattweiß an.

Die Wände sind mit Bildern von Babys, Freunden, Familienangehörigen, Haustieren und verschiedenen Heiligen geschmückt. Was diese Bilder gemeinsam haben, ist der Seelenzustand der dargestellten Menschen und Tiere. Sie strahlen durchweg Liebe oder Freude aus. Bevor ich mit der eigentlichen Meditation beginne, verbringe ich gewöhnlich ein paar Minuten mit der Betrachtung dieser schönen Gesichter. In der Mitte des kleinen Raums steht ein niedriger Tisch, auf dem sich eine Vielfalt – im Laufe der Jahre wechselnder – bedeutsamer Dinge befindet. Eines davon ist ein großer, ungefähr zwei Pfund schwerer Stein, der eine auffällige Ähnlichkeit mit einer weiblichen Brust aufweist – bis hin zur Brustwarze und dem pigmentierten Warzenhof. Meine liebe Freundin Celia Thaxter Hubbard fand diesen Stein vor vielen Jahren an einem Strand und schenkte ihn mir als Andenken an die Große Mutter. Zusammen mit einer Sandelholzschachtel, in der sich die Rose befindet, die auf dem Kopfkissen meiner sterbenden Mutter lag, symbolisiert der Stein das göttliche weibliche Prinzip.

Ein hellgrauer Stein, in den ein vollkommenes dunkelgraues Herz eingelassen ist, erinnert mich an die Verbindung, die zwischen diesem Leben und den unsichtbaren Welten besteht. Im Sommer 1990 ging ich, zwei Tage nachdem der junge Mathew Hitchcock gestorben war, am Strand spazieren. Ich spürte eine Gegenwart und dachte: »Wenn du das bist, Mat, gib mir ein Zeichen, daß es dir gutgeht.« Ich sah zu Boden und erblickte den Herzstein.

Eine Schale voll Rosenblätter, die unsere Frauengruppe über mich streute, bevor ich zu einer Vortragsreise mit *Ich bin, wie ich bin* aufbrach, ein Herz, das ein Freund aus Holz schnitzte und Myrin und mir zur Hochzeit schenkte, ein winziger Silberbuddha, von Freunden aus Thailand geschickt, und ein Krüglein voll heiliger Asche aus Indien sind »Marksteine«, die Liebe, Verbundenheit und Dankbarkeit in mir wachrufen. Eine Kerze, ein Räucherstäbchenhalter und ein Kelch vervollständigen die Einrichtung meines heiligen Raums.

Wenn Sie keine Möglichkeit haben, sich einen solchen ganz persönlichen Bereich zu schaffen, können Sie Ihre Marksteine in einem »Medizinbeutel« aufbewahren. Wenn Sie sich zu meditieren anschicken, breiten Sie Ihre heiligen Gegenstände vor sich in beliebiger Anordnung aus. Wenn Sie fertig sind, packen Sie sie wieder ein! Manche Leute verbrennen gern Weihrauch oder reinigen ihren

Meditationsraum nach indianischer Sitte mit Zedern- oder Salbeirauch. Tun Sie, was immer Sie glücklich macht und Ihnen das Heilige zu Bewußtsein bringt. Nur denken Sie stets daran, daß Ihr Ritual – wie immer es auch aussehen mag – Ihnen selbst dient und nicht etwa den Zweck erfüllt, Gott »herbeizurufen«. Der Kosmische Gebärer ist immer schon gegenwärtig.

2. Loslassen

Gleichgültig, wo Sie meditieren – beginnen Sie stets damit, daß Sie die Augen schließen und sich strecken. Atmen Sie ein paarmal »loslassend« durch. Wenn Sie sich angespannt fühlen, führen Sie eine kurze progressive Muskelentspannung durch. Wenn Sie merken, daß Ihre Muskeln anfangen, sich zu entspannen, überprüfen Sie Ihre Haltung. Die Meditation gelingt dann am besten, wenn die Wirbelsäule gerade und die Körperhaltung symmetrisch ist.

3. Sich mit dem Höheren Selbst verbinden

Von Zeit zu Zeit erleben wir alle »heilige Momente«, in denen wir automatisch vom Denken zum Sein übergehen. Ich erinnere mich an einen kristallklaren Nachmittag auf der Hawaii-Insel Kauai, den wir zum Teil im Kajak auf dem Ozean verbrachten. Das Wasser war azurblau, die Sonne schien warm, und eine sanfte Brise wehte den feinen Duft von Blumen heran. Unsere Körper schaukelten im Rhythmus des Ozeans, und im gleichen Rhythmus tauchten wir unsere Paddel ins Wasser und halfen dadurch der sanften Dünung, uns gleichmäßig voranzutreiben. Jede Zelle meines Körpers pulsierte vor Lebendigkeit und fühlte sich eins an mit dem Himmel, dem Meer und mit Gott. Ich war angefüllt mit Frieden, Freude, Ehrfurcht und Dankbarkeit – Attributen des Höheren Selbst. Für einen Augenblick hatte ich aufgehört zu denken und war dem Göttlichen gegenwärtig geworden.

Das Wiederwachrufen einer Erinnerung an eine solche Zeit, da wir ganz in das Leben eingestimmt waren – wir der Schönheit, einem anderen Menschen, einem schöpferischen Augenblick, einem Tier vollkommen gegenwärtig waren –, verbindet uns mit unserem Höheren Selbst und der göttlichen Gegenwart, die ein und dasselbe sind. Dies ist ein ausgezeichneter Ausgangspunkt für das Gebet der Sammlung, weil es uns ein unmittelbares Gewahren des inneren Schweigens schenkt. Wenn Sie diese Übung einmal ausprobieren möchten, sprechen Sie die folgenden Instruktionen auf Band, oder bitten Sie einen Freund, sie Ihnen vorzulesen. Achten Sie nur bitte darauf, daß Sie an den (durch Pünktchen gekennzeichneten) dafür vorgesehenen Stellen eine ausreichend lange Pause lassen, damit Sie die Anweisungen ohne Zeitdruck befolgen können. Nachdem Sie diese Übung einmal mit Anleitung ausprobiert haben, können Sie sie jederzeit allein wiederholen und dabei aus Ihrem inneren Speicher besonderer Erinnerungen Dinge hervorholen, an die Sie vielleicht schon seit Jahren nicht mehr gedacht haben. Diese Vergegenwärtigung »heiliger Augenblicke« eignet sich nicht nur hervorragend zur Einstimmung in das Gebet der Sammlung oder in andere Formen der Meditation, sondern stellt schon in sich eine sehr wirkungsvolle Meditation dar.

Strecke dich, langsam und genüßlich. Jetzt schließe die Augen, und seufze ein paarmal tief auf – große Seufzer der Erleichterung . . . Achte darauf, wie es sich anfühlt zu atmen, wie sich dein Körper leicht hebt, während du einatmest, und sich wieder niederläßt, während du ausatmest . . . Koste die Empfindung des ein- und ausfließenden Atems aus, spüre seinen natürlichen Rhythmus . . . Spüre, daß jedes Ausatmen eine Gelegenheit ist, loszulassen, dich sinken zu lassen in den tiefsten Teil deiner selbst . . . in den Speicher deiner besonderen Erinnerungen . . . Entsinne dich eines heiligen Augenblicks . . . einer Gelegenheit, bei der du dich aufs innigste mit dem Leben verbunden gefühlt hast . . . bei Betrachtung eines Sonnenuntergangs . . . bei Erschaffung von etwas Schönem . . . in inniger Berührung mit einem anderen Menschen . . . in Zwiesprache mit einem Tier . . . dem Leben vollkommen gegenwärtig . . .

Wenn dir mehr als eine Erinnerung zu Bewußtsein kommt, wähle eine aus, und durchlebe sie aufs neue, so detailliert, wie du magst . . . Was siehst du um dich herum, über und unter

dir? ... Was sind die Farben und Formen der Dinge? ... Hörst du irgendwelche Geräusche? ... Nimmst du Düfte und Gerüche wahr? ... Wie fühlen sich die Dinge in deiner Umgebung an? ... Berührst du etwas, oder wirst du von etwas berührt? ... Weht eine Brise? ... Kannst du die Erde unter deinen Füßen spüren? ... Wie fühlt sich die Erinnerung in deinem Körper an? ...
Laß die Erinnerung verblassen, und konzentriere dich auf die Empfindung von Frieden, die dann zurückbleibt.

4. Das heilige Wort
Wählen Sie ein heiliges Wort. Wenn Sie eine seelische Affinität zu östlichen Traditionen verspüren, könnten Sie mit dem sanskritischen *hamsa*-Mantra *so'ham* (gesprochen wie »ßoo-hámm«) gute Erfahrungen machen. Es bedeutet »Ich bin er« und ist die Affirmation des eigenen Einsseins mit dem Göttlichen. Ein anderes solches Mantra ist *om namah shivaya* (gesprochen wie »oom namách schiwaaja«), »Verehrung dem Höchsten Selbst in allen Dingen«. Auch das Hebräische eignet sich, wie das Sanskrit, hervorragend als Meditationshilfe, weil seine Wörter durch ihren spezifischen Klang unseren Körper zum Mitschwingen anregen und unsere Erinnerungen wachrufen. *Schalom*, »Frieden«, und *schem,* »Licht«, sind gleichermaßen schöne und spirituell anregende Wörter für die Meditation.

In *Das Vaterunser. Meditationen und Körperübungen zum kosmischen Jesusgebet* schlägt Neil Douglas-Klotz eine Reihe heiliger Wörter aus der Muttersprache Jesu vor, dem Aramäischen. Das Wort *abwûn*, mit dem Jesus Gott bezeichnete und das gewöhnlich mit »Vater« übersetzt wird, läßt sich treffender mit »Gebärer(in), Vater-Mutter des Kosmos« wiedergeben. Ich liebe es, das Wort *abwûn* in meinem Körper zu spüren. Manchmal benutze ich es tagsüber, nur ganz kurz, als ein Atem-Mantra. Ich atme ein und spreche dabei *aaah,* wodurch ich Gott in meinen Körper »hereinhole«. Ich atme mit *bwuuuun* aus und spüre, wie Gottes Atem durch meinen Körper strömt und in all meinen Zellen mitschwingt. Beim Gebet der Sammlung konzentriert man sich nicht auf den Atem, also würde man *abwûn* in dem Fall ohne Beziehung zur Atmung wiederholen.

Weltliche Wörter wie »danke«, »Frieden«, »Liebe«, »Harmonie« oder »Einheit« (oder jedes andere, das ein Attribut des Höheren Selbst ausdrückt) eignen sich auch sehr gut als Meditationshilfe. Verwenden Sie, was immer für Sie heilig klingt (und nicht zu lang ist), und halten Sie sich dabei gegenwärtig, daß die »magische Kraft« keine Eigenschaft des Wortes ist, sondern auf Ihrer Intention beruht, das Wort als Wegweiser zur heiligen Gegenwart Gottes zu benutzen.

5. Gewöhnung ist wichtig

Meditation ist eine Gewohnheit. Eine Gewohnheit kommt in den meisten Fällen dadurch zustande, daß man ein bestimmtes Verhaltensmuster so lange wiederholt, bis es einem in Fleisch und Blut übergegangen ist. Der beste Anfang – und die beste Gewähr dafür, daß man auch weitermacht – besteht darin, eine bestimmte Zeit des Tages für seine Meditation auszuwählen und diese Zeit unter allen Umständen einzuhalten. Nach Möglichkeit sollte die Meditation nicht weniger als 20 Minuten dauern. Je länger Sie sitzen, desto tiefer werden Sie in der Stille versinken. Oft dauert es eine Viertelstunde, ehe der Strom der Gedanken auch nur anfängt, sich zu beruhigen. Je länger Sie also sitzen, desto mehr Stille werden Sie wahrscheinlich erleben. Aber wenn Sie einmal nicht mehr als zehn Minuten für Ihre Übung erübrigen können, dann sind zehn Minuten auf jeden Fall besser als gar nichts! Gute Meditationszeiten sind der frühe Morgen, ehe der Tag beginnt, und der frühe Abend vor dem Essen. Aber letztlich können Sie zu jeder Tageszeit meditieren – außer wenn Sie sehr müde sind oder einen vollen Magen haben (Sie riskieren dann einzuschlafen) oder gerade ein paar Tassen Kaffee getrunken haben (Sie könnten sich zappelig fühlen).

So positiv sich eine reguläre Sitzmeditation bei vielen Menschen auch auswirkt, ist sie doch keineswegs die einzige Möglichkeit, sich an das Heilige zu erinnern. Wie wir im nächsten Kapitel sehen werden, kann auch Geschirrspülen – oder die Katze streicheln – eine effektive Meditationsübung darstellen. *Meine* absolute Lieblingsmeditation ist ein kleines, saftiges Stück Schokoladentorte, mit konzentriertester Aufmerksamkeit und tiefster Dankbarkeit gegessen. Jedesmal, wenn wir vollkommen im Jetzt gegenwärtig sind, meditieren wir. Wir sind dann frei von allen Begrenzungen des Denkens und eins mit dem Fluß des Lebens.

ZEHNTES KAPITEL

Wie sprechen wir zu Gott?

Gehen unsere Gebete in Erfüllung?
Die Antwort liegt in der Weise,
wie wir beten.
Laßt uns so beten,
daß unsere Gebete erfüllt sind.
Ainsley Meares, M. D.

Das Abendgebet, das ich als kleines Mädchen lernte, lautete: »Müde bin ich, geh' zur Ruh', behüt, Gott, meine Seele Du. Sollt' ich sterben diese Nacht, bitt' ich, daß Gott mich selig macht.«

Dieses Gedichtchen aufzusagen erfüllte mich mit grauenhafter Angst. Ich brachte es kaum über mich, die Augen zu schließen, und fragte mich, wie oft es wohl vorkam, daß Gott die Seele schlafender Kinder zu sich nahm. Genaugenommen enthielt das Gebet zwei besorgniserregende Gedanken: Erstens konnte ich sterben. Zweitens konnte es sein, daß Gott mich *nicht* selig machte, meine Seele *nicht* zu sich nahm. Was dann? Was passierte mit den Kinderseelen, die den Heimweg nicht fanden? Irrten sie für alle Ewigkeit durch die Finsternis, oder wurden sie von bösen Geistern aufgefressen? Ich gelangte zu dem Schluß, Beten sei nichts für mich. Es raubte mir meinen Seelenfrieden.

Als ich im Alter von acht Jahren in ein wunderbares Feriencamp für jüdische Mädchen kam, begannen sich meine Ansichten über das Beten zu ändern. In Camp Pembroke war das Abendgebet ein lieblicher, spiritueller »Zapfenstreich«, den Hadassah Blocker, die Lagerleiterin, vorsang. Wenn die Dämmerung sich zur stillen Dunkelheit des Sommerabends vertiefte, krochen alle Mädchen in ihre Feldbetten. Dann schaltete sich die Lautsprecheranlage knisternd ein, und Hadassahs warme, kehlige Stimme schwebte über dem Halbkreis kleiner weißer Schlafbaracken: »Tag vollbracht, kommt die Nacht, auf den Berg, auf den See, ist schon da. Alles gut, schlaft in Ruh', Gott ist nah.«

Die muntere Melodie und Hadassahs Worte versicherten mich der Gegenwart Gottes und schufen allabendlich einen heiligen Moment. Ich schlief ein, gehüllt in den Kokon von Gottes Liebe, meiner Geborgenheit gewiß, erfüllt von Glück und Frieden. Gehen unsere Gebete in Erfüllung? Wie der verstorbene Psychiater und Mystiker Ainsley Meares sagte: »Laßt uns so beten, daß unsere Gebete erfüllt *sind.*« Anstatt mich mit der ängstlichen Frage zu quälen, was nach dem Tod aus meiner Seele werden würde, lernte ich in Camp Pembroke das Gebet als eine Affirmation des Willens zu gebrauchen, *jetzt* in der Gegenwart Gottes zu leben.

Wie beten wir?

Die Titelgeschichte der *Newsweek*-Ausgabe vom 6. Januar 1992 trug die Überschrift »Zu Gott sprechen«. Die heimliche Zwiesprache mit unserem Schöpfer ist so heimlich nicht mehr. *Newsweek* zitierte vom Nationalen Meinungsforschungsinstitut erstellte Statistiken über die Gebetsgewohnheiten der, wie es im Artikel hieß, »angeblich wurzellosen, materialistischen, egozentrischen« Amerikaner. 87 Prozent aller US-Bürger geben an, wenigstens einmal die Woche zu beten, während 57 Prozent sagen, sie beteten täglich. Studien haben ergeben, daß die Mehrzahl der Menschen erst im Alter von 30 und darüber anfangen, ernsthaft zu beten, also dann, wenn »die Illusion, wir seien Herr über unser eigenes Schicksal, allmählich verblaßt und sich ein tieferes Bedürfnis herausbildet, den Herrn des Universums anzurufen«.

Einer von Paloma und Gallup durchgeführten Meinungsumfrage über »Arten des Gebets« zufolge ändert sich auch die Weise, wie wir beten, mit zunehmendem Alter. Je mehr wir reifen, desto größer ist die Wahrscheinlichkeit, daß wir nicht so sehr um materielle Güter beten als aus dem Wunsch heraus, Gottes Gegenwart zu erleben. Dementsprechend beten 45 Prozent der 18- bis 24jährigen, die überhaupt beten, in meditativer Form, während es bei der Altersgruppe der 65jährigen und Älteren 70 Prozent sind, die diese Form des Gebetes praktizieren. Wie wir im vorigen Kapitel besprochen haben, ist das Gebet der Sammlung eine hervorragende Methode, die göttliche Gegenwart zu erleben.

Während das Gebet der Sammlung in der christlichen Tradition entstand, ist die Vorstellung, das Gebet versetze uns in Gottes Gegenwart, durchaus auch im Judentum geläufig. Der chassidische Rabbi Pinchas von Koretz lehrte: »Gebet ist nicht *zu* Gott, Gebet *ist* Gott« und weiter: »All deine Gebete sollten der Gegenwart gelten, die selbst Gebet heißt.« Wenn Sie mehr über die jüdische Tradition des kontemplativen Gebets erfahren möchten, kann ich Ihnen *Your Word Is Fire: The Hasidic Masters on Contemplative Prayer* (herausgegeben und übersetzt von Arthur Green und Barry B. Holtz) empfehlen. Tatsächlich ist das Gebet der Sammlung absolut ökumenisch, also an keine bestimmte Konfession oder Religion gebunden.

Gebet als Bitte

Kontemplatives Gebet und Gebet der Sammlung sind eine Art Einstimmung in die Gegenwart Gottes – ein »Beten mit«, das seine Antwort bereits in sich trägt. Aber was ist mit der Praxis des »Betens um«, des Gebets als Bitte? Manchmal beten wir um Gesundheit, um Hilfe, um materielle oder spirituelle Unterstützung für uns selbst oder für andere. Werden diese Gebete erhört? Viele

Menschen haben mich schon auf Seminaren angesprochen oder mir brieflich Anekdoten über die heilende Kraft des Gebetes mitgeteilt. Eine der bewegendsten Geschichten dieser Art betraf Brian, einen kleinen Jungen, den ich im Dezember 1991 bei einer Fernsehsendung kennenlernte. Das Thema dieser Weihnachts-Talkshow waren Wunder – und ich war eingeladen worden, als sogenannte Expertin mitzuwirken. (Es hat Spaß gemacht, eine Expertin für Wunder zu sein!)

Der gesunde, lebhafte Vierjährige, neben dem ich während dieser Sendung saß, hatte nur geringe Ähnlichkeit mit den dort gezeigten Bildern des kleinen Kindes, dessen dritte Lebertransplantation zu mißlingen drohte und das sich eine – gewöhnlich tödlich verlaufende – postoperative Lungenentzündung zugezogen hatte. Die Ärzte hatten seinerzeit Brians Eltern gesagt, es gebe nichts mehr, was sie für das Kind tun könnten. Aber Brians Mutter weigerte sich, die Hoffnung aufzugeben. Sie wandte sich an die Lokalzeitung und erreichte es, daß diese einen Artikel über ihren Sohn brachte, der mit ihrem flehentlichen Aufruf an die Leser endete, für ihn zu beten. Schätzungen zufolge beteten 40 000 Menschen für das Kind. Am Tag nach Erscheinen des Artikels machten sich bei Brian deutliche Anzeichen einer völlig unerwarteten Besserung bemerkbar, die so rasch voranschritt, daß sie ihm im Krankenhaus die Bezeichnung »kleines Osterwunder« einbrachte.

Tatsächlich existiert eine kleine medizinische Bibliothek über die therapeutische Wirksamkeit des Gebetes. Angeregt durch die Berichte von Patienten, die Gebete für ihre Genesung verantwortlich machten, sowie aus eigener Überzeugung führte der – damals am »San Francisco General Hospital« tätige – Kardiologe Randolph Byrd eine hervorragende klinische Studie über die Fernwirkung von Gebeten durch. Sie wurde im Juli 1988 im *Southern Medical Journal* veröffentlicht. Diese randomisierte, kontrollierte Doppelblind-Untersuchung (die Kriterien für höchstmögliche Objektivität bei klinischen Studien) bewies, daß Gebet eindeutig eine positive Wirkung auf Herzinfarktpatienten ausübt.

Byrd teilte über 400 Patienten der Infarkt-Intensivstation nach dem Zufallsprinzip in zwei »Behandlungsgruppen« ein: Die eine erhielt die übliche intensivmedizinische Pflege, die andere die übliche intensivmedizinische Pflege plus die »Ferngebete« ihnen jeweils zugewiesener Betgemeinschaften. Weder die Patienten noch das Stationspersonal wußten, für wen gebetet wurde und für wen nicht. Dadurch wurde zugleich ausgeschlossen, daß den »Gebetsempfängern« eine bevorzugte medizinische Behandlung zuteil wurde und daß ein etwaiger Placebo-Effekt (der Glaube an die Wirksamkeit der Gebete) die Heilung begünstigte und damit die Aussagekraft der Ergebnisse verfälschte. Bei den Gebetsempfängern waren weniger Herz- und Atemstillstände, entscheidend weniger Fälle von Lungenödem, weniger Infektionen und ein geringerer Bedarf an medikamentöser Behandlung zu verzeichnen. Ohne Zweifel wurde auch für viele Mitglieder der Kontrollgruppe gebetet, aber den Patienten der »Gebetsgruppe« wurde ein weit höheres Maß an spiritueller Aufmerksamkeit zuteil.

In Salem, Oregon, existiert eine unabhängige, überkonfessionelle Stiftung, die es sich zur Aufgabe gesetzt hat, Experimente über die Wirksamkeit von Gebeten durchzuführen. »Spindrift«, so der Name dieser Organisation, gibt eine unregelmäßig erscheinende Informationsschrift heraus und macht die Resultate ihrer – streng wissenschaftlichen – Versuche der Öffentlichkeit zugänglich. Wenn Sie sich für diese Forschungsergebnisse interessieren, können Sie sich an Spindrift wenden (die Adresse ist am Ende dieses Buches angegeben). Eine ausgezeichnete Darstellung der Arbeit dieser Organisation finden Sie außerdem in Dr. Larry Dosseys schönem Buch *Recovering the Soul.*

Wie Dr. Dossey berichtet, gehen die Untersuchungen der Spindrift-Leute von der Grundannahme aus, daß jeder Mensch »göttliche Attribute besitzt, ein qualitatives Einssein mit Gott«. In der Anfangsphase ihrer Arbeit erforschte Spindrift, inwieweit es möglich sei, die Keimfähigkeit von Samen, die durch längeren Aufenthalt in Salzwasser vergiftet worden waren, durch Gebet wiederherzustellen. Die Samen wurden in flache Behälter aus Vermiculit gepflanzt, die durch eine Schnur in Seite A und Seite B unterteilt waren. Nachdem für jeweils nur eine der Seiten gebetet worden war, zählte man die Keimlinge. Sooft man den Versuch auch wiederholte, wies die »bebetete« Seite signifikant mehr gekeimte Samen auf als die »unbehandelte«.

Eine der faszinierendsten Fragen, die Spindrift untersucht, betrifft die Auswirkungen »zielgerichteten« gegenüber »nichtgerichteten« Betens. Oder, wie Dr. Dossey schreibt: »Ist Gebet wirkungsvoller, wenn der Betende ein bestimmtes Wunschziel im Sinn hat, oder funktioniert ein ›Dein-Wille-geschehe‹-Ansatz besser?« Die Ergebnisse sind verblüffend. Wie sich zeigte, üben beide Arten von Gebet eine stimulierende Wirkung auf Keimung und Wachstum der Keimlinge aus, aber die »Dein-Wille-geschehe«-Methode war doppelt so effektiv wie das Beten um ein spezifisches Resultat. Dementsprechend empfiehlt uns Spindrift, in der Weise zu beten, daß wir ein »reines und heiliges« Bewußtsein des Menschen oder Gegenstandes, für den wir beten, aufrechterhalten. Diese Methode bezeichnen die Forscher als »echtes spirituelles Heilen« und setzen sie vom Gesundbeten und anderen Techniken ab, die auf dem zielgerichteten Gebet basieren.

Westliche wie östliche Metaphysiker sind darin mit den Spindrift-Forschern einer Meinung, daß einen Menschen ins »Licht« halten und um die Manifestation seiner Ganzheit bitten eine wirkungsvolle Form des Gebetes darstellt. Entscheidend an dieser Art von Gebet ist, daß sie kein *bestimmtes* Resultat anstrebt. Sie bittet nicht darum, daß ein Kranker gesund oder ein Armer reich werden möge. Sie segnet den betreffenden Menschen lediglich mit Ganzheit, und zwar aus der Einsicht heraus, daß unser Verstand zu schwach ist, um wissen zu können, wessen ein Mensch für seine Ganzheit bedarf – daß Gott aber dies mit Sicherheit weiß.

Wenn Armut, Krankheit, Scheidung, Sucht oder eine andere Form seelischen oder körperlichen Schmerzes eine karmische Notwendigkeit – die Vollendung einer bestimmten karmischen Entwicklung – darstellt, wäre es traurig, befürchten zu müssen, daß wir uns selbst oder einen anderen Menschen durch fehlgeleitete Gebete möglichen Wachstums berauben könnten. Dies scheint indes nicht zu passieren. Gebete, die der »karmischen Harmonie« zuwiderlaufen, zeitigen keine Wirkung. Es ist daher kein Wunder, wenn die großen Lehrmeister aller Traditionen uns raten, nicht um das Ende des Leidens zu beten, sondern um den Mut, alle Schmerzen, die uns auf unserem Weg zur Freiheit begegnen mögen, zu ertragen, und um die Fähigkeit, unser Leben in Harmonie mit dem göttlichen Willen zu führen:

> *Herr, wir beten nicht um Seelenruhe oder darum, daß unsere Leiden enden mögen: Wir beten um deinen Geist und deine Liebe, auf daß du uns die Kraft und den Mut gewähren mögest, alle Widrigkeiten zu überwinden.*
>
> Girolamo Savonarola

> *Bringe dieses Leben in Harmonie mit dem göttlichen Plan ... Möge dieses Leben mit Gottes Willen im Einklang stehen. Mögest du so leben, daß alle, denen du begegnest, erhoben werden, daß alle, die du segnest, gesegnet sind, daß allen, denen du dienst, die größte Befriedigung zuteil wird. Sollte irgend jemand versuchen, dir zu schaden, möge er dein Gottesverständnis erfahren und geheilt werden.*
>
> Peace Pilgrim

> *Laß mich nicht darum beten, vor Gefahren beschützt zu werden, sondern darum, imstande zu sein, ihnen furchtlos zu begegnen. Laß mich nicht um die Linderung meines Schmerzes flehen, sondern um die Kraft und den Mut, ihn zu überwinden.*
>
> Rabindranath Tagore

Gebet als Segen – die Meditation der wohlwollenden Güte

Die Spindrift-These, daß jeder Mensch »göttliche Attribute besitzt, ein qualitatives Einssein mit Gott«, bestätigt unsere Rolle als Mitschöpfer, die das Licht des Einen durch den Segen ausbreiten.

Meine liebste Form von Segen stammt aus der buddhistischen Tradition und heißt *metta* oder »Meditation der wohlwollenden Güte«. Zu den traditionell dabei verwendeten Segenssprüchen gehören Bitten wie »Mögen alle Wesen Frieden erlangen«, »Mögen alle Wesen glücklich sein« oder »Mögen alle Wesen frei von Leiden sein«. Sie können diese Segenswünsche beliebig variieren und erweitern – folgen Sie einfach Ihrem Herzen. Stephen Levine, ein Therapeut und buddhistischer Lehrer, der zusammen mit seiner Frau Ondrea jahrelang mit Sterbenden gearbeitet hat, empfiehlt uns, diese Segnungen erst für uns selbst, dann für unsere Lieben, dann für Menschen, mit denen wir im Streit liegen, und zuletzt für alle Geschöpfe zu wiederholen. Vielleicht möchten Sie solche Segnungen oder Äußerungen wohlwollender Güte, wie ich es gern tue, in Ihre tägliche Meditations- oder Gebetspraxis integrieren. Für manche Menschen könnte *metta,* wie Levine schreibt, sogar die erfüllendste Form von Meditation überhaupt darstellen.

Die folgende Meditation besteht aus einem einleitenden Teil, der den Zweck hat, uns in die Gegenwart des Lichts und in unser eigenes Herz zu versetzen, sowie aus den traditionellen Segnungen wohlwollender Güte. Sie können wahlweise die vollständige Meditation durchführen oder aber die Einleitung auslassen und direkt zu den Segenssprüchen springen. Sie können diese Meditation für sich auf Band sprechen und, wenn Sie möchten, mit Musik unterlegen. Achten Sie bitte darauf, daß Sie ausreichend lange Pausen zwischen den einzelnen Sätzen lassen, damit Sie die Instruktionen in Ruhe befolgen können. (Wie Sie sehen werden, ist der Text des einleitenden Teils auf eine weibliche Person zugeschnitten. Wenn Sie männlichen Geschlechts sind, ändern Sie einfach die entsprechenden Substantive, Pronomina und Artikel.) *Timeless Motion* von Daniel Kobialka ist eine spirituell erhebende Interpretation von Johann Pachelbels »Kanon«, die sich hervorragend als musikalische Untermalung für diese Gebets-/Segensmeditation eignet.

Schließe die Augen und strecke dich, langsam und genüßlich . . . Werde dir deiner Atmung bewußt . . . Achte darauf, wie sich dein Körper leicht hebt, während du einatmest, und sich wieder entspannt, während du ausatmest . . . Jedes Ausatmen ist eine Gelegenheit, loszulassen und dem Fluß, dem Fließen, gegenwärtig zu werden . . . Stelle dir vor, daß du den göttlichen Geist einatmen kannst – als ein strahlendes weißes Licht, das durch den Scheitel in dich einströmt und beim Ausatmen durch deinen ganzen Körper wirbelt . . . Gestatte dem Licht, durch dich hindurchzufließen und sich über dich zu ergießen, so als stündest du in einem Sonnenstrahl . . . atmetest in einem Sonnenstrahl . . . umgeben von seinem Licht und seiner Wärme, die einen großen Kreis um dich bilden.

Sieh dich als 20- oder 21jährige in den Lichtkreis treten. Schau in die Augen dieser jungen Erwachsenen, die gerade dabei ist zu lernen, ihren Weg in die Welt zu finden und ihre Einzigartigkeit zum Ausdruck zu bringen. Laß sie die Unterstützung spüren, die du ihr bei all den Freuden und Leiden, Prüfungen und Lernerfahrungen, die ihr, wie du weißt, noch bevorstehen, zuteil werden lassen wirst . . . Sieh dich selbst als 12- oder 13jährige – an der Schwelle zum Frausein – in den Lichtkreis treten und dein junges erwachsenes Ich bei der Hand nehmen. Schau in die Augen dieses jungen Menschen, der gerade beginnt, die Regungen der Lebenskraft als Sexualität zu erleben. Was wünschst du dir am meisten, daß dir jemand damals über das Frausein gesagt hätte? Sieh deinem sich verändernden Ich in die Augen, und sage ihm ebendiese Worte . . . Sieh dich selbst als Siebenjährige in den Lichtkreis treten und deine Zwölfjährige bei der Hand nehmen. Erfreue dich am Strahlen und an der Unschuld dieses wunderschönen kleinen Geschöpfes, das die Intuition ebensohoch achtet wie den Verstand . . . Und jetzt, siehe! Ein strahlender Engel tritt in den Lichtkreis und legt dein Säuglings-Ich in die Arme deiner Siebenjährigen. Schau in diese Augen voll zeitloser Weisheit und neugeborener Unschuld. Im vollen Wissen darum, was dieser schöne Säugling auf seiner Suche nach Weisheit und Freiheit alles erduldet hat, lasse ihm deine ganze Achtung und Liebe zuteil werden. Stelle dir jetzt vor, du könntest all diese Kinder in dein Herz nehmen, und wiederhole für dich selbst die folgenden Segenssprüche:

»Möge ich Frieden erlangen. Möge ich die Schönheit meiner wahren Natur erkennen. Möge mein Herz offen bleiben. Möge ich geheilt werden.«
Rufe dir einen oder mehrere Freunde oder Verwandte ins Bewußtsein, und stelle sie dir so anschaulich und realistisch wie möglich vor . . . Sieh diese Menschen im Lichtkreis stehen, und konzentriere dich auf sie mit großer Achtung und Liebe . . .
»Möget ihr Frieden erlangen. Möget ihr die Schönheit eurer wahren Natur erkennen. Möge euer Herz offen bleiben. Möget ihr geheilt werden.«
Rufe dir einen oder mehrere Menschen ins Bewußtsein, zu denen du ein gespanntes oder konfliktreiches Verhältnis hast. Sieh diese Menschen im Licht stehen . . .
»Möget ihr Frieden erlangen. Möget ihr die Schönheit eurer wahren Natur erkennen. Möge euer Herz offen bleiben. Möget ihr geheilt werden.«
Sieh unsere liebliche Erde wie einen Edelstein in der samtenen Schwärze des Weltraums schweben. Ihre weißen Wolken, blauen Wasserflächen und grünen Kontinente . . . Stelle dir ihren feurigen Kern vor, ihre majestätischen Berge, ihre Pflanzen und Tiere . . . ein lebendiges, atmendes Wesen aus Licht.
»Möge Frieden auf Erden sein. Mögen die Herzen aller Geschöpfe füreinander offen sein. Möge alles Leben sein vollkommenes Potential erreichen. Möge alles Leben die Herrlichkeit des Lichts widerspiegeln.«
Fühle dich wieder vom Lichtkreis umgeben, umhüllt und erleuchtet . . . Wenn es etwas in deinem Herzen gibt, was du Gott sagen möchtest, tue es jetzt . . .
Geliebtes, Vater-Mutter des Alls, danke für die Gabe des Lebens.
Amen.

Sie können diese Meditation beliebig ausweiten und die Lebenden und die Toten segnen, die Heiligen und die Sünder, die Störenfriede in Ihrer Nachbarschaft oder überall sonst auf der Welt. Sie können *metta* auch üben, ohne das zu rezitieren, was meine Mutter auf Jiddisch die »ganze Megilla« genannt hätte, die ganze Litanei. Wenn Ihnen im Laufe des Tages ein Freund in den Sinn kommt, könnten Sie ihm wohlwollende Güte schicken. Wenn Ihnen ein Feind in den Sinn kommt oder jemand, mit dem Sie in Streit liegen, können Sie oft Ihre seelische Verfassung vollständig ändern, indem sie die betreffende Person segnen, anstatt in Ihrem Groll oder Selbstmitleid zu verharren. Wenn Sie die Nachrichten hören oder sehen und anfangen, alle Hoffnung für die Welt zu verlieren, können Sie einen Segen darbringen und sich nach einer höheren Betrachtungsweise ausrichten, die Ihnen Mut, Hoffnung und Ideen für praktische Maßnahmen schenkt, die den Frieden auf Erden Wirklichkeit werden lassen können.

ELFTES KAPITEL

Frieden und Heilung

Wenn ein Kind lächelt, wenn ein Erwachsener
lächelt, das ist sehr wichtig.
Wenn wir in unserem alltäglichen Leben
lächeln können, wenn wir friedvoll und glücklich
sein können, werden nicht nur wir,
sondern alle davon profitieren.
Das ist die elementarste Form von Friedensarbeit.
Thich Nhât Hanh

Ist Ihnen das auch schon einmal passiert – Sie gehen an einem frischen Frühlingstag die Straße entlang, überall um Sie herum blühen Blumen, die Welt ist eine einzige Verheißung neuen Lebens, und Ihr Bewußtsein ist voller Einkommenssteuerbescheide? Was uns innerlich beschäftigt, drückt sich in unserem Gesicht aus – eine Tatsache, die einem Passanten nicht verborgen blieb, als ich einmal an ebensolch einem Tag durch den Boston Common spazierte, einen großen Park im Zentrum der Stadt. »He!« rief er, um meine Aufmerksamkeit zu erregen. »Wie wär's mit einem Lächeln? So schlimm kann das Leben doch nicht sein!« Als ich meine Gesichtszüge umordnete und die Mundwinkel in die Höhe zog, passierte etwas Merkwürdiges: Ich fühlte mich besser. Ich begann, mir der überwältigenden Fülle von Osterglocken und Krokussen bewußt zu werden, die einen herrlichen Kontrast zum zarten Grün sich entfaltender Knospen bildeten. Ich roch die feuchte Erde, spürte die warme Sonne und merkte, daß meine innere Unruhe mehr und mehr verschwand.

Thich Nhât Hanh ist ein vietnamesischer buddhistischer Mönch, Dichter und Schriftsteller, der den Seelenfrieden als die natürliche Folge des Achtsamwerdens für die uns umgebenden Wunder des Lebens lehrt. Der Autor zahlreicher Bücher über Meditation und Achtsamkeit und Veranstalter internationaler Workshops und Retreats arbeitet seit Jahrzehnten unermüdlich nicht nur für den persönlichen, sondern auch für den globalen Frieden. Kein Geringerer als Martin Luther King schlug ihn einmal für den Friedensnobelpreis vor. Thich Nhât Hanh, ein schmächtiger Mann, der Freude, Dankbarkeit und Demut ausstrahlt, hat durch seine unkomplizierte, mitfühlende Spiritualität schon Millionen von Menschen inspiriert.

Wenn man ihm zuhört oder seine Bücher liest, wird man daran erinnert, daß jeder Atemzug eine Gelegenheit darstellt, achtsam zu leben, anstatt im Sumpf unserer Ängste und Sorgen zu verharren. In *Der Geruch von frisch geschnittenem Gras. Anleitung zur Gehmeditation* weist er darauf hin, daß jeder Schritt, den wir tun, den Eindruck unseres Seelenzustands – Besorgtheit oder Freude – in der Erde hinterläßt:

> Wenn ich die Augen eines Buddhas hätte, würde ich in deinen Fußabdrücken die Spuren von Kummer und Sorgen klar erkennen können, die du auf der Erdoberfläche hinterläßt, wenn du gehst; so wie ein Wissenschaftler unter dem Mikroskop, in einer dem Meer entnommenen Probe Wasser, das Leben der Mikroorganismen studieren kann.
> Gehe so, daß du nur Frieden in deinem Fußabdruck hinterläßt . . . Wenn du auf diese Weise gehen willst, mußt du wissen, wie du Kummer und Sorgen von dir abschütteln kannst . . . Das ist das Geheimnis der Gehmeditation. (S. 12)

WAS – ICH UND MIR SORGEN MACHEN?

Meine Mutter war eine erstklassige »Sorgenmacherin«, die sich, gestützt auf unscheinbarste Indizien – oder notfalls auch ganz ohne –, die schlimmsten Tragödien und Katastrophen ausmalen konnte. Wenn mein Bruder Alan zehn Minuten länger als erwartet ausblieb, war er in ihrer Vorstellung entweder entführt oder überfahren worden. Wenn ich einen Pickel auf der Stirn bekam, sorgte sie sich darüber, daß er meine Nerven erfassen und sich zu einem Gehirnabszeß auswachsen könnte. Wenn mein Vater genug Geld verdiente, um einen Teil davon in Aktien investieren zu können, sorgte sie sich über die Möglichkeit eines Börsenkrachs. Wenn es allen gutging, sorgte sie sich darüber, daß jemand krank werden könnte. Gleichgültig, was in der Gegenwart passierte, sie konnte sich nicht darüber freuen, weil ihre unzähligen Befürchtungen sie in ständiger Angst vor der Zukunft hielten.

Zusätzlich kennt ein echter Weltklasse-Sorgenmacher auch noch eine Fülle von Gedanken an scheinbar verpaßte Gelegenheiten, in denen er einen Großteil seiner Zeit wehklagend schwelgen kann: Wenn ich Karl-Heinz geheiratet hätte, dann wäre jetzt das Leben schön. Wenn ich bessere Eltern gehabt hätte, dann wäre ich zu einem glücklichen und erfolgreichen Menschen herangewachsen. Wenn ich genug Geld gespart hätte, würde ich mir jetzt keine Sorgen zu machen brauchen. Wenn ich nach links statt nach rechts abgebogen wäre, dann wäre der Unfall nicht passiert. Wenn ich doch nur das Abitur gemacht oder einen Arzt aufgesucht oder andere Menschen kennengelernt oder eine andere Arbeit angenommen oder auf meine Mutter gehört hätte! Das damit verbundene Bedauern und der Groll sind ernstzunehmende Ursachen von Unzufriedenheit, die uns ein Leben lang gefangenhalten kann.

Es ist erstaunlich festzustellen, daß Menschen, die eine wirkliche Lebenskrise durchmachen – mit einer Scheidung, einer Krankheit, dem finanziellen Ruin oder einem Todesfall fertig werden müssen –, oft genug nicht unglücklicher sind als Leute, die zwar in ganz normalen Verhältnissen leben, aber sich trotzdem zu Tode ängstigen und sorgen. Haben Sie nicht auch schon einmal in Ihrem warmen, gemütlichen Wohnzimmer gesessen und sich Katastrophen ausgemalt? Sind Sie je die halbe Nacht im Bett wach gelegen und haben vor einer bevorstehenden Prüfung gezittert oder sich wegen Ihrer oder jemand anderes Gesundheit geängstigt? Und hat es je etwas genützt?

Manche Menschen glauben wirklich, es nütze etwas, sich Sorgen zu machen, weil sie Sorgenmachen mit Planen verwechseln. Aber Sorgenmachen ist etwas völlig anderes als Planen. Planen hat einen Zweck und ein Ziel, ist von Kreativität bestimmt, führt zu konstruktiver Veränderung und mehrt unsere Energie. Sorgenmachen hat keinen konstruktiven Zweck, ist von Angst bestimmt und führt zu Verwirrung und Erschöpfung. Wenn Sie sich beim Sorgenmachen ertappen, überlegen Sie sich doch einmal, wie sie die Situation grundlegend verändern könnten, indem sie entweder auf konstruktives Planen »umschalten« oder einfach das loslassen, was *nicht* geschieht, indem Sie sich auf das einstimmen, was gegenwärtig *ist*.

Es erfordert Übung, das Sorgenmachen aufzugeben, und eine der Möglichkeiten, das zu lernen, besteht darin, in all unseren Aktivitäten Achtsamkeit zu üben. Dr. Jon Kabat-Zinns *Gesund durch Meditation* ist ein hervorragendes Lehrbuch für Achtsamkeit. Auf dem von Dr. Kabat-Zinn an der University of Massachusetts Medical School entwickelten und geleiteten Streßabbau- und Entspannungsprogramm basierend, beschreibt das Buch eine bewährte Methode zur Befreiung von Streß, Schmerz und Sorgen durch Achtsamwerden für die uns umgebenden Wunder des Lebens. Dies bedeutet, während wir essen, wirklich auf Geschmack und Konsistenz unserer Speisen zu achten, wenn jemand mit uns redet, ihm aufmerksam zuzuhören, sorgfältig nachzudenken, wenn wir Pläne schmieden, und die Welt um uns herum mit allen Sinnen freudig und dankbar wahrzunehmen, wenn wir spazierengehen.

Anleitung zur Gehmeditation

Achtsames Gehen ist eine hervorragende Möglichkeit, eine gesteigerte Bewußtheit in all unseren Aktivitäten zu entwickeln. Wenn wir uns sorgen, sind wir praktisch von unserem Körper abwesend – dann ist niemand »zu Hause«. Wir gehen vielleicht einen wunderschönen Waldweg entlang, aber wir nehmen nichts von unserer Umgebung wahr. Statt dessen konzentrieren wir uns auf innere Dramen der Besorgtheit, Angst oder Furcht. Indem wir aber unsere Aufmerksamkeit auf den gegenwärtigen Augenblick verlagern – auf die Körperempfindungen des Atmens und Gehens und auf die sinnlichen Einzelheiten der uns umgebenden Welt –, kehren wir in unseren Körper zurück und übernehmen wieder die Kontrolle über unser Bewußtsein. Ein schlichter Akt wie Gehen wird dann zur Meditation, einem Sichöffnen für die göttliche Gegenwart.

Achtsames Gehen ist in sich schon eine wirkungsvolle Meditationspraxis, es kann aber auch mit Sitzmeditation oder Gebet kombiniert werden. Wann immer Sie im Freien gehen, versuchen Sie, Ihre Gedanken und Sorgen loszulassen, indem *Sie auf das achten, was ist.* Ihre Bemühung um Achtsamkeit wird nicht nur das Gehen als solches genußreicher machen, sondern auch Ihre »Mentalmuskeln« kräftigen, wodurch es Ihnen mit der Zeit immer leichter fallen wird, in jeder beliebigen Situation loszulassen. Nach und nach werden Sie einen immer tieferen Seelenfrieden erreichen. Die folgenden Instruktionen für das achtsame Gehen stützen sich auf Thich Nhât Hanhs *Der Geruch von frisch geschnittenem Gras.*

- Suchen Sie sich nach Möglichkeit eine schöne Umgebung für Ihre Gehmeditation – aber letztlich ist jeder Ort geeignet. Selbst ein kleines Zimmer wird notfalls genügen.
- Erkennen Sie, wie Thich Nhât Hanh schreibt, *»daß diese Welt selbst alle Wunder des ›Reinen Landes‹ [des Paradieses] hat«.* Öffnen Sie Ihr Bewußtsein für die Farben, die Düfte von Erde und Himmel oder für die spezifischen Eigenschaften Ihrer jeweiligen Umgebung.
- Werden Sie sich während des Gehens Ihres Körpers bewußt

Achten Sie auf den angenehmen Rhythmus Ihrer Atmung. *Gehen Sie langsam, und konzentrieren Sie sich auf jeden einzelnen Schritt.* Seien Sie sich jeder Bewegung bewußt – den Fuß heben, das Gewicht verlagern, den Fuß wieder auf den Boden setzen. Können Sie im Rhythmus Ihrer Atmung gehen?

- Gehen Sie mit Würde, Demut und Selbstachtung. Denken Sie an ein Wesen, das diese Eigenschaften verkörpert. Gehen Sie wie der Buddha, wie Mutter Teresa oder Jesus – oder wie Ihre Tante Edith, wenn sie für Sie die Verkörperung dieser Eigenschaften darstellt!
- Fragen Sie sich, warum Sie solch eine schwere Last an Sorgen und Kummer mit sich herumtragen. *Lassen Sie in Ihrem Herzen Mitgefühl mit sich aufwallen beim Gedanken an den Schmerz, den Kummer und Sorgen Ihnen bereiten. Dann beschließen Sie aus diesem mitfühlenden Bewußtsein heraus, sich nicht mehr zu sorgen und Ihren Kummer loszulassen.* Wie Thich Nhât Hanh schreibt: »Wenn wir wollen, können wir jetzt alles loslassen; genauso, wie wir unsere Regenjacke ausziehen, sie schütteln, und alle Regentropfen fallen ab.«
- Zaubern Sie ein Lächeln auf Ihre Lippen. Thich Nhât Hanh schlägt dazu das folgende meditative Gebet vor:
  Da ich einatme, stille ich Leib und Denken (Einatmung).
  Da ich ausatme, lächle ich (Ausatmung).
  Ganz gegenwärtig im jetzigen Moment (Einatmung),
  Weiß ich, er ist der einzige Moment (Ausatmung).
- Versuchen Sie, im Rhythmus des Gedichts und Ihres Atems zu gehen. Dies wird Ihnen Leichtigkeit schenken und Sie daran erinnern, daß sich Ihnen in jedem Augenblick die Gelegenheit bietet, neu geboren zu werden und die Wunder des alltäglichen Daseins mit der Frische eines Kindes zu sehen – mit dem Bewußtsein, das Rabbi Abraham Heschel *radikales Erstaunen* nennt.

Zum Abschluß seines Buches *Der Geruch von frisch geschnittenem Gras* spricht Thich Nhât Hanh vom universalen Mitgefühl, das ein achtsames Gewahrsein des Lebens hervorbringt:

Gehmeditation zu üben, hilft uns, unsere Augen zu öffnen für die vielen Wunder des Universums. Es verwandelt unsere Erde in das »Reine Land«. Es hilft uns, Ärger und Sorgen fallenzulassen, und bringt uns Frieden. Aber Gehmeditation hilft uns auch, das Leiden der Welt wahrzunehmen . . . Wenn ihr nicht wahrnehmt, was vor euch und um euch herum geschieht, wie könnt ihr dann erwarten, eure eigene Natur zu erkennen. Ihr könnt eure wahre Natur nicht sehen, wenn ihr die Augen verschließt . . .

Die Landstraßen mit dem Geruch von frischem Heu, die Wege im Schatten der Eichen, die Wege, bedeckt mit einem Teppich aus farbigem Laub – dies sind deine Meditationswege. Bitte, erfreue dich an ihnen. Sie führen dich nicht in ein Vergessen; vielmehr kannst du, wenn du gehst, bewußter werden; du kannst aufwachen, so daß du das wirkliche Leiden in der Welt sehen kannst.

Dann ist jeder Weg, jede Straße – von den Außenvierteln Beiruts bis zu den Straßen Vietnams, wo Minen vergraben sind, die noch immer explodieren und Kindern und Bauern das Leben nehmen –, jeder Weg dieser Welt ist dein Gehmeditationsweg. Wenn du einmal erwacht bist, wirst du nicht zögern, diese Wege zu gehen.

Du wirst leiden, aber nicht aus Zweifel, Ärger oder Angst um dich selbst. Du wirst leiden aus tiefer Verbundenheit mit allen Wesen, denn du empfindest das grenzenlose Mit-Leid eines Erleuchteten, eines Bodhisattvas. (S. 44)

Mitfühlendes Handeln

Mitgefühl beginnt, wie Menschenfreundlichkeit, »zu Hause«. Der erste Schritt in Richtung auf Tiefenheilung ist Selbstheilung. Erst wenn wir uns daran erinnert haben, uns selbst zu achten und für uns selbst zu sorgen, können wir eine echte »Verwandtschaft mit allen Geschöpfen« aufbauen. Wenn wir versuchen, anderen zu helfen, bevor wir unsere Wunden geheilt und Mitgefühl mit uns selbst entwickelt haben, könnten wir feststellen, daß die Basis unserer Rettungsaktionen und Hilfsmaßnahmen wechselseitige Abhängigkeit ist statt Kooperation oder gemeinsames Schöpfertum.

Ich lese gern über das Leben von Menschen, die uns als Vorbild für mitfühlendes Handeln dienen können. Peace Pilgrim (»Friedenspilgerin«) war eine bescheidene silberhaarige Frau, die zwischen 1953 und ihrem Tod im Jahre 1981, ohne einen Pfennig zu besitzen, die Vereinigten Staaten siebenmal zu Fuß durchquerte: ein Friedensmarsch von mehr als 40000 Kilometern! Getreu ihrem Gelübde, so lange eine heimatlose Wandrerin zu bleiben, bis die Menschheit gelernt haben würde, in Frieden zu leben, zog sie kreuz und quer durch das Land und trug ihre ganze Habe – einen Kamm und eine Zahnbürste – in der Tasche ihres blauen Kittels mit sich. Sie aß, wenn sie etwas bekam, und schlief, wo immer sie gerade war, wenn die Nacht hereinbrach – sehr oft am Straßenrand, auf der nackten Erde.

Der Weg zum Weltfrieden führt nach Peace Pilgrims Auffassung über die Erlangung inneren Friedens und die anschließende Umsetzung der dadurch gewonnenen Erkenntnisse in mitfühlendes Handeln. Als sie einmal gefragt wurde, wo sie meditieren gelernt habe, antwortete Peace Pilgrim: »Ich habe nie gelernt zu meditieren. Ich bin einfach empfänglich und still durch die Schönheit der Natur gegangen – und habe die wunderbaren Einsichten, die mir zuteil wurden, in die Tat umgesetzt.« Ihre Pilgerfahrt und ihre Lebensphilosophie sind in dem Buch *Peace Pilgrim: Her Life and Work in Her Own Words* zusammengefaßt, das Freunde aus ihren Briefen, veröffentlichten Interviews und Bandaufzeichnungen ihrer vielen Vorträge nach ihrem Tod zusammenstellten und herausgaben.

Ihre Philosophie stellt unsere Spiritualität auf eine praktische Probe, indem sie uns mit der schlichten Forderung konfrontiert: *Wenn wir wirklich an die göttliche Macht der Liebe glauben, müssen wir auch danach leben.* Peace Pilgrim erzählt:

> Einmal sagte ich zu einer Frau, die zugleich an den Krieg und die christlichen Werte glaubte: »Auf der einen Seite reden Sie von christlichen Werten, auf der anderen sagen Sie: ›Ist Ge-

walt nicht das einzige Abschreckungsmittel, das die Leute respektieren?‹ Das ist in all den Jahrhunderten unser Problem gewesen – wir haben uns nur äußerlich zu den christlichen Werten bekannt und unser Leben weiter nach dem Gesetz des Dschungels geführt. Wir haben mit der Bibel gesagt: ›*Laß dich nicht vom Bösen überwinden, sondern überwinde das Böse mit Gutem*‹ [Römer 12, 21] und dann versucht, das Böse mit noch mehr Bösem zu überwinden. Wir beten Gott an, aber wir haben kein Vertrauen in das Wirken seines Gesetzes der Liebe. Die Welt wartet darauf, daß das Gesetz der Liebe gelebt werde, und ein solches Leben wird das Göttliche in allen Menschen erreichen und sie von Grund auf verändern.« (S. 103)

Da ich Peace Pilgrim im Winter 1990/1991 las, während der Golfkrieg wütete, waren ihre Gedanken über den Krieg für mich von besonderer Bedeutung. Was wäre, wenn die Völker der Welt wirklich nach dem Gesetz der Liebe lebten? Ein gutes Beispiel dafür liefert uns das Schicksal der tibetischen Buddhisten, die sich vom Ideal der Gewaltlosigkeit leiten lassen. In den 50er Jahren, als die Chinesen in Tibet einen der schlimmsten Holocausts aller Zeiten veranstalteten, wurden Millionen von Tibetern abgeschlachtet, viele wurden gefangengenommen und gefoltert, und die meisten Überlebenden flohen aus ihrer Heimat ins indische Exil.

Das unberührte, jungfräuliche Land Tibet wurde geschändet und verstümmelt. Die Berge wurden aufgerissen und nach Bodenschätzen durchwühlt. Riesige Herden frei lebender Tiere wurden dezimiert. 6000 Klöster gingen in Flammen auf, und Tibet wurde in eine Wüstenei verwandelt. Bemerkenswerterweise bekam der Rest der Welt nur wenig von diesem Holocaust mit. Die Tibeter ließen sich in Indien nieder und schufen sich dort unter der Führung des Dalai-Lama, des weltlichen und spirituellen Oberhaupts des tibetischen Volkes, eine neue Existenz. Für diese Menschen gibt es keine Trennung zwischen Kirche und Staat – sie sind eins. Ihre weltliche Politik beruht auf ihrem spirituellen Ideal des »Nichtverletzens« aller Lebewesen, einschließlich der eigenen Feinde.

Im Jahre 1989 nahmen Myrin und ich an der »Ersten Internationalen Konferenz über Holistische Gesundheit und Medizin« teil. Die Tagung wurde in Bangalore (Indien) abgehalten und fand unter der Mitschirmherrschaft seiner Heiligkeit des Dalai-Lama statt. Während wir durch Südindien reisten, hatten wir Gelegenheit, ein tibetisches Flüchtlingslager zu besuchen. Das umgebende Land war karg und trocken. Im ganzen Gebiet herrschte große Armut, aber die Siedlung blühte vor Aktivität und relativem Wohlstand. Gemeinsam hatten die Tibeter eine für die klimatischen und sonstigen Gegebenheiten dieser Region geeignete Landwirtschaft entwickelt und wurden durch reichliche und gesunde Ernten belohnt. Sie hatten eine Schule, ein Kloster, einen Tempel und genügend Unterkünfte für alle Lagerbewohner errichtet. Die handwerkliche Produktion und der Export traditioneller Teppiche und wundervoller geschnitzter Holzgegenstände verschaffte der Gemeinschaft weitere Einkünfte. Darüber hinaus wirkte sich der Wohlstand und der Fleiß der Tibeter auch positiv auf die indische Bevölkerung des umliegenden Gebietes aus.

Myrin und ich kamen unangemeldet als vollkommen Unbekannte an, doch wir wurden mit der größten Achtung und Freundlichkeit behandelt. Zwei Mönche, die englisch sprachen, sahen uns, boten uns Tee an und führten uns herum. Als wir unsere Trauer über das schwere Los des tibetischen Volkes zum Ausdruck brachten, antworteten die Mönche, der Exodus sei tatsächlich schwierig gewesen und sie hofften, daß es eines Tages für sie möglich sein würde, in Frieden in ihre Heimat zurückzukehren – ein Land, das der Dalai-Lama einst in ein Schutzgebiet für Tiere und hilfsbedürftige Menschen verwandeln zu können hofft. Doch während all unserer Gespräche fiel nie ein böses Wort über die Chinesen. Im Gegenteil – das ganze Verhalten der Mönche erinnerte an die Haltung des gekreuzigten Jesus, der seine Peiniger mit den Worten segnete: »Vater, vergib ihnen, denn sie wissen nicht, was sie tun« (Lukas 23, 34).

Im Laufe meiner Studien östlicher Meditationstechniken hatte ich Gelegenheit, den Dalai-Lama und mehrere tibetische buddhistische Mönche kennenzulernen. Sie alle legen dieselbe vergebende Haltung gegenüber den Chinesen an den Tag. Sie segnen sie im

Bewußtsein dessen, daß böse Taten nur aus Unwissenheit verübt werden können. Sie akzeptieren auch ihre Vertreibung und die Vernichtung so vieler ihrer Landsleute als Teil eines umfassenderen göttlichen Plans, der seiner eigenen inneren Notwendigkeit gehorcht. Hier im Westen werden wir von frühauf dazu erzogen, die Ungerechtigkeit zu hassen und für unser Recht zu kämpfen, deswegen kann es uns auf den ersten Blick schwer erscheinen, den Standpunkt der tibetischen Buddhisten nachzuvollziehen. Aber fragen wir uns doch einmal ganz unvoreingenommen: Was hat die Philosophie des Vergebens den Tibetern eingebracht?

Im Jahre 1989 erhielt der Dalai-Lama den Friedensnobelpreis, wodurch die ganze Welt auf das Los des tibetischen Volkes aufmerksam gemacht wurde und in weiten Kreisen ein wirkliches Interesse an der Religion und Spiritualität Tibets erwachte. Die tibetischen Flüchtlinge haben ihre Energie dazu verwendet, ihr Leben wiederaufzubauen – sich ihre spirituelle und weltliche Kultur zu bewahren –, anstatt sie für Haß auf die Chinesen zu vergeuden. Rachsucht fesselt uns unentrinnbar an den Gegenstand unseres Hasses. Die vergebende Haltung schenkt den Tibetern dagegen wahre Freiheit, sogar im Exil.

Auch während des nationalsozialistischen Holocausts gab es Menschen, denen es gelang, sich selbst inmitten der Hölle auf Erden ihr mitfühlendes Herz und ihre Freiheit zu bewahren. Einer von ihnen war die junge holländische Jüdin Etty Hillesum. Nachdem sie, noch nicht 30jährig, in Auschwitz gestorben war, wurden ihre Tagebücher aufgefunden und unter dem Titel *Het verstoorde leven* veröffentlicht (deutsch: *Das denkende Herz der Baracke. Die Tagebücher von Etty Hillesum 1941–1943*). Am 23. September 1942 schrieb sie an ihren Freund Klaas:

> Klaas, ich wollte dir eigentlich nur sagen: Wir haben noch so viel mit uns selbst zu tun, daß wir uns dem Haß gegen unsere sogenannten Feinde noch gar nicht überlassen können. Wir sind noch einer des anderen Feind ... Und ich wiederhol[e] mit derselben Leidenschaftlichkeit wie immer, obwohl ich mir allmählich langweilig vor[komme], weil bei mir immer alles

> auf dasselbe hinausläuft: »Es ist die einzige Möglichkeit, Klaas, ich sehe keinen anderen Weg, als daß jeder von uns Einkehr hält in sich selbst und all dasjenige in sich ausrottet und vernichtet, was ihn zu der Überzeugung führt, andere vernichten zu müssen. Wir müssen durchdrungen sein von dem Gedanken, daß jeder Funken Haß, den wir zu der Welt hinzufügen, sie noch unwirtlicher macht, als sie ohnehin ist.« (S.197f.)

Wie Pogo (der Held einer Comic-strip-Serie aus den 40er Jahren) vor so langer Zeit sagte: »Wir sind dem Feind begegnet, und er ist wir.« Bis jeder einzelne von uns, als Individuum ebensowohl wie als Teil seiner jeweiligen Kulturgemeinschaft, die Wunden seiner Vergangenheit geheilt und seinen Feinden vergeben haben wird, werden wir fortfahren, einander zu entmenschlichen und anderen das gleiche anzutun, was uns angetan wurde. Es kann nie Frieden auf Erden geben, solange es keinen Frieden in unserer Seele gibt.

Leiden in Dienen umwandeln

Die Welt ist voll von Menschen, denen das eigene Erleben von Widrigkeiten und Dunkelheit, Trauer und Sorge die Fähigkeit zum Mitfühlen schenkte. Als ich gerade an diesem Kapitel arbeitete, kam ein Aufnahmeteam vorbei, um mich für einen Dokumentarfilm zu interviewen, der Krebskranken die Informationen vermitteln soll, die sie für ihre physische, körperlich-geistige und spirituelle Heilung benötigen. Was den Produzenten dazu motivierte, den Dokumentarfilm zu drehen, war die Tatsache, daß seine Frau an Krebs gestorben war und daß solch ein Film – wenn es ihn damals schon gegeben hätte – ihnen bei ihrem Versuch, das unbekannte, furchterregende Territorium eines Lebens mit dem Krebs sicher zu durchqueren, eine große Hilfe gewesen wäre.

Analog dazu produzierte Leslie Kussman, eine Freundin von mir, die in ihrem ganzen Leben noch nie einen Film gedreht hatte, einen preisgekrönten Dokumentarfilm für Kinder über das Trauern. Als ihre Mutter starb, hatte Leslie eine fünfjährige Tochter und erwartete ihr zweites Kind. Sie wußte nicht, wie sie ihrer Tochter beim Trauern hätte helfen können, und unterhielt sich – als Teil ihrer eigenen Trauerarbeit – mit anderen Familien, die sich in einer ähnlichen Situation befanden. Viele von ihnen – und ebenso Experten wie die Psychiaterin Elisabeth Kübler-Ross – äußerten sich in Leslies wunderbar heilendem Videofilm über ihre Erfahrungen und Einsichten.

Auch Tricia Stallman, Leslies und meine gemeinsame Freundin, wandelte ihr Leiden in Dienst um. Mitte der 80er Jahre hatte man bei Tricia Eierstockkrebs diagnostiziert. Nach wiederholten chirurgischen Eingriffen und mehreren Chemotherapien verlebte Tricia noch sechseinhalb gute und ausgefüllte Jahre, ehe sie im Oktober 1991 in Würde und Frieden starb. Die ausgebildete Sozialarbeiterin gründete in Providence, Rhode Island, eine Hilfsgemeinschaft, genannt Hope (»Hoffnung«), für Krebspatienten und deren Angehörige. Für Hope arbeiten sowohl »Profis« als auch Freiwillige, die durch Tricias Liebe, ihr Lachen und ihren Mut, trotz ihrer letztlich unheilbaren Krankheit jeden Tag voll auszuleben, inspiriert wurden.

Alkoholismus und Drogensucht sind zwei weitere Bereiche, in denen persönliches Leiden und anschließende Genesung oft zu selbstlosem Dienst führen. Tatsächlich beinhaltet der letzte »Schritt« aller Zwölf-Schritte-Genesungsprogramme ausdrücklich – als einen integrierten Teil des andauernden Prozesses der Heilung und der wachsenden Selbsterkenntnis – die Bereitschaft, anderen Süchtigen dabei zu helfen, abstinent zu werden. Wenn wir uns aber in der Welt umsehen, finden wir so viel Leiden und Probleme, daß wir zuweilen gar nicht wissen, wo wir anfangen könnten. Anders als Leslie, Tricia oder ein trocken gewordener Alkoholiker haben wir vielleicht auch noch nie ernsthaft gelitten oder aus einer spezifischen Schwierigkeit gelernt, die uns erlauben würde, andere an unserer Erfahrung teilhaben zu lassen.

Unsere Welt ist so voll von Hunger, Krieg, Krankheit, politischer Unterdrückung, Vorurteilen, Armut und Haß, daß ein einzelner oft gar nicht weiß, wo er überhaupt anfangen könnte, um eine Änderung herbeizuführen. Manchmal erscheinen die Probleme der Welt so unüberwindlich, daß wir uns vollkommen gelähmt und handlungsunfähig fühlen. In *Words to Love By* verrät Mutter Teresa eine einfache Lösung: die Idee, den Anfang damit zu machen, daß man einem einzelnen Menschen hilft:

> Ich betrachte mich nie als für die Massen verantwortlich. Ich sehe auf den einzelnen. Ich kann immer nur einen Menschen auf einmal lieben. Nur einen, einen, einen . . . So fängt man an . . . fange ich an. Ich habe einen Menschen aufgenommen – wenn ich diesen einen Menschen nicht aufgenommen hätte, dann hätte ich vielleicht auch nicht 42000 aufgenommen. Die ganze Arbeit ist nur ein Tropfen im Ozean. Aber wenn ich den Tropfen nicht hineingösse, wäre der Ozean um einen Tropfen ärmer. Dasselbe gilt für dich, dasselbe für deine Familie, dasselbe für die Kirche, die du besuchst. Fang einfach an . . . mit einem, einem, einem. (S. 79)

Sie können anfangen, das Leiden zu lindern, indem Sie einem Familienangehörigen oder einem Freund in die Augen sehen und ihm etwas Freundliches und Ermutigendes sagen. Und wenn wir uns zusammenschließen, um dies in Gruppen zu tun, wird das Leben insgesamt zu einer beglückenderen und friedlicheren Angelegenheit.

Heilzirkel gründen

Bis zum Frühling 1988 fuhr ich jahrelang tagaus, tagein mit dem Vorortzug nach Boston, wo ich an einem der Lehrkrankenhäuser von Harvard unterrichtete. Wenn man zu einem vollen Arbeitstag noch mindestens zwei Stunden An- und Rückfahrt hinzuzählt, bleibt nicht allzuviel Zeit für Geselligkeit, und so kannten Myrin und ich selbst noch nach fünf Jahren nur sehr wenige Leute. Als ich mich von Krankenhaus und Universität verabschiedete und anfing, nur noch zu Hause zu arbeiten, stellte ich fest, daß alle meine Freunde in anderen, näher zur Stadt gelegenen Vororten Bostons wohnten, so daß ich weiterhin den verhaßten Zug nehmen mußte, wenn ich sie besuchen wollte.

Die Situation änderte sich von Grund auf, als eine Frau, die Myrin und ich bei den Sonntagsgottesdiensten eines ökumenischen spirituellen Zentrums in unserem Wohnort kennengelernt hatten, gegen Ende Dezember 1988 beschloß, eine kleine Gruppe von Frauen zu sich einzuladen, um die Wintersonnenwende zu feiern. Das jüdische Fest Chanukka, Weihnachten, die Wintersonnwendfeier und das Neujahrsfest haben viel gemeinsam. Sie alle finden zur dunkelsten Zeit des Jahres statt und bezeichnen die Rückkehr des Lichts.

Die Wintersonnenwende selbst ist der dunkelste Tag des Jahres, der Wendepunkt, ab dem die Tage wieder anfangen, länger zu werden. Unsere kleine Gruppe von Sonnwendfeiernden entzündete ein Feuer als Symbol der Rückkehr des Lichts, und jede von uns steckte zusätzlich noch eine Kerze an. Wir meditierten und suchten in unserem Inneren nach einer alten Überzeugung oder Gewohnheit, die möglicherweise die Rückkehr des Lichts in unser eigenes Leben verhinderte, schrieben diese auf ein Stück Papier und teilten unsere Erkenntnis dann der Gruppe mit. Als alle das getan hatten, überantworteten wir unsere Zettel dem Feuer und brachten durch ein gemeinsames Gebet unseren individuellen und kollektiven Wunsch zum Ausdruck, diese alten Muster loszulassen. Wir tranken heißen Apfelwein, aßen ein paar Leckereien, sangen zusammen und fingen an, engere Bande untereinander zu knüpfen, indem wir ein bißchen von unserer jeweiligen Lebensgeschichte erzählten.

Die Freundschaften, die an diesem Abend ihren Anfang nahmen, reiften zu einer Frauengruppe, die anderthalb Jahre zusammenblieb, ehe sie sich öffnete und zu einer größeren Gemeinschaft wurde. Diese trifft sich seitdem an dem Sonntag vor oder nach den Äquinoktien und den Sonnenwenden zu einem vierteljährlichen Heilzirkel. 25 bis 50 Menschen kommen jedesmal zusammen. Zur Heilzeremonie des Zirkels gehören fröhlicher (und manchmal schon ziemlich heiserer) Gesang, Meditation und Gebet.

Zusätzlich kann jeder, der besondere Unterstützung wünscht, in die Mitte kommen und sagen, was er braucht. All diejenigen, die sich ihm besonders nahe fühlen – oder im Laufe ihres Lebens schon mit ähnlichen Problemen zu kämpfen hatten –, scharen sich um ihn und lassen ihm ihre Hilfe zuteil werden.

Es ist schwierig, das Gefühl von Verbundenheit, Anteilnahme und Mitleid, das diese Begegnungen kennzeichnet, zu beschreiben, ohne abgeschmackt oder schmalzig zu klingen – aber ich will es trotzdem versuchen. Bei einem solchen Zirkel beispielsweise kam eine Frau in die Mitte, deren Brustkrebs nach einer vorübergehenden Besserung wieder ausgebrochen war. Zwei Frauen, die auch mit Krebs gelebt hatten, setzten sich zu ihr, nahmen sie bei den Händen, gingen auf die Gefühle der Kranken ein und erzählten ihre jeweilige Genesungsgeschichte. Drei weitere Frauen machten ihr Mut und stellten ihre Unterstützung auch über den Abend hinaus zur Verfügung. Dann führten wir gemeinsam eine kurze »Meditation des heilenden Lichts« durch und sangen der Hilfesuchenden ein Lied. Es gab viel Freude, ein paar Tränen und ein wundervolles Gefühl der Nähe und Gemeinsamkeit. Der Rest der großen Gruppe unterstützte den Prozeß durch seine Aufmerksamkeit und indem er sich an der Meditation und dem Gesang beteiligte.

In diesen Heilzirkeln bilden sich tiefe gefühlsmäßige Bande heraus, die zu dauerhaften Freundschaften führen. Welchen Alters, Geschlechts und persönlichen Glaubens der Hilfesuchende auch sei, bietet der Heilzirkel eine Form liebevoller Unterstützung, die jedesmal wieder spontan, frisch und anregend ist. Man weiß nie, was einen erwartet, wie die Menschen zusammenkommen werden und welche Art von Heilung aus dem Abend hervorgehen wird. Das Ziel der Zirkel ist nicht, körperliche Heilung herbeizuführen, sondern Hilfestellung zu leisten, einen Gemeinschaftsgeist aufzubauen und eine tiefere spirituelle Heilung zu begünstigen, zu der mitunter auch physische Genesung gehören kann. Die Gebete sind ökumenischer Natur und werden im Geiste dargebracht: »Möge das beste Potential dieses Menschen oder dieser Situation zur Verwirklichung gelangen.« Das genaue Resultat überlassen wir gern einer Intelligenz, die höher ist als die unsrige.

Außer dem Meditations- und dem Heilzirkel gehört mein Mann Myrin seit mehreren Jahren auch einer Männergruppe an. Die Aktivitäten ihrer Fünfergruppe begannen damit, daß jeder Mann an zwei aufeinanderfolgenden Abenden den anderen Gruppenmitgliedern seine Lebensgeschichte erzählte. Anschließend verbrachten sie mehrere Sitzungen damit, ihre spirituelle Biographie zu schreiben und einander vorzulesen – ein von Reverend Carl Scoville an der King's Chapel in Boston entwickelter Prozeß, der vom Schriftsteller Dan Wakefield einer breiteren Öffentlichkeit zugänglich gemacht wurde. Wakefields schönes Buch *The Story of Your Life: Writing Your Spiritual Autobiography* beschreibt einen Gruppenprozeß, der zu persönlichen Offenbarungen und einer tiefen emotionalen Bindung an die anderen Gruppenmitglieder führt.

Ich habe zwar nie an den Treffen von Myrins Gruppe teilgenommen, bin aber immer im Haus, während sie stattfinden, und ich kann so viel sagen, daß die Männer jedesmal eine halbe Stunde und mehr mit gemeinsamem Trommeln zubringen. Trommelmusik erlebt zur Zeit eine Art kulturelle Renaissance. Robert Bly, dessen Bestseller *Eisenhans* zur Entstehung der Männerbewegung beitrug, führt Workshops überall in den Vereinigten Staaten durch. Myrin und unser Sohn Justin nahmen an einer dieser Wochenendveranstaltungen teil und waren begeistert: 600 Männer erzählten einander Geschichten, trommelten und knüpften enge gefühlsmäßige Bande. Als besonders befreiend und seelenstärkend empfanden sie es, daß Männer Männern gestatteten, zu weinen und die Trauerarbeit zu leisten, die der erste Schritt in Richtung auf eine echte Tiefenheilung darstellt.

Anders als Männer haben Frauen sowohl kulturell als auch konstitutionell kaum Probleme mit der Intimität, doch auch wir sind auf der Suche nach neuen Modellen der Gemeinschaft. Die Frauenbewegung, die ursprünglich einzig aus dem Bedürfnis nach politischer und wirtschaftlicher Gleichstellung heraus entstanden war, weitet sich um die Suche nach tiefer Heilung und neuen Formen der Spiritualität aus. Riane Eislers kraftvolles Buch *Von der Herrschaft zur Partnerschaft* ist eine faszinierende Schilderung des Übergangs von der »alten Religion«, in der die Göttin verehrt wurde, zu männerzentrierten Religionen, durch die ein »Donnergott« die Herrschaft an sich riß. Dieser Wandel, der sich vor 5000 bis 6000 Jahren vollzog, fiel in etwa mit dem Aufkommen des Judentums zusammen und wurde vom Christentum weitergeführt. Im Zuge des Übergangs von Göttin zu Gott wurden die, wie Eisler sie nennt, »partnerschaftlichen« Gesellschaften durch »Herrschaftsgesellschaften« verdrängt, in denen der Mann sich über die Frau stellte.

Ich glaube, daß wir uns gegenwärtig politisch wie spirituell an einem neuen Wendepunkt befinden, an dem Frauen und Männer wieder anfangen, partnerschaftlich zusammenzuarbeiten. Die Geburt der Männerbewegung und die Ausweitung der Frauenbewegung sind unmißverständliche Anzeichen dieses Wandels. Beide Gruppen suchen nach einem neuen Selbstverständnis, einer neuen Weise, sich – in intimen Beziehungen, als Elternteil, im Beruf, in der Gemeindearbeit und im spirituellen Leben – als Individuum zu definieren, das der ganzen Gemeinschaft tiefe Heilung schenken wird.

Das letzte Jahrzehnt des 20. Jahrhunderts verspricht, eine Periode der Wiederherstellung unserer Verbundenheit zu werden – zu uns selbst, zu unseren Mitmenschen, zu anderen Nationen, zur Erde und zum Heiligen. Wo immer Sie auch wohnen, können Sie den Prozeß der planetarischen Heilung damit einleiten, daß Sie aktiv an Ihrer eigenen Heilung arbeiten. Und sie können Ihre Heilung beschleunigen, indem Sie sich mit anderen gleichgesinnten Menschen zusammenschließen. Warum gründen Sie nicht einfach eine Gemeinschaft zur gegenseitigen Hilfeleistung, eine Meditationsgruppe, eine Männer- oder Frauengruppe oder einen Heilzirkel? Schon zwei Menschen sind für den Anfang genug. Auf diese Weise können wir Schritt für Schritt zur Erlangung des Weltfriedens beitragen, indem wir – erst einer, dann noch einer, dann noch einer – auf den inneren Frieden hinarbeiten.

ZWÖLFTES KAPITEL

Die Seele in der Praxis – Zehn Tips zum Überleben

Die Gegenwart ist der Punkt,
wo die Zeit die Ewigkeit berührt.
Archimandrit Kallistos Ware

Eine Freundin, der ich eine frühe Fassung dieses Buches zu lesen gegeben hatte, gab mir das Manuskript mit dem knappen Kommentar zurück: »Die Lebensphilosophie ist toll, aber wenn du die Leute nicht an die ganz elementaren Dinge erinnerst, wie richtiges Atmen, Stretching, Ernährung, Schlaf und Selbsthilfegruppen, laufen sie Gefahr, sobald die ersten Schwierigkeiten auftreten, so sehr in Streß zu geraten, daß sie die Philosophie völlig vergessen.« Und Celia hatte recht. Wenn wir durch eine dunkle Nacht wandern, neigen wir leicht dazu, alle Vorsicht und Vernunft in den Wind zu schlagen. Wir fangen vielleicht an, mehr Kaffee und Alkohol zu trinken, zuwenig, zuviel oder ungesund zu essen, zuwenig zu schlafen und gerade das, was uns am meisten not täte – wie Meditation, Spazierengehen, Sport oder Gebet –, sträflich zu vernachlässigen. Hier folgen also zehn praktische Tips, die Ihnen helfen werden, die dunkle Nacht unbeschadet zu überstehen und die nächste Morgenröte gesund und kraftvoll zu erleben.

1. Achten Sie gewissenhaft auf die Bedürfnisse Ihres Körpers, und befriedigen Sie sie in angemessener Weise. In schweren Zeiten neigen wir dazu, unsere gesunden Atem-, Eß- und Schlafgewohnheiten zu vergessen, wodurch wir dem psychischen Streß noch den physischen hinzufügen und uns in einen Teufelskreis hineinmanövrieren.

- *Atmung.* Wenn Sie schnell und flach atmen, erzeugen Sie Streß, Angst und Panik. Sie können sich rasch entspannen, indem Sie auf die Zwerchfellatmung »umschalten«. Atmen Sie langsam und tief durch den Mund ein und ebenso langsam wieder aus, bis Ihre Lunge vollkommen entleert ist. Erlauben Sie dem nächsten Atemzug, durch die Nase hereinzufließen, und stellen Sie sich dabei vor, daß er Ihren Bauch wie einen Luftballon aufbläst. Während Sie ausatmen, stellen Sie sich dementsprechend vor, Sie ließen die Luft aus dem »Ballon« wieder heraus. Führen Sie diese entspannende Atemübung (mit jeweils zehn oder mehr Atemzügen) immer wieder im Laufe des Tages durch.
- *Legen Sie Pausen für ein Stretching ein.* Schließen Sie mehrmals am Tag die Augen, und »tasten« Sie mental Ihren Körper nach Spannungspunkten »ab«. Lösen Sie Verspannungen, bevor aus ihnen Schmerzherde werden können. In *Gesundheit ist lernbar* werden einfache Stretching-Übungen beschrieben, die Sie am Schreibtisch, im Flugzeug, ja praktisch überall durchführen können. Zusätzlich zum Stretching gönnen Sie Ihrem Körper durch die Sportart, die Ihnen am meisten Spaß macht, täglich ein wenig Bewegung. Achtsames Gehen ist eine hervorragende Methode, Körper und Geist zugleich auszuruhen.
- *Essen Sie vernünftig.* Im allgemeinen verschlechtert sich unsere Diät, je höher unser Streßpegel steigt, weil wir dann dazu neigen, uns schnelle Zucker- und Fett-»Stöße« einzuverleiben, die uns den Appetit auf bessere Kost verderben. Essen Sie regelmäßig zu jeder Mahlzeit viel Vollkornprodukte, Gemüse und Obst. Schrauben Sie Ihren Alkohol- und

Kaffeekonsum, wenn Sie darauf nicht vollkommen verzichten wollen, so weit wie möglich zurück, und trinken Sie viel Wasser, um Ihrem Körper dabei zu helfen, alle Giftstoffe herauszuschwemmen.

- *Achten Sie darauf, daß Sie genug Schlaf bekommen.* Wenn Ihre Sorgen Sie auch nachts nicht zur Ruhe kommen lassen, setzen Sie sich im Bett auf und meditieren Sie. Wenn Sie während der Meditation einschlafen, gut. Wenn nicht, ruhen Sie sich wenigstens auf diese Weise körperlich und mental etwas aus. Radio und Fernsehen sind keine guten Einschlafhilfen: Unser Unterbewußtsein saugt all das leere Gerede, die Gewalt und die verdummenden, lärmenden Werbespots wie ein Schwamm auf, wodurch unser Seelenfrieden in noch weitere Ferne rückt. Versuchen Sie es statt dessen lieber mit guter, entspannender Musik. Mit einem Kopfhörer können Sie sich anhören, was Sie wollen, ohne Ihre Familienangehörigen oder sonstigen Wohnungsgenossen zu belästigen.

2. Der heilige Johannes vom Kreuz lehrte, die innere Stille sei der Ort, wo der Geist heimlich die Seele salbt und unsere tiefsten Wunden heilt. Verbringen Sie jeden Tag etwas Zeit mit sich allein – nicht um zu lesen oder fernzusehen, sondern um innerlich still zu werden. Arbeiten Sie im Garten, sitzen Sie im Freien, meditieren Sie, oder üben Sie sich in achtsamem Gehen, genießen Sie die Natur, hören Sie Musik. Die meisten von uns verschenken den größten Teil ihrer Zeit und Energie an andere, so daß für sie selbst nur wenig zurückbleibt. Indem wir uns auf diese Weise aus unserem eigenen Leben verdrängen, zerstören wir unser inneres Gleichgewicht und erzeugen dadurch nur noch weiteren Streß, der die Heilung alten Schmerzes verhindert. Bewahren Sie etwas Zeit für sich auf, und geben Sie so der Stille die Gelegenheit, Ihnen bei Ihrer Genesung zu helfen.

3. Verschaffen Sie sich die Unterstützung, die Sie benötigen. Ob Sie sie in einer Trauergruppe, einer Selbsthilfegruppe, einem Zwölf-Schritte-Programm, einem Heilungsprogramm für In-

zestopfer, einer Einzel- oder einer Gruppentherapie finden – achten Sie darauf, daß Sie sie zum Wachsen und (Sich-)Verändern verwenden und nicht dazu, krank, abhängig oder »das arme Opfer« zu bleiben. Uns als Opfer zu erfahren ist in der Anfangsphase der Genesung, in der wir unseren Verlust betrauern oder unseren Zorn zum Ausdruck bringen müssen, gerechtfertigt und sogar wünschenswert. Aber Tiefenheilung erfordert, daß wir unser Selbstmitleid loslassen, weiterziehen und unsere angeborene Kraft wiederfinden.

4. Setzen Sie das »Gelassenheitsgebet« in die Tat um:

   Gott gebe mir die Gelassenheit,
   Dinge hinzunehmen, die ich nicht ändern kann,
   den Mut, Dinge zu ändern, die ich ändern kann,
   und die Weisheit, das eine von dem anderen
   zu unterscheiden.

   Es nützt nichts, sich über Dinge zu grämen, die man nicht ändern kann. Es ist eine sinnlose Übung im Sichängstigen. Schätzen Sie Ihre Situation realistisch ein, und ergreifen Sie da, wo Sie eine Möglichkeit sehen, korrigierende Maßnahmen. Das Unabänderliche gelassen hinzunehmen und das eine von dem anderen zu unterscheiden erfordert, daß Sie sich in die Höhle Ihres Herzens zurückziehen. Dort, in Ihrer Mitte, werden Sie erkennen, was zu tun ist. Aber dazu müssen Sie wissen, wie Sie Ihre Mitte finden. Genau zu diesem Zweck sollten Sie sich die Zeit nehmen, still zu werden und zu lernen, durch Meditation oder Achtsamkeit das andauernde innere Geschwätz zum Schweigen zu bringen.

5. Die Anthropologin Angeles Arrien (Von Angeles Arrien erscheint *Der vierfache Weg* im Frühjahr 1996 im Verlag Hermann Bauer, Freiburg.) formulierte die folgenden vier »goldenen Lebensregeln«:

   - Schließen Sie sich nicht aus.

- Seien Sie aufmerksam.
- Sagen Sie die Wahrheit.
- Hängen Sie nicht an den Resultaten.

Mein Mann meint, mit den ersten drei Regeln hätte ich keinerlei Probleme – es sei die vierte, an der ich noch beträchtlich arbeiten müsse! Wir schaffen oft dadurch unnötiges Leiden, daß wir uns, selbst nachdem wir unser Bestes getan haben, über die Resultate unserer Handlungen sorgen. Vergessen Sie nicht: Jede Tat hat gute und böse Auswirkungen. Das Beste, was wir tun können, ist, das Gute zu beabsichtigen.

6. Erinnern Sie sich daran, daß es gut ist, am Leben zu sein! Probieren Sie die folgende Übung: Jeden Morgen, wenn Sie vor dem Spiegel stehen, um sich die Zähne zu putzen, schließen Sie die Augen. Rufen Sie sich einen heiligen Augenblick ins Gedächtnis zurück, und konzentrieren Sie sich auf die körperlichen und psychischen Empfindungen – Frieden, Verbundenheit, Energie, Vitalität und Geborgenheit –, die die Erinnerung in Ihnen wachruft. Spüren Sie, was es bedeutet, am Leben zu sein. Sehen Sie sich dann im Spiegel an*, und sagen Sie: »Guten Morgen, wie geht es dir?« Spüren Sie Ihre Lebendigkeit, und antworten Sie: »Ich lebe und bin dankbar dafür, und zu meinem eigenen Wohl sowie zum Wohl meiner Familie und aller Wesen werde ich heute . . . (fügen Sie hier eine Affirmation ein).« Es empfiehlt sich, die Affirmation zwei- bis dreimal laut zu wiederholen.

7. Üben Sie sich in wohlwollender Güte. Erweisen Sie zuerst sich selbst Achtung und Liebe, indem Sie die folgenden oder vergleichbare Segnungen denken oder aussprechen:

---

* Dieser Teil der Übung basiert auf einer Empfehlung der indianischen »Hüterin des Wissens« Dhyani Ywahoo, die sich in deren Buch *Am Feuer der Weisheit* findet.

Möge ich Frieden erlangen.
Möge mein Herz offen bleiben.
Möge ich die Schönheit meiner wahren Natur erkennen.
Möge ich geheilt werden.

Schicken Sie diese Gedanken wohlwollender Güte dann auch zu anderen Menschen.

8. Vergessen Sie nicht, daß Sie ein Anrecht darauf haben, glücklich zu sein. Der beste Ausgang einer Krise ist die Rückkehr zu unserer wahren Natur, unserem innersten Zentrum oder Höheren Selbst. Die Attribute dieses friedvollen Kerns sind nicht nur Weisheit und Mitgefühl, sondern auch Glück und Freude. Aber selbst wenn sich die Freude noch nicht als natürliche »Begleiterscheinung« Ihrer Heilung eingestellt haben sollte, können Sie sich einen ersten Vorgeschmack davon verschaffen, indem Sie daran denken *zu lächeln.* Wie Shakespeare sagte: »Übe die Tugend, die du noch nicht hast.«

9. Es war einmal ein armer alter Mann, der mit Gott haderte, weil er ihm trotz all seiner Gebete keinen Millionengewinn in der Lotterie vergönnt hatte. Gott schüttelte den Kopf und antwortete: »Jetzt mal ehrlich, Sam, du hättest dir doch wenigstens ein Los kaufen können!« Wenn Sie um Hilfe bitten, werden sichtbare und unsichtbare Helfer kommen. Aber es gibt zwei »Spielregeln«, die Sie beachten müssen: Erstens müssen Sie fragen. Zweitens müssen Sie Ihren Teil dazu beitragen, daß die ersehnte Veränderung stattfinden kann.

10. Wenn es den Anschein hat, als bekämen Sie nicht, worum Sie gebeten haben, und das obwohl Sie Ihren Teil dazu leisten, dann kann es vielleicht sein, daß Sie das bekommen, was Sie *brauchen.* Vielleicht hätte ein Lotteriegewinn, so erfreulich er scheinbar auch gewesen wäre, Sams Seelenwachstum behindert. Vielleicht würde ein rasches Ende Ihrer Probleme Sie um eine dringend benötigte Tiefenheilung bringen. Wenn wir

weise sind, beten wir nicht um das Ende der Krise, sondern um die Kraft und den Mut, sie zu ertragen. Der indische Dichter und Heilige Rabindranath Tagore schrieb:

Laß mich nicht darum beten,
vor Gefahren beschützt zu werden,
sondern darum, imstande zu sein,
ihnen furchtlos zu begegnen.
Laß mich nicht um die Linderung meines Schmerzes flehen,
sondern um die Kraft und den Mut, ihn zu erdulden.
Laß mich nicht bang nach der Erlösung lechzen,
sondern auf die Geduld hoffen, meine Freiheit zu erreichen.

DREIZEHNTES KAPITEL

Nachtlichter

Die Morgenbrise hat Geheimnisse für dich.
Schlaf nicht wieder ein.
Du mußt um das bitten, was du wirklich willst.
Schlaf nicht wieder ein.
Die Menschen gehen hin und her über die Schwelle,
wo sich zwei Welten treffen.
Die Tür ist rund und offen.
Schlaf nicht wieder ein.

Dschalal-ad-Din Rumi

Aber wir schlafen wieder ein. Für eine Weile spähen wir durch die Tür zwischen den Welten und sehen das Licht hinter den Schatten. Dann scheint sich die Tür zu schließen, und wir fallen in unsere Grübeleien zurück. Waren die Liebe und der Frieden, die wir verspürten, nur ein Traum? Oder ist vielmehr das Leiden ein Traum? Das Wesen des Lebens ist Fluß und Veränderung. Wir wachen für eine kurze Weile auf und erinnern uns an die Seelengeschichten, die uns antreiben, weiter auf die Freiheit hinzustreben. Dann schlafen wir wieder ein und vergessen. Dieses Kapitel besteht aus kleinen Geschichten, Gebeten und Aussprüchen – »Marksteinen« des Lichts –, die uns helfen können, wach zu bleiben.

Von meinem Freund Lee habe ich viel über »Marksteine« gelernt. Er leidet an AIDS. Einmal, es war ein strahlender Frühlingstag in New York City, aßen wir zusammen zu Mittag und unterhielten uns darüber, wie schwierig es manchmal sein kann, sich seinen Glauben zu bewahren, und was für eine Hilfe Gegenstände bedeuten können, die liebevolle Erinnerungen wachrufen. Ich zeigte Lee meinen kleinen ledernen »Medizinbeutel«, in dem ich heilige Dinge verwahre – einen Silberdollar, den ich als Kind von meinem Vater bekam, ein Rosenblütenblatt, das auf Moms Kissen gelegen hatte, als sie starb, einen Kristall, den mir ein Freund schenkte, eine Jadeschlange, die mich daran erinnert, alte Ängste zu überwinden, und ein Stück eines weißen Seidenschals, den der Dalai-Lama mir im Rahmen einer traditionellen buddhistischen Begrüßungszeremonie überreichte.

Lee griff in seine Tasche und zog eine Kette aus bunten Holzperlen hervor – von der Art, mit der Sie als Kind vielleicht auch gespielt haben. Jede Perle stellte für ihn einen Freund dar und erweckte in ihm die Erinnerung an eine besondere Zeit oder Situation mit der betreffenden Person. Mir erschien die Kette wie ein Rosenkranz des Herzens, ein Andenken an das Wertvollste eines ganzen Lebens. Einige Wochen darauf brachte mir der Briefträger ein Päckchen von Lee, in dem sich ein an einer Lederschnur aufgehängtes gläsernes Flakon befand. Das Fläschchen enthielt Lavendelöl, destilliert von den Mönchen der mittelalterlichen Abtei von Senanque. Ebendort, während eines Spaziergangs durch die Lavendelfelder, hatte Lee die Perle unserer Freundschaft auf seine Schnur gefädelt. Wann immer ich das Öl rieche oder auch nur das Flakon sehe, stärkt und tröstet mich die Liebe, an die ich dadurch erinnert werde.

Die Aussprüche, Gebete und Gedichte in diesem Kapitel sind für mich wie eine solche Kette von Marksteinen, und ich hoffe, daß sie auch Ihnen ein Trost und eine Erinnerung an die göttliche Liebe sein werden.

Ein Mönch wurde einmal gefragt: »Was tut ihr da
im Kloster?«
Er erwiderte: »Wir fallen und stehen auf, fallen
und stehen auf, fallen und stehen wieder auf.«
Tito Colliander

Eine Seele ist etwas,
das aus Feuer und Bergkristall gemacht ist.
Sie ist etwas ganz Strenges und
alttestamentarisch Hartes, aber auch so zart
wie die Gebärde, mit der seine Fingerspitzen
manchmal behutsam meine Wimpern streichelten.
Etty Hillesum

Nur durch die Berührung mit dem Bösen
habe ich gelernt, dessen Gegenteil
zu spüren: die Schönheit der
Wahrheit und Liebe und Güte.
Helen Keller

Wenn es keinen Sturm mehr gibt, gibt es auch kein Auge mehr. So sind die Stürme, Krisen und Leiden des Lebens eine Möglichkeit, das Auge zu finden. Wenn alles in unserem Sinne läuft, sehen wir das Auge nicht und verspüren auch keinen Drang, danach zu suchen.
Aber wenn sich alles gegen uns wendet,
dann finden wir das Auge.
Bernadette Roberts

Dem Wartenden
enthüllen sich alle Dinge von selbst,
solange er den Mut hat,
in der Dunkelheit nicht zu verleugnen,
was er im Licht gesehen.
Coventry Patmore

Ich habe auf der Lippe des Wahnsinns gelebt,
habe Gründe wissen wollen,
an eine Tür geklopft. Sie geht auf.
Ich hatte von innen geklopft!
Dschalal-ad-Din Rumi

Bittet, so wird euch gegeben;
suchet, so werdet ihr finden;
klopfet an, so wird euch aufgetan.
Jesus, in Matthäus 7, 7

Wenn Leiden auch gewiß sind, gehen sie
doch stets vorüber – nichts ist
von Dauer. So gibt es die berühmte
Legende, König Salomo, der weiseste
Mann aller Zeiten, habe einen Ring gehabt,
darauf die Worte standen:
»Auch dies wird vergehen.«
Rabbi Aryeh Kaplan

Und Gott sprach . . .
Meinen Bogen habe ich in die Wolken gesetzt;
der soll das Zeichen sein meines Bundes
zwischen mir und der Erde. Und wenn es kommt,
daß ich Wetterwolken über die Erde führe,
so soll man meinen Bogen sehen in den Wolken.
Genesis 9, 12–14

Ich will dich
nicht vergessen.
Siehe,
in meine Hände
habe ich dich
gezeichnet.
Jesaja 49, 15–16

Der Schmerz war groß, als die Saiten
gestimmt wurden, Meister!
Fang jetzt an zu spielen, und laß mich den Schmerz
vergessen, laß in der Schönheit fühlen
mich, was du im Sinn gehabt,
all diese gnadenlosen Tage.

Rabindranath Tagore

Herr, da du mir alles nahmst,
was ich von dir hatte, lasse mir doch
als deine Gnadengabe, was jeder Hund hat:
dir treu zu sein in meiner Not, wenn ich beraubt bin
allen Trosts. Dies wünsche ich inbrünstiger noch
als dein himmlisches Reich. Amen.

Mechthild von Magdeburg

Gedenke dieses:
Sei still und wisse, daß ich Gott bin.
Vergiß niemals, wer du bist!
Du kannst nicht sein, wo Gott nicht ist.

Peace Pilgrim

Der Herr ist mein Hirte,
mir wird nichts mangeln.
Er weidet mich auf einer grünen Aue
und führet mich zum frischen Wasser.
Er erquicket meine Seele.
Er führet mich auf der rechten Straße
um seines Namens willen.
Und ob ich schon wanderte im finstern Tal,
fürchte ich kein Unglück;
denn du bist bei mir,
dein Stab und Stecken trösten mich.
Du bereitest vor mir einen Tisch
im Angesicht meiner Feinde.
Du salbest mein Haupt mit Öl
und schenkest mir voll ein.

Gutes und Barmherzigkeit werden mir folgen
mein Leben lang,
und ich werde bleiben im Hause des Herrn immerdar.
Psalm 23

Der Herr ist mein Licht und mein Heil;
vor wem sollte ich mich fürchten?
Der Herr ist meines Lebens Kraft;
vor wem sollte mir grauen?
Psalm 27, 1

Wohin soll ich gehen vor deinem Geist,
und wohin soll ich fliehen vor deinem Angesicht?
Führe ich gen Himmel, so bist du da;
bettete ich mich bei den Toten, siehe,
so bist du auch da.
Nähme ich die Flügel der Morgenröte
und bliebe am äußersten Meer,
so würde auch dort deine Hand mich führen
und deine Rechte mich halten.
Psalm 139, 7–10

Das Licht Gottes umgibt uns,
Die Liebe Gottes umfängt uns,
Die Macht Gottes beschützt uns,
Die Gegenwart Gottes wacht über uns.
Wo immer wir sind, ist Gott,
Und alles ist gut. Unity Church

Wenn du mit einer Herausforderung konfrontiert wirst,
weigere dich, in Panik zu geraten.
Es bedeutet nicht das Ende deines Lebens.
Das Leben geht weiter. Erkläre vor dir selbst:
Ich akzeptiere die Realität dieser Situation,
aber nicht deren Unabänderlichkeit.
Eric Butterworth

Es gibt nur eine Freiheit:
mit dem Tod ins reine zu kommen.
Danach ist alles möglich.
Ich kann dich nicht zwingen, an Gott zu glauben.
An Gott zu glauben heißt nichts anderes,
als sich mit dem Tod abzufinden.
Wenn du den Tod akzeptiert hast,
ist das Gottesproblem gelöst – und nicht umgekehrt.
Albert Camus

Geburt und Tod
sind keine zwei verschiedenen Zustände,
sondern verschiedene Aspekte
ein und desselben Zustands.
Mahatma Gandhi

Aus dem Nichtseienden führe uns zum Seienden,
Aus der Finsternis führe uns zum Licht.
Aus dem Tode führe uns zur Unsterblichkeit.
Brihadaranjaka-Upanischad 1, 3, 28

Wenn wir zum letzten Augenblick
dieses Lebens gelangen und wir uns
zurückwenden und es überschauen,
ist das einzige, was zählen wird, dieses:
»Wie war die Qualität unserer Liebe?«
Richard Bach

Einer der Gründe, warum die Menschen
die Hoffnung verlieren, ist, daß sie
ihre Zeitgenossen ansehen und meinen,
sie seien weit mehr wert als sie.
Rabbi Nachman

Ein ganzer Mensch ist jemand,
der mit Gott gewandelt ist
und mit dem Teufel gerungen hat.
C. G. Jung

Weit jenseits aller Vorstellungen
von Recht und Unrecht
da liegt ein Feld.
Wir sehen uns dort.
Dschalal-ad-Din Rumi

Unsere erste Pflicht ist,
uns selbst nicht zu hassen.
Swami Vivekananda

Gott sieht mit gnädigem Blick
nicht auf das, was du bist, noch das,
was du gewesen, sondern auf das,
was du zu sein wünschst.
Die Wolke des Nichtwissens

Wenn ich mir selbst vergeben
und mich erinnert habe, wer ich bin,
werde ich jeden segnen
und alles, was ich sehe.
Ein Kurs in Wundern

Über das Gebet der Sammlung:
Es ist, als drücke Gott unserem Geist
in seinem Tiefinnersten einen wunderbaren Kuß auf
und alle Wunden, Zweifel, Schuldgefühle
fänden mit einem Schlage Heilung.
Das Erlebnis, vom Urgeheimnis geliebt zu werden,
verbannt auch jede Furcht,
und wir bekommen die Überzeugung,
daß alle von uns begangenen Fehler und Sünden
vollkommen vergeben und vergessen sind.
Pater Thomas Keating

Jede gute Tat,
jedes gute Wort,
jeder gute Gedanke
schwingt weiter und weiter und hört
nimmer auf. Das Böse besteht nur so lange,
bis es vom Guten überwunden wird,
aber das Gute bleibt ewig bestehen.

Peace Pilgrim

Der heiligste Ort auf Erden ist da,
wo ein alter Haß
zu einer gegenwärtigen Liebe geworden ist.

Ein Kurs in Wundern

Die Schlußfolgerung ist immer dieselbe:
Die Liebe ist die stärkste und zugleich die unbekannteste
Energie der Welt.

Pierre Teilhard de Chardin

Laß dich durch nichts verstören,
Laß dich durch nichts betrüben –
Alles vergeht:
Gott ist unwandelbar auf ewig.
Geduld erreicht alles,
wonach sie strebt.
Wer Gott hat, erkennt,
daß ihm nichts mangelt:
Gott allein genügt.

Teresa von Avila

Aber alles wird gut sein,
und alles wird gut sein,
und jegliches Ding,
es wird gut sein.

Julian of Norwich

Gott spricht: Stets bist du
vor meinen Augen.
Gott, ich bin dein Werk.
Vor Anbeginn der Zeiten,
schon damals,
war ich in deinem Geist.
Hildegard von Bingen

Herr, mache mich zu einem Werkzeug deines Friedens.
Wo Haß ist, dort laß mich Liebe säen.
Wo Verletzung ist, Vergebung.
Wo Zweifel ist, Glauben.
Wo Verzweiflung ist, Hoffnung.
Wo Dunkelheit ist, Licht.
Und wo Traurigkeit ist, Freude.

O göttlicher Herrscher, gib, daß ich nicht danach strebe,
getröstet zu werden, sondern zu trösten,
nicht verstanden zu werden, sondern zu verstehen,
nicht geliebt zu werden, sondern zu lieben:
Denn dadurch, daß wir geben, empfangen wir,
dadurch, daß wir vergeben, erlangen wir Vergebung
und dadurch, daß wir sterben,
werden wir ins ewige Leben geboren.
Franz von Assisi

Es gibt nur zwei Arten zu leben.
Die eine ist so, als ob nichts ein Wunder wäre.
Die andere ist so, als ob alles ein Wunder wäre.
Albert Einstein

ANHANG

Bibliographie

Baldwin, Christina: *Das kreative Tagebuch. Tagebuchschreiben als Zwiesprache mit sich selbst.* Deutsch von Ursula Gail. Scherz, Bern – München – Wien 1992.

Baum, L. Frank: *Der Zauberer von Oos.* Deutsch von Sybil Gräfin Schönfeld. Dressler, Hamburg 1987.

Bhagavadgita – Gesang des Erhabenen. Aus dem Sanskrit ins Englische von Swami Prabhavananda und Christopher Isherwood. Aus dem Englischen von Ilse Kramer. Bauer, Freiburg 1989.

Bibel. Die ganze Heilige Schrift des Alten und Neuen Testaments. Nach der deutschen Übersetzung Martin Luthers. Revidierter Text 1964. Panorama, Wiesbaden 1983.

Bly, Robert: *Die dunklen Seiten des menschlichen Wesens.* Herausgegeben von William Booth. Aus dem Amerikanischen von Johann Gottwald. Droemer Knaur, München 1993.

Eisenhans. Ein Buch über Männer. Aus dem Amerikanischen von Ulrike Wasel und Klaus Timmermann. Droemer Knaur, München 1991.

Booth, Leo: *Hooked on God.* Jeremy Tarcher, Los Angeles 1991.

Borysenko, Joan: *Gesundheit ist lernbar. Hilfe zur Selbsthilfe.* Aus dem Amerikanischen von Marion B. Kroh. Droemer Knaur, München 1991.

Ich bin, wie ich bin. Das Aufbauprogramm für ein intaktes Selbstbewußtsein. Aus dem Amerikanischen von Sabine Steinberg. Scherz, Bern – München – Wien 1992.

The Power of the Mind to Heal. Hay House, Carson 1994.

Pocketful of Miracles. A Book of Daily Spiritual Practice, Warner Books, New York 1994.

Bradshaw, John: *Wenn Scham krank macht. Ein Ratgeber zur Überwindung von Schamgefühlen.* Deutsch von Bringfried Schröder. Droemer Knaur, München 1993.

Das Kind in uns. Wie finde ich zu mir selbst. Deutsch von Bringfried Schröder. Droemer Knaur, München 1994.

Campbell, Camille: *Meditations with John of the Cross.* Bear and Company, Sante Fe 1989.

Campbell, Eileen: *A Dancing Star. Inspirations to Guide and Heal.* The Aquarian Press, New York 1991.

Campbell, Joseph: *Die Kraft der Mythen. Bilder der Seele im Leben des Menschen.* In Zusammenarbeit mit Bill Moyers. Aus dem Amerikanischen übertragen von Hans-Ulrich Möhring. Artemis, Zürich – München 1994.

Casarjian, Robin: *Forgiveness. A Bold Choice for a Peaceful Heart.* Bantam Books, New York 1992.

Cayce, Edgar: *Du weißt, wer du warst. Erkenntnisse über die eigene Wiedergeburt.* Goldmann, München 1990.

Dossey, Larry: *Recovering the Soul. A Scientific and Spiritual Search.* Bantam Books, New York 1990.

Wahre Gesundheit finden. Krankheit und Schmerz aus ganzheitlicher Sicht. Deutsch von Erwin Schuhmacher. Droemer Knaur, München 1991.

Douglas-Klotz, Neil: *Das Vaterunser. Meditationen und Körperübungen zum kosmischen Jesusgebet.* Aus dem Aramäischen übertragen und kommentiert von Neil Douglas-Klotz. Ins Deutsche übersetzt von Gita Onnen und Eva Ploes. Droemer Knaur, München 1992.

Eisler, Riane: *Von der Herrschaft zur Partnerschaft. Weibliches und männliches Prinzip in der Geschichte.* Deutsch von Christel Rost. Bertelsmann, Gütersloh 1989.

Eliade, Mircea: *Das Heilige und das Profane. Vom Wesen des Religiösen.* Insel, Frankfurt 1984.

Epstein, Gerald: *Gesund durch die Kraft der Vorstellung. Ein Übungsbuch.* Übersetzung aus dem Amerikanischen von Ursula Fassbender. Kösel, München 1992.

Finney, Lynne D.: *Reach for the Rainbow. Advanced Healing for Survivors of Sexual Abuse.* Perigee, New York 1992.

Fowler, James W.: *Glaubensentwicklung. Perspektiven für Seelsorge und kirchliche Bildungsarbeit.* Aus dem Amerikanischen von Sieglinde Denzel und Susanne Naumann. Kaiser, München 1989.

Stufen des Glaubens. Die Psychologie der menschlichen Entwicklung und die Suche nach Sinn. Gütersloher Verlagshaus, Gütersloh 1991.

Fox, Matthew: *Der große Segen. Umarmt von der Schöpfung. Eine spirituelle Reise auf vier Pfaden durch 26 Themen mit zwei Fragen.* Deutsch von Jörg Wichmann. Claudius, München 1991.

Frankl, Viktor: *... trotzdem Ja zum Leben sagen. Ein Psychologe erlebt das Konzentrationslager.* dtv, München 1982.

Der Mensch vor der Frage nach dem Sinn. Vorwort von Konrad Lorenz. Piper, München 1989.

Fromm, Erich: *Die Revolution der Hoffnung. Für eine Humanisierung der Technik.* Aus dem Amerikanischen von Liselotte und Ernst Mickel. dtv/Klett-Cotta, München 1991.

Gibran, Khalil: *Der Prophet.* Aus dem Englischen von Karin Graf. Walter, Olten und Freiburg 1990.

Gnosis. Das Buch der verborgenen Evangelien. Herausgegeben und übersetzt von Werner Hörmann. Pattloch, Augsburg 1990.

Goleman, Daniel: *Meditation. Wege nach innen.* Heyne, München 1994.

Grof, Stanislav: *Das Abenteuer der Selbstentdeckung. Heilung durch veränderte Bewußtseinszustände. Ein Leitfaden.* Deutsch von Wolfgang Stifter. Rowohlt, Reinbek 1987.

Geburt, Tod und Transzendenz. Neue Dimensionen in der Psychologie. Kösel, München 1985.

Grof, Stanislav und Christina Grof: *Jenseits des Todes. An den Toren des Bewußtseins.* Aus dem Amerikanischen von Susanne Schaup. Kösel, München 1986.

Die stürmische Suche nach dem Selbst. Praktische Hilfe für spirituelle Krisen. Deutsch von Angela Roethe. Kösel, München 1991.

Spiritual Emergency. When Personal Transformation Becomes a Crisis. Jeremy Tarcher, Los Angeles 1990.

Harman, Willis: *Bewußt-Sein im Wandel.* Deutsch von Brigitte Schwitalla. Bauer, Freiburg 1989.

Hildegard von Bingen: *Hildegard von Bingen.* Ausgewählt und eingeleitet von Heinrich Schipperges. Walter, Olten und Freiburg 1989.

Gott sehen. Texte christlicher Mystiker. Ausgewählt und eingeleitet von Heinrich Schipperges. Piper, München 1987.

Hillesum, Etty: *Das denkende Herz der Baracke. Die Tagebücher von Etty Hillesum 1941–1943.* Herausgegeben und eingeleitet von J. G. Gaarlandt. Aus dem Niederländischen von Maria Csollány. F. H. Kerle, Freiburg und Heidelberg 1981.

Hoeller, Stephen A.: *Der gnostische Jung und die sieben Reden an die Toten.* Deutsch von H. Ullrich und V. Dörflinger. Ullrich, Calw 1987.

James, William: *Die Vielfalt religiöser Erfahrung.* Herausgegeben und übersetzt von Eilert Herms. Walter, Olten und Freiburg 1979.

Johannes vom Kreuz: *Die dunkle Nacht der Seele. Die Gedichte.* Übertragen von Hans U. von Balthasar, Cornelia Capol und L. Davi. (Sämtliche Werke, Band 2) Johannesverlag, Einsiedeln 1983.

Ihn will ich suchen, den meine Seele liebt. Gebete und Betrachtungen. Deutsch von Hans Beyrink. Neue Stadt, München 1988.

Jung, C. G. und Marie von Franz (Hrsg.): *Der Mensch und seine Symbole.* Walter, Olten und Freiburg 1988.

Ka.Tzetnik 135633 (Pseudonym): *Shivitti. Eine Vision.* Kunstmann, München 1991.

Kabat-Zinn, Jon: *Gesund durch Meditation. Das große Buch der Selbstheilung. Das grundlegende Übungsprogramm zur Ent-*

spannung, Streßreduktion und Aktivierung des Immunsystems. Deutsch von Marion B. Kroh. Scherz, Bern – München – Wien 1994.

Kabir: *Im Garten der Gottesliebe. 112 Gedichte des indischen Mystikers.* Vorwort von Gunther Wolf. Nach der englischen Übertragung von Rabindranath Tagore ins Deutsche übersetzt von Gunther Wolf. Hermes, Heidelberg 1984.

Keating, Thomas: *Gebet der Sammlung.* Deutsch von Senta Grünbeck und Guido Jost. Vier-Türme-Verlag, Münsterschwarzach 1994.

Keen, Sam: *Bilder des Bösen. Wie man sich Feinde macht.* Aus dem Amerikanischen von Rüdiger Runge. Beltz, Weinheim 1987.

Feuer im Bauch. Über das Mann-Sein. Aus dem Amerikanischen von Almuth Dittmar-Kolb. Kabel, Hamburg 1993.

Kelzer, Kenneth: *The Sun and the Shadow. My Experiment with Lucid Dreaming.* A. R. E. Press, Virginia Beach, Virginia, 1987.

Ein Kurs in Wundern. Greuthof, Gutach 1994.

La Berge, Stephen: *Hellwach im Traum. Mehr Selbsterkenntnis und Selbstbestimmung durch bewußtes Träumen.* moderne verlagsgesellschaft, München 1991.

Leipoldt, Johannes und Hans M. Schenke: *Koptisch-gnostische Schriften aus den Papyrus-Codices von Nag-Hamadi.* Eulenhof, Hardebeck o.J.

Levine, Stephen: *Sein lassen. Heilung im Leben und im Sterben.* Deutsch von Matthias Wendt. Bodewig und Kamphausen, Bielefeld 1992.

Maslow, Abraham A.: *Psychologie des Seins.* Aus dem Amerikanischen von Paul Kruntorad. Fischer, Frankfurt 1985.

Meares, Ainslie: *Ängstige dich nicht – Lebe und gewinne.* Heyne, München 1988.

Mitchell, Stephen: *The Book of Job.* North Point Press, San Francisco 1987.

Moody, Raymond A.: *Leben nach dem Tod.* Mit einem Vorwort von Elisabeth Kübler-Ross. Deutsch von Hermann Gieselbusch und Lieselotte Mietzner. Rowohlt, Reinbek 1989.

Das Licht von drüben. Deutsch von Lieselotte Mietzner. Rowohlt, Reinbek 1989.

Moody, Raymond A. und Paul Perry: *Leben vor dem Leben.* Deutsch von Kurt Neff. Rowohlt, Reinbek 1990.

Morse, Melvin und Paul Perry: *Zum Licht. Was wir von Kindern lernen können, die dem Tod nahe waren.* Goldmann, München 1994.

Muktananda, Swami: *Das Mantra so ham. Eine Meditationstechnik für jedermann.* Deutsch von H. G. Radbruch und Sylvia Luetjohann. Aurum, Freiburg 1986.

Kundalini. Die Erweckung der kosmischen Energie im Menschen. Vorwort und aus dem Englischen von H. G. Radbruch. Aurum, Freiburg 1988.

Pagels, Elaine: *Adam, Eva und die Schlange. Die Geschichte der Sünde.* Rowohlt, Reinbek 1994.

Versuchung durch Erkenntnis. Die gnostischen Evangelien. Aus dem Amerikanischen von Angelika Schweikhart. Suhrkamp, Frankfurt 1987.

Peace Pilgrim: Her Life and Work in her Own Words. Freiexemplar zu beziehen über: Friends of Peace Pilgrim, 43480 Cedar Avenue, Hemet, California 92344, U.S.A.

Ring, Kenneth: *Den Tod erfahren – das Leben gewinnen.* Scherz, Bern – München – Wien 1985.

Rumi, Dschalal-ad-Din: *Flammen der Liebe. Gedichte des Sufi-Meisters.* Deutsch von Inge Roether. Hermes, Heidelberg 1987.

Die Sonne von Tabriz. Gedichte, Aufzeichnungen und Reden. Aus dem Persischen von Cyrus Atabay. Eremiten-Presse, Düsseldorf 1988.

Vierzeiler. Ausgewählt, erläutert und aus dem Persischen übertragen von Gisela Wendt. Castrum Peregrini Presse, Amsterdam 1989.

Saint-Exupéry, Antoine de: *Der kleine Prinz.* Übertragung ins Deutsche von Grete und Josef Leitgeb. Karl Rauch, Düsseldorf 1973.

Siegel, Bernie: *Mit der Seele heilen. Gesundheit durch inneren Dialog.* Deutsch von Charlotte Franke. Econ, Düsseldorf 1991.

Prognose Hoffnung. Heilerfolge aus der Praxis eines mutigen Arztes. Econ, Düsseldorf 1994.

Sparrow, G. Scott: *Lucid Dreaming. Dawning of the Clear Light.* A. R. E. Press, Virginia Beach, Virginia, 1976.

Steindl-Rast, David: *Die Achtsamkeit des Herzens. Ein Leben in Kontemplation.* Aus dem Englischen von Vanja Palmers. Goldmann, München 1992.

Fülle und Nichts. Die Wiedergeburt christlicher Mystik. Aus dem Englischen von Knut Pflughaupt und Vanja Palmers. Goldmann, München 1985.

Stevenson, Ian: *Reinkarnation. Der Mensch im Wandel von Tod und Wiedergeburt. 20 überzeugende und wissenschaftlich bewiesene Fälle.* Aus dem Amerikanischen von Heinrich Wendt. Aurum, Freiburg 1986.

Tart, Charles: *Open Mind, Discriminating Mind. Reflections on Human Possibilities.* Harper & Row, San Francisco 1989.

Das Übersinnliche. Forschungen über einen Grenzbereich psychischen Erlebens. Deutsch von Ulrike Stopfel. Klett-Cotta, Stuttgart 1987.

Teresa von Avila: *Freundschaft mit Gott. Texte christlicher Mystiker.* Herausgegeben, übersetzt und eingeleitet von Ulrich Dobhahn. Piper, München 1987.

Wege zum Gebet. Eine Textauswahl. Ausgewählt und übersetzt von Irene Behn. Benziger, Würzburg 1985.

Teresa, Mutter: *Ein Weg zum Lieben. Meditationen.* Übertragen ins Deutsche von Marianne Kawohl. Neue Stadt, München – Zürich – Wien 1993.

Thich Nhât Hanh: *Das Wunder der Achtsamkeit. Einführung in die Meditation.* Aus dem Amerikanischen von Sylvia Wetzel. Theseus, Berlin 1988.

Der Geruch von frisch geschnittenem Gras. Anleitung zur Gehmeditation. Übersetzung aus dem Englischen von Ursula Richard. Zen Verlag Theresiahoeve, Gondenbrett 1991.

Totenbuch der Tibeter. Eine neue Übersetzung aus dem Tibetischen mit Kommentar von Francesca Fremantle und Chögyam Trungpa. Diederichs, Düsseldorf und Köln 1979.

Upanischaden:

Deussen, Paul: *Sechzig Upanishads des Veda.* Leipzig 1897.

Upanishaden. Altindische Weisheit aus Brâhmanas und Upanishaden. Übertragen und eingeleitet von Alfred Hillebrandt. Diederichs, Düsseldorf-Köln 1958.

Vaughan, Frances und Roger Walsh: *Accept This Gift: Selections from a Course in Miracles.* Jeremy Tarcher, Los Angeles 1983.

Wakefield, Dan: *Returning: A Spiritual Journey.* Penguin Books, Harmondsworth, Middlesex, 1984.

The Story of Your Life: Writing Your Spiritual Autobiography. Beacon Press, Boston 1990.

Walker, Barbara G.: *Die weise Alte. Kulturgeschichte – Symbolik – Archetypus.* Aus dem Amerikanischen von Susanne Kahn-Akkermann. Frauenoffensive, München 1986.

Weiss, Brian: *Die zahlreichen Leben der Seele. Die Chronik einer ungewöhnlichen Rückführungstherapie.* Goldmann, München 1994.

Woolger, Roger J.: *Die vielen Leben der Seele. Wiedererinnerung in der therapeutischen Arbeit.* Aus dem Englischen von Christina Quatmann. Hugendubel, München 1993.

Ywahoo, Dhyani: *Am Feuer der Weisheit. Lehren der Cherokee-Indianer.* Aus dem Amerikanischen von Peter Hübner. Theseus, Berlin 1988.

Hilfsmittel und Adressen

Kassetten von Joan Borysenko

Eine Liste sämtlicher Audio- und Videokassetten können Sie bestellen über:

Mind/Body Health Sciences, Inc.
393 Dixon Rd.
Salina Star Route
Boulder, CO 80302
U.S.A.
Telefon: 001-303-440-8460
Fax: 001-303-440-7580

Die Kassetten sind nur in englischer Sprache erhältlich. Zahlungs- und Lieferbedingungen können Sie bei Mind/Body Health Sciences, Inc. erfragen.

Hier eine Auswahl von Joan Borysenkos Meditationskassetten:

Meditations for Relaxation and Stress Reduction
Grundlegende, auf den Atem konzentrierte Meditation und Lichtarbeit (Seite 1); Dehnübungen, Selbst-Massage und Übungen zur Körperbewußtheit (Seite 2).

Meditations for Self-Healing and Inner Power
Meditation zur Konzentration und Bewußtheit (Seite 1); Den Körper heilen durch Dankbarkeit und Achtsamkeit (Seite 2).

Meditations for Healing the Inner Child and Improving Relationships (für Frauen)
Heilung des Inneren Kinds (Seite 1); Meditation zur Auflösung negativer Gefühle (Seite 2).

Bestellnr. 408, $ 30 für alle drei MC, Dauer: 2 Std. 52 Min.

Lecture and Meditation on Invocation of the Angels and Loving Kindness
Inspirierender Vortrag zum Thema Engel (Seite 1); Gebete der vier Erzengel und der göttlichen Gegenwart bis hin zu einer Meditation zur göttlichen Gnade (Seite 2).

Lecture and Meditation on Overcoming Depression
Informativer Vortrag (Seite 1); Praktische Techniken zur Meditation und zum Verändern mentaler Muster (Seite 2).

Lecture and Meditation on Forgiveness and Compassion
Inspirierender Vortrag (Seite 1); Kraftvolle tibetanisch-buddhistische Tonglen-Übungen (Transformation von Schmerz in Friede und Vergebung, Seite 2).

Bestellnr. 422, $ 30 für alle drei MC

Die folgenden Musikkassetten können Sie über Mind/Body Health Sciences, Inc. bestellen:

Rhythm of Life von Gordon Burnham
Diese inspirierten ökumenisch-spirituellen Lieder stammen und werden vorgetragen von Joans Nachbarn Gordon Burnham. Myrin und Joan haben diese Kassette produziert. Gitarre, Flöte, Percussion, Synthesizer und zarte Vokalharmonien begleiten Gordons volltönende Stimme.
Bestellnr. 702, $ 10, MC
Bestellnr. 703, $ 15, CD

Soul Dance von Gordon Burnham und Jim Richards
Dieses Album mit bewegender, inspirierender und heilender Instrumentalmusik enthält zehn Kompositionen, in denen Gitarre, Cello, Piano, Synthesizer, Flöte und Percussion ineinander verflochten sind. Einige Lieder sind friedvoll und meditativ, andere sanft mit einem kraftvollen, anregenden Rhythmus.
Bestellnr. 704, $ 10, MC
Bestellnr. 705, $ 15, CD

Rosa Mystica von Thérèse Schroeder-Sheker
Eine Zusammenstellung heiliger Musik, die den Hörer mit der weiblichen Gottheit verbindet. Thérèse singt, spielt Harfe, Psalter und andere mittelalterliche Instrumente.
Bestellnr. 706, $ 10, MC
Bestellnr. 707, $ 15, CD

Vision von Hildegard von Bingen
Spirituelle Musik der Äbtissin Hildegard von Bingen aus dem 12. Jahrhundert. Erinnerungen an unvergeßlich schöne Gregorianische Gesänge, auf ungewöhnlichen Instrumenten gespielt. Hildegard von Bingen hörte in ihren Visionen diese göttliche Musik. Für Joan ist Hildegard das Vorbild einer Heilerin.
Bestellnr. 708, $ 10, MC
Bestellnr. 709, $ 15, CD

Timeless Motion von Daniel Kobialka
Eine langsame, erweiterte Version von Pachelbels »Kanon« auf einer Seite und zwei Kobialka-Kompositionen auf der anderen. Joan verwendet diese außergewöhnliche Fassung des »Kanon« in einigen ihrer Meditationen. Die Teilnehmer horchen dann immer auf und fragen: »Was war das für eine wundervolle Musik?« Sie öffnet das Herz wie keine andere.
Bestellnr. 710, $ 10, MC
Bestellnr. 711, $ 15, CD

Crimson 5: Mender of Hearts von Singh Kaur und Kim Robertson
Ein Liebeslied an das Göttliche, mit Harfe und Gesang. »Du bist der Heiler der Herzen, Du bist Stütze des Ganzen.« Joan verwendet diese Musik in ihren Meditationen mit Engeln und in Meditationen zur Göttlichen Gnade – sie ist bewegend und öffnet das Herz. Sie werden sie mögen!
Bestellnr. 712, $ 10, MC
Bestellnr. 713, $ 15, CD

Heart of Perfect Wisdom von Robbie Gass
Eine harmonische Vokal-Aufnahme mit einem inspirierenden Chanting aus dem Herz-Sutra. Joan verwendet diese Musik oft beim gemeinsamen Chanten in Workshops. Sie öffnet das Herz und schafft eine Verbindung mit dem Universum. Der Zusammenklang tiefer männlicher Stimmen mit hohen Sopranstimmen und tibetanischen Glocken ist wundervoll. Chanten ist eine alte und mächtige Form der Meditation.
Bestellnr. 714, $ 10, MC
Bestellnr. 715, $ 15, CD

Weitere Empfehlungen von Joan Borysenko

Musik

Instrumental

Die Musik von Daniel Kobialka. Daniel Kobialka ist ein Violinist, der eigene Kompositionen und Werke alter Meister spielt. Seine auf Kassetten erhältlichen Aufnahmen sind besonders geeignet als Untermalung zu geleiteter Imagination und Meditation. Joan empfiehlt neben *Timeless Motion* auch *Path of Joy* (»Jesu, meine Freude« auf der einen und zwei Stücke von Kobialka auf der anderen Seite).

Chaitanya Hari Deuter ist ein bekannter Musiker und Komponist, dessen Werke östliche Einflüsse verraten. Von seinen Kassetten mag Joan besonders *Cicada, Silence Is the Answer, Nirvana Road* und *San.*

Ray Lynch ist ein Komponist und Musiker, der auf dem Synthesizer melodische, temperamentvolle und fröhliche Stücke produziert. *Deep Breakfast* ist ein Klassiker.

The Source von Osami Kitajima. Die drei langen Stücke auf dieser CD heißen »Heavensent«, »Thru Cosmic Doors« und »Eye to I«. Eine unglaubliche Musik.

Atlantis Angelis ist eine melodische, meditative Instrumentalmusik von Patrick Bernhart, die eine Sequenz mit einem wundervollen Chanting enthält.

Santosh von P. C. Davidoff. Santosh bedeutet »Zufriedenheit«. Ein friedvolles, sehr beruhigendes Zusammenspiel von Harfe und Synthesizer mit deutlichen östlichen Anklängen.

Vokal

A Feather on the Breath of God. Vokalkompositionen von Hildegard von Bingen. Die Stücke – sie erinnern an inspirierten Gregorianischen Gesang – sind besonders erhebend und tragen den Zuhörer einwärts zum inneren Schweigen.

Wheeler and Carol sind ein Duo, das erhebende spirituelle Musik komponiert und darbietet, die Elemente des »Rhythm and Blues« in sich trägt. Ihre Stimmen sind tief und voll, ihre Songs auf der Kassette *Mystic Soul* sowohl bewegend als auch inspirirend.

Robbie Gass und On Wings of Song. *Many Blessings* ist ein Sampler mit spiritueller Vokalmusik. Die langen Gesänge, darunter »To the Goddess«, »Om Namah Shivaya« und »Hara Hara«, erzeugen eine friedvolle, meditative Atmosphäre.

Rabbi David Zeller: *The Path of the Heart.* Dies ist eine Live-Aufnahme, die sich hervorragend zum Mitsingen eignet. Die Aufnahmequalität ist nicht überwältigend, und Zeller ist kein professioneller Musiker, aber die Musik ist zweifellos gehaltvoll. Joan benutzt viele dieser Lieder für ihre Heilzirkel.

Clannad: *The Magical Ring.* Als Joans Stieftochter Natalia diese Kassette zum erstenmal hörte, blieb sie mitten im Wohnzimmer stehen und schloß die Augen mit einem verzückten Gesichtsausdruck. Als sie wieder zu sich kam, sagte sie: »Was für eine unglaubliche Musik – wie ein Chor von Engeln. Ich dachte, ich sei gestorben und ins Paradies gekommen.«

Bobby McFerrin: *Medicine Music.* Der großartige Musiker Bobby McFerrin (»Don't Worry, Be Happy«) inspiriert den Zuhörer zur Freude und Wiedervereinigung mit dem Leben.

Lisa Thiel verknüpft in *Songs of the Spirit* und *Rising of the Phoenix* die Liebe zu den östlichen Traditionen mit der Liebe zur Kultur der amerikanischen Ureinwohner.

Enya webt in *Enya* und *Shepherd Moons* bezaubernde Vokalharmonien um traditionelle keltische Melodien.

Spiritual Emergence Network

Spiritual Emergence Network wurde 1980 von Christina Grof gegründet. Diese Organisation hat sich mittlerweile zu einem internationalen Informations- und Beratungsdienst entwickelt, an den sich jeder wenden kann, der gerade eine tiefgreifende transformative Erfahrung durchmacht und praktische oder theoretische Unterstützung benötigt. Hier drei wichtige Adressen:

The Institute of Transpersonal Psychology
250 Oak Grove Avenue
Menlo Park, CA 94025
U.S.A.
Telefon: 001-415-327-2776

The Spiritual Emergence Network
5905 Soquel Drive, Suite 650
Soquel, CA 95703
U.S.A.
Telefon: 001-408-464-9261

Spiritual Emergence Network Deutschland
Dr. Ingo Jahrsetz
Wendlingerstraße 32a
D–79111 Freiburg
Telefon/Fax: 0761-475846

Wie schon gesagt: Wenn es darum geht, professionelle Hilfe zu finden, sollte man sich zugleich von seinem Verstand und seiner Intuition leiten lassen. In Zweifelsfällen empfiehlt es sich immer, noch eine zweite Meinung einzuholen.

Rückführungstherapie (»Reinkarnationstherapie«)

Die folgenden Personen bieten sowohl Seminare und Kurse für professionelle Therapeuten als auch Einzeltherapien für Privatpersonen an:

Morris Netherton, Ph.D.
Star Center
Associated Healing Arts, Inc.
Suite 318, Ruxton Towers
8415 Bellona Lane
Towson, MD 21204
U.S.A.
Telefon: 001-410-321-0777

Roger Woolger, Ph. D.
Woolger Training Seminars
5 River Road
New Paltz, New York 12561
U.S.A.
Telefon: 001-914-658-8617

Brian Weiss, M.D.
9100 South Dadeland Boulevard, Suite 1400
Miami, FL 33156
U.S.A.
Telefon: 001-305-670-0410

Organisationen und Veröffentlichungen

Als Informations- und Kontaktstellen für Joan Borysenkos Workshops und Kassettenmaterial stehen folgende Organisationen zur Verfügung:

Claussen-Organisation: Ulrike und Claus Claussen, Tal-Haus/Rütte, D-79682 Todtmoos-Rütte, Telefon: 07674-8662, Fax: 07674-1274.

Mind/Body Health Sciences: Joan Borysenko, 393 Dixon Road, Boulder, CO 80302, U.S.A., Telefon: 001-303-440-8460, Fax: 001-303-440-7580.

Fortrac: Ursula Reich, 646 Dixon Road, Boulder, CO 80302, U.S.A, Telefon: 001-303-440-4250, Fax: 001-303-440-4509.

The Institute of Noetic Sciences. Gegründet wurde dieses Institut vom Astronauten Edgar Mitchell, nachdem ihm der Anblick unseres juwelengleichen Planeten, vom Mond aus gesehen, einen zutiefst bewegenden »heiligen Moment« geschenkt hatte. Das Institut ist der Erforschung des menschlichen Bewußtseins gewidmet. Sein erklärtes Ziel ist, »das Wissen um die Natur und das Potential der Psyche und des Bewußtseins zu vertiefen und dieses Wissen der Verbesserung der Lebensqualität auf unserem Planeten zugute kommen zu lassen«. Das Institut publiziert eine faszinierende Vierteljahresschrift *The Noetic Sciences Review.* Es veröffentlicht darüber hinaus die Ergebnisse der ausgezeichneten Forschungsarbeit, die es über Psychoneuroimmunologie, multiple Persönlichkeitsstörung, spontane Genesung, Wunderheilung, kreativen Altruismus und verwandte Themen durchführt. Schreiben Sie an: The Institute for Noetic Sciences, 475 Gate 5 Road, Suite 300, Sausalito, CA 94965, U.S.A.

The John E. Fetzer Institute. Diese visionäre Organisation ist führend auf dem Gebiet der Erforschung der Beziehung zwischen Körper-Psyche und Geist. Die vom Institut publizierte vierteljährlich erscheinende Zeitschrift *Advances* bringt fundierte Artikel von angesehenen Naturwissenschaftlern, Ärzten und anderen Forschern. Sie vermittelt auch einen Überblick über die vorhandene Literatur zum Thema Verhaltensmedizin, Psychoneuroimmunologie und Psychologie der Krankheit und Gesundheit. Auch wenn sie sich vornehmlich an das Fachpublikum richtet, bietet *Advances* dem interessierten Laien nichtsdestoweniger eine Fülle von faszinierenden Informationen. Schreiben Sie an: John E. Fetzer Institute, 1292 West KL Avenue, Kalamazoo, MI 49009, U.S.A.

The Spindrift Foundation. Spindrift ist eine überkonfessionelle christliche Organisation, die streng wissenschaftliche Versuche über den Zusammenhang von Gebet und Heilung durchführt. Sie veröffentlicht ein unregelmäßig erscheinendes Mitteilungsblatt, das äußerst informativ, aber für den Laien häufig nicht leicht zu verstehen ist. Darüber hinaus macht sie ihre umfangreichen Forschungsergebnisse jedem Interessenten zugänglich. Schreiben Sie an: Spindrift, Inc., P.O. Box 5134, Salem, OR 97304-5134, U.S.A.

New Age Journal. Unter der Leitung der neuen Chefredakteurin und Mitbegründerin Peggy Taylor ist diese Zeitschrift in letzter Zeit wahrhaft aufgeblüht. Durch seine lebendigen, informativen und fundierten Beiträge liefert das Magazin eine Fülle von Hilfsmitteln und Ideen zur Heilung unserer selbst und unseres Planeten. Schreiben Sie an: The New Age Journal, P.O. Box 53275, Boulder CO 80321-3275, U.S.A.

The Quest ist eine von der *American Theosophical Society* herausgegebene, vierteljährlich erscheinende Publikation. Die Zeitschrift ist der Erforschung einer Weltsicht gewidmet, die von den Idealen der Ganzheit und der Barmherzigkeit geleitet wird und danach strebt, aus jener göttlichen Weisheit zu schöpfen, die sich in allen religiösen Überlieferungen findet und vielfach »die ewige Philosophie« genannt wird. Schreiben Sie an: The Quest, P.O. Box 270, Wheaton, IL 60189-0270, U.S.A.

ReVision. The Journal of Consciousness and Change. Diese vierteljährlich erscheinende Zeitschrift wird von drei Kapazitäten auf dem Gebiet der Bewußtseinsforschung herausgegeben: Stanislav Grof, Ralph Metzner und Huston Smith. Die Beiträge haben wissenschaftliches Niveau, sind aber dennoch auch für den Laien äußerst lesenswert. Schreiben Sie an: ReVision, Heldref Publications, 400 Albemarle Street NW, Washington, DC 20016, U.S.A.

connection. Meditation – Vision – Lebenskunst – Liebe – Sexualität – Bewußtsein. Liebe, Meditation und die Vision einer lebenswerten Zukunft sind erklärte Grundlage und Ziel dieser Monatszeitschrift, die mit ihren zum Teil kontroversen und provokanten Beiträgen keiner bestimmten spirituellen Richtung verpflichtet ist. Die Zeitschrift wird ergänzt durch Themenhefte. Sie erscheint im Verlag Connection Medien, Hauptstraße 5, D–84494 Niedertaufkirchen.

Dao. Magazin fernöstlicher LEBENS-Kunst. Die Beiträge der Zeitschrift zu Themen wie Philosophie, Ernährung, Meditation, Gesundheit und neue Therapien geben Einblicke in die fernöstlichen Wege der körperlichen und geistigen Harmonie. Die Zeitschrift erscheint in der Kolibri Verlags GmbH, Postfach 2149, D–22811 Norderstedt.

esotera. Neues Denken und Handeln. Deutschlands auflagenstärkste spirituelle Zeitschrift, die monatlich über ein breites Spektrum von Themen aus den Bereichen Esoterik, ganzheitliches Heilen und spirituelles Denken berichtet. Der Zeitschrift beigelegt ist ein Veranstaltungskalender. Sie erscheint im Verlag Hermann Bauer, Postfach 167, D–79001 Freiburg.

Lichtzeichen. Zeitschrift für Neue Werte und Neue Welten. Die zweimonatlich erscheinende Zeitschrift will mit ihren Beiträgen zu ganzheitlicher Lebensweise und spirituellem Denken Anstöße zu mehr Hoffnung, Mut zum Neuen und Eigenverantwortung geben. Sie erscheint im Manfred Johannes Hartmann Verlag, Lonnerbachstraße 13, D–33605 Bielefeld.